公司金融思维

——企业家与金融家之间

马天平 著

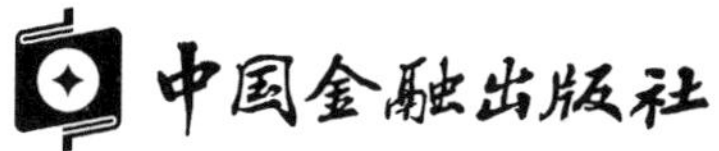

责任编辑：黄海清
责任校对：李俊英
责任印制：张也男

图书在版编目（CIP）数据

公司金融思维——企业家与金融家之间/马天平著 . —北京：中国金融出版社，2021.9
ISBN 978 -7 -5220 -1314 -5

Ⅰ.①公… Ⅱ.①马… Ⅲ.①公司—金融学 Ⅳ.①F276.6

中国版本图书馆 CIP 数据核字（2021）第 178092 号

公司金融思维——企业家与金融家之间
GONGSI JINRONG SIWEI：QIYEJIA YU JINRONGJIA ZHIJIAN

出版
发行 中国金融出版社

社址 北京市丰台区益泽路 2 号
市场开发部 （010)66024766，63805472，63439533（传真）
网 上 书 店 www.cfph.cn
（010)66024766，63372837（传真）
读者服务部 （010)66070833，62568380
邮编 100071
经销 新华书店
印刷 保利达印务有限公司
尺寸 169 毫米×239 毫米
印张 16
字数 225 千
版次 2021 年 9 月第 1 版
印次 2021 年 9 月第 1 次印刷
定价 69.00 元
ISBN 978 -7 -5220 -1314 -5

序　　言

企业是推动世界经济发展的重要细胞，金融市场是服务企业的重要机制。在时间和空间构成的不确定性经济环境中，需要企业的企业家和金融市场的金融家进行资源跨期的最优配置决策。这种决策，需要双方之间“互懂”对方，才可以提高市场效率、降低信息不对称、减少市场金融风险处置事件。

如何才能更懂对方，可能需要在思维上有相互熟悉的“计量”方式，不一定是复杂的数学、统计、程序方法，但要在道理上有相通的思考模式、对话框架、分析思路，合作才会更顺畅。

看到此书，用通俗的语言表达了金融中的很多道理，既有生活化的语言表达，也有科学性的构建呈现，具有“科普性”，相信可以让中国企业家增加对金融的更多理解。这对于企业家或创业者在企业成长中，利用金融进行创新和风险控制，均有一定启发性。

发展中国家科学院院士

中国科学院大学经济与管理学院院长

洪永淼

2021 年 8 月

前　言

企业家（Entrepreneur），本意是指“冒险事业的经营者或组织者”。广义上的企业家，既可以是企业所有者，也可以是受雇于所有者的职业经理人。企业家是从事企业经营管理工作的核心，是社会生产力中最重要的要素之一。

传统意义上，企业家最大的目标是做好业务、做好产品，服务好行业的相关人群。但是，市场中很多企业家被金融牵绊，甚至有的企业家最焦虑的不是产品问题，而是资金问题。很多时候，企业家耗费主要精力处理金融事项，相应地缺乏更自由的条件去专心做好企业的产品和服务。

金融往往给人神秘、抽象的感觉。金融是什么？其本质不就是价值流通吗？或传统金融概念提到的货币资金的流通，但资金融通（流通）是有前提的。

一是融通的对象。经济运行的主体是企业，因此，向企业提供资金融通是金融的主要对象。也就是说，金融天生是为企业家服务的。即使看起来离企业很遥远的货币政策和财政政策，很大程度上也是为企业服务的。

二是融通的价格。资金融通的价格被称为利息，而利息又涉及技术发展、政治基础、文化信仰、宏观政策、产品竞争等多项博弈，不同的企业在不同的时点因不同的条件，金融的价格是不一样的。

三是融通的形式。资金根据承受风险能力的不同，分为股性或债性的形式，依据流动能力的不同，又在股性内部分为股权或股票形式，在债性内部分为债权或债券形式，以及在此基础上衍生的衍生品。

因此，资金的融通是有很多前提条件的，金融是很复杂的理论与实践活动。

但不论如何，所有融通的行为是企业家和金融实施者共同确立的。我们可以称金融的实施者为广义的金融家，包括银行家、股权投资家及企业内部的财务专家等。

金融家和企业家的资金融通离不开各自的人性思考，这些人性就是人的控制欲、人的安全感、人与人的信任、所处岗位的个人利益与机构利益的差异，这是资金融通的内在约束。

为此，本书希望以企业家和金融家的人性视角，以“提出问题、解决问题”的问答式结构，剖析金融家对企业家做出行动的背后思路。本书将引入的部分数学表达式或图形称为“思维模型”，既有企业家日常接触的计算性指标，也有以学术理论形式刻画的公司金融理论。

本书分为五篇：举债给企业家的金融思维、入股给企业家的金融思维、洞察企业家管理的金融思维、服务企业家个人的金融思维和制定政策给企业的金融思维。

第一篇首先从举债引出为何举债、举债利弊、举债成本等方面问题，使读者能够了解企业家与金融家之间的举债思维。

第二篇从入股角度，分析金融家对企业的投资决策、企业在金融市场的股权价值表现等内容，对股权价值的金融思维进行阐述。

第三篇洞察企业家管理的金融思维，分析企业家在管理过程中如何受金融家影响，以及金融家为什么看重企业家内部管理的金融思维。

第四篇是服务企业家个人的金融思维，主要从金融家为企业家提供私人银行服务、保险金融服务等个人财富管理角度展开。

第五篇是制定政策给企业家的金融思维，从宏观层面，如经济政策如何通过金融家影响企业家进行分析和回答。

通过“举债—入股”“个人—宏观”两个架构维度，阐释企业家应该洞察的金融思维。通过阐释金融思维，希望架起“金融服务实业”的桥梁。这使得阅读本书的读者，可以是企业家、金融家，也可以是思考金融思维的爱好者。

在本书撰写过程中，笔者参考了国内外的金融经济学论文、教材和评论，在此向这些文献的作者表示衷心的感谢。同时，本书的撰写得到了诸多知名经济学教授的帮助，也特别感谢中国金融出版社对本书出版的支持。

由于作者水平有限，错误之处在所难免，恳请读者及专家不吝指教，以使我们得到纠正。本书作者邮箱：feel123345@163. com，欢迎来信指导。

目　　录

第一篇　举债给企业家的金融思维

第二篇 入股给企业家的金融思维

第三篇　洞察企业家管理的金融思维

第四篇 服务企业家个人的金融思维

第五篇 制定政策给企业的金融思维

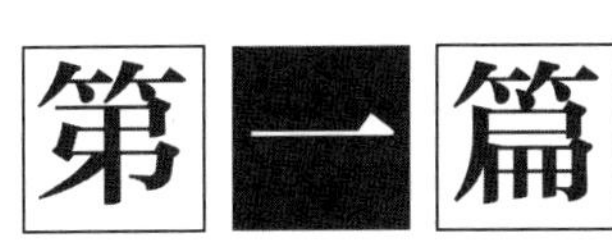

第一篇 举债给企业家的金融思维

1. 为什么企业家[①]借入资金是一种有力的经营战术?

当企业家发现一个好的发展机会，需要大量资金提供支持，才能启动。

当企业家已经拥有产品模式，但面临激烈的竞争或需要扩大再生产时，也需要大量资金支持，让企业能够勇战群雄，处于有利的竞争地位。

然而，不是每个企业家都能拥有如此坚强的后盾，当自己不能提供后盾时就需要借入资金，只有资金不断流入，帮助企业占领更多市场份额，企业才能更好地发展。

借入资金通常被称为加杠杆，联想到数学家阿基米德的“给我一个支点，我就能撬动起地球”这一杠杆原理，杠杆在企业利润中具体如何表现呢？一旦企业家觉得自己借入资金后的盈利可以超过不负债经营时的盈利，即使承担了一定的借债资本仍能够有利可图，企业家就会选择加杠杆，相当于用借入的小部分资金撬动了整个企业的经营运转和未来的可观利润。

思维模型:

企业充分利用加杠杆的思维和杠杆支点带来的变化如图 1-1 所示。

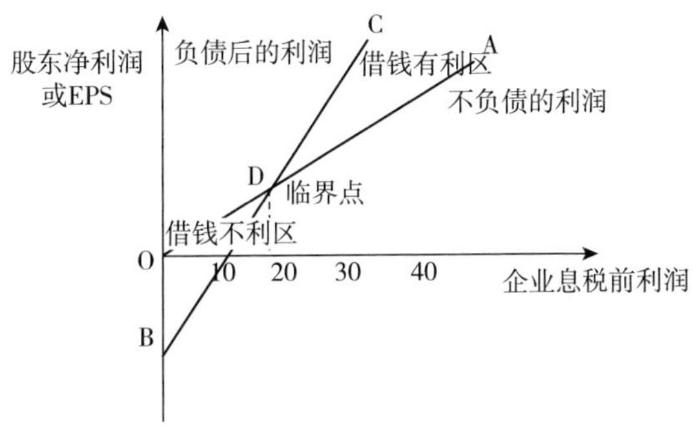

图 1-1　企业加杠杆的利润效果

① 尽管企业与公司有不同的定义，本书为了简化，不区分企业金融与公司金融的差异。

由图 1 -1 可见，如果企业家不借入资金，则企业得到的利润与股东的利润是一比一的直线关系 OA。

当借入资金后，不再是一比一变化，而是股东得到利润的速度高于企业获利的速度，即图中 BC 线。BC 线的斜率大于 OA 线的斜率，说明股东净利润回报速度超过企业的利润增长速度。

当然，这是有前提的，就是要突破一个利润临界点 D。

当突破临界点 D 时，借钱后的利润会远远超过不借钱的利润，这就是所谓的加杠杆后的好处。

以此临界点形成的区域，分别称为借钱有利区 ACD 和借钱不利区 ODB。也就是说，企业家需要估算自己借钱后能有多少收入和利润。如果利润很少，还不够偿还利息，那么，这时候会陷入借钱不利区。

以图 1 -1 为例，只要低于 20 的息税前利润，则都是不利的，尤其是当息税前利润为 0 时，这时候股东的净利润在纵轴上表示出来是负数，也就是亏损的。

因此，加杠杆是企业的一把“双刃剑”，会扭曲股东获得利润的速度，涨得快，也会跌得快。这两条线或许就是对杠杆原理的最直观感受。

2. 金融家分析企业家时着力于哪三个要素？

企业家创业或增加投资，就是从无到有创建产品，或在已有产品基础上新增产品的过程。

产品的成功，尤其依赖企业家的努力经营。

企业家一心为公司付出，建立管理机制，产品更容易成功。企业家一旦放松对下属的监督或者谋私利，不注重机制建设，成功的概率就会大幅度降低。

有人说，重点是选择做哪个产品，努力不是那么重要，即“选择比努力更重要”。其实，企业家越努力，作出正确选择的概率就更高。因为从难度而言：选择比努力更难。能够作出正确的选择，往往依赖企业家的剖析、认知、反思、琢磨，也只有努力后，才可能作出更好的选择。

企业家不同于金融家，金融家更多的只是出资，企业家最大的贡献在于用自己的资源组织和技术服务能力，提供新产品和新服务。

那么，促使企业家创业或新增投资成功最重要的因素是什么呢？金融家最看重企业家的什么呢？

金融家最看重的是企业家的努力是否正确。

这种努力，包括以下三个方面：

一是努力找到需求。找到需求表现为选择产品，选择产品重要的判断依据是：是否接地气，也就是说产品是否符合消费群体的需要和期待。即使是大胆创新的产品，看起来超越了消费者的需求层次，但实质是基于客户真实的潜在需求。有客户需求，才有市场！

二是努力避免道德上偷懒。公司的资金和资源往往不是100%归企业家一个人所有，因此，需要努力避免自己或下属用公司的金钱私增自己的闲暇。

三是努力实现使命。使命更多的是为了他人，不是为了自己，是“应该做什么”，而不是“我想做什么”。如果企业家努力做的产品不是为了满足消费者的期待，而是满足内在的“私欲”，也就是自己的兴趣，那么产品就是“为兴趣而活，而非为使命而活”。

思维模型：

如果不创业、不新增投资，则企业家自己得到的好处记为N。

如果创业或新增投资，且成功的话，则企业整体的回报为Y，企业家自己从成功的产品中得到的那一部分好处记为Y_1。

企业家如果很努力，则将产品做成功的概率提高，记为P_s；如果企业家不怎么努力，则产品成功的概率较低，记为P_u。

如果用高成功概率P_s减去低成功概率P_u，我们可以得到一个差值ΔP，即$\Delta P = P_s - P_u$。

那么，金融家发现，只要满足以下这个条件，就可以使企业家放弃自己的私欲，拼尽全力去实现产品的创新。这个条件是：$\Delta P \times Y_1 \geqslant N$。

也就是说，（产品成功自己的好处 × 企业家努力使之成功的概率 - 产品成功自己的好处 × 不努力使之成功的概率）≥不创业不努力的好处。

当然，这也是一个人选择成为企业家要分析的三个要素：不创业的好处、创业成功的概率、创业成功后自己分得的好处。这里需要注意的是，企业家最关心的是企业中归属于自己的那一部分Y_1，而不是整体 Y。在此前提下，企业家持之以恒地付出，就是为了提高概率差值 ΔP。

3. 企业家动态调整企业股债资金比例受限吗？

企业家面向债权金融家和股权金融家分别进行融资。当有旧的债务时，是否需要举借新的债务来取代旧的？在股票已经发行的情况下，是否要增发新的股票或回购旧的股票？

一般地，企业家发行完股票，会逐步对股债之间的这种杠杆率进行持续调整，包括调高或调低。

企业家考虑融资的调整时，一方面是自己愿不愿意的问题，另一方面是金融家让不让的问题。

金融家会给出企业家调整的成本，这种成本背后暗含着旧的信用成本和新的信用成本。调整一次融资，金融家给的融资成本方案一般有两种，要么是一次性的，要么是成比例的。

这时，需要企业家作出选择，如果调整的成本是一次性的，那么企业家可以低频率实施，且力度比较大，如增发新股或回购旧股。但是如果调整的成本与融资量成比例变化的话，企业家可以选择高频率、及时性、弱力度的方式进行调整，比如持续发行债券或向银行借款。股票的发行成本高，则企业家可以主要调整债权，股票的调整频率自然相对较少。同理，股票回购成本相对债券赎回的成本大，也可以减少调整的频率。

调整会引起固定资产、息税前利润、现金、资本性支出的变化，这将对金融家产生强信号作用。

金融家除了调整企业家新增股票的价格和新发债券或贷款的利息率变化之外，也会调整企业的信用等级、流动性水平如换手率等。

因此，当企业家不确定目前的融资目标和结构是否合理时，一般可以反过来考虑金融家的反应。通过与债权金融家、股权金融家进行谈判，通过观察金融家能不能、愿不愿意调整自己的融资，得到自己的答案。

思维模型：

企业家调整企业股权和债权的比例，需要充分考虑债权人和股权人的要求。还要细化考虑：债权人的细节，是银行借款还是自主发债；股权人的细节，是定向增发还是回购旧股。除此之外，企业家还要考虑调整的细节，是小额高频还是低频一次性到位。

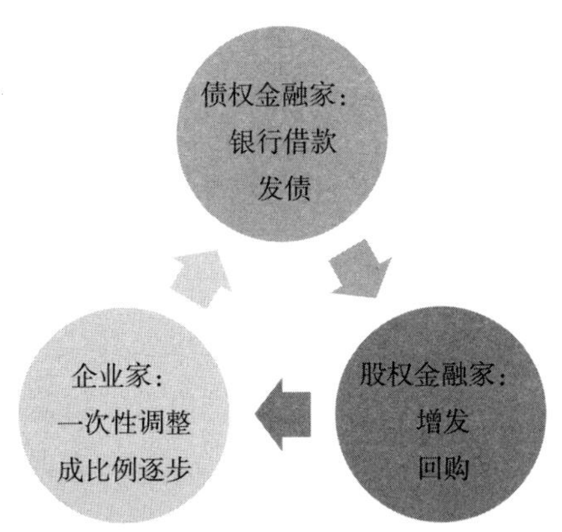

图 1－2　企业家与金融家的合作关系

当三者之间达到相对和谐的时候，就产生了企业较为适合的融资总目标和结构。但由于企业是在动态地发展，这个目标对企业家和各方来讲，总是不尽如人意，在企业生命周期里，企业家会有操不完的心。

4. 企业家何时需要考虑资本成本?

一个企业的发展，总是从资本开始的。资本包括股权金融家的股权资金（如果企业家自己给出自有资金，那么就是企业家兼任了股权金融家的角色），也包括债权金融家的借贷资金，还包括一些设置了各项特殊条款的资金，如优先股、可转债、可交换债、政府补贴等。

由于日常接触利息较多，企业家对债权金融家的借钱成本体会较为明显，但容易忽视股权性资金的成本。

其实，不管是其他风险投资金融家提供的资金，还是企业家自己掏出的自有资金作为股权资金，都是有成本的。

一个明智的思考方法是，把各类不同的资本按照各自的权重加权计算，得到企业整体的综合资本成本。这个成本可以拿来与全国的利息率对比，或者与其他公司的成本对比，反映出自己公司的风险程度。可见，企业家在任何时候都应该考虑自己的资本成本，并且是综合性的资本成本，而非单个债权资本成本。

思维模型:

一般而言，企业有三项资本来源，一是借钱，二是纯股权，三是名股实债的优先股，分别为 E、D、P。那么，企业的总资本为 $E+D+P$。企业的持续运营需要这三项资本，也就意味着需要企业考虑资本成本（见图1－3）。

由于借钱的利息是在税前扣除的，如果利息率为 r，税率为 T，设债权成本为k_d，则借钱的债权成本k_d中，扣除税收的影响，也就是企业的实际成本，低于利息率，这一部分财务费用的扣除，减少了利润，从而使企业少交所得税，因此 $k_d = (1 - T) \times r$。

而股权资金的成本没有在税前扣除，因此不受税率的影响，设为k_e。

优先股的股息，相当于利息，是按股价的一定比例，但是也不能抵税，设为k_p，则优先股的成本k_p = 优先股股息/价格。

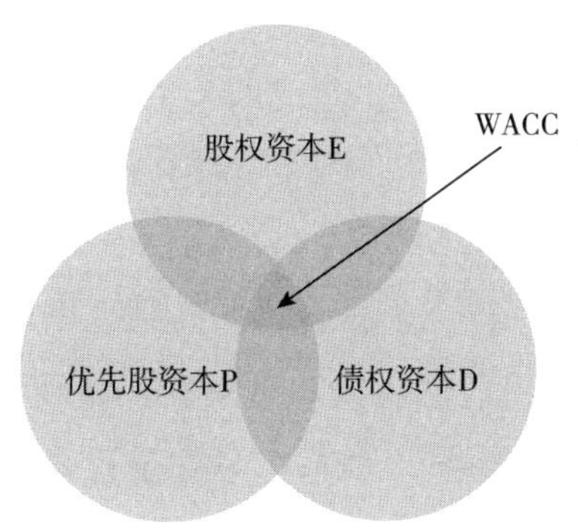

图1－3　企业综合资本构成要素

那么企业整体加权后的成本，即

资本成本 $= k_e \times [E/(D+E+P) + k_d \times [D/(D+E+P)] + k_p \times [P/(D+E+P)]$。这一方法被金融家简称 WACC，即加权平均资本成本（Weighted Average Cost of Capital）。

关于 WACC 有个很直观的解释。它是为了维持股票市值而对现有资产所要求获得的总体报酬率。它也是企业家进行的与企业现有经营有着相同的投资所要求的必要报酬率。所以，如果企业需要评估一项拟进行扩张现有经营业务的投资的现金流量，这就是应该要用的贴现率。

可以看出，这是一种底层回报率思维方式，从综合资本角度来看，一个企业的回报率水平，不只是看表面的分红利率或贷款利息率。

5. 五五开还是二八开的股债比例对企业的价值更大？

企业家保持合理的股权资本和债务资本，使得自己的资本成本较低，企业的价值达到最大，但具体什么比例最合适，成为企业家和金融家共同的难题。

从直觉上看，债务资本的成本较低，例如付出5%的利息，一旦企业产品的回报超过5%，则意味着企业家获得的收益会超过成本，且债务还可以为企业省去所得税。因此，借债加杠杆就有好处。

那么，伴随着借债的增加，企业加的杠杆越多，是否价值就越高？例如在债务占比达到100%的时候，企业的价值达到最大。这显然是荒谬的，因为一个企业不可能完全负债到100%，真要到接近100%时，企业已经处于资不抵债或接近破产清算的状态。

因此，有另外的观点提出，尽管负债的利息率较低，但只要企业家开始增加负债，就会增加企业的风险，这反而会迫使企业的股权成本上升，因为这时候找股权金融家融资，股权金融家觉得风险变大，容易破产，需要更高的回报率，因此这一升一降，相互抵消，企业的综合资本成本不会发生变化，企业的价值也不会随着债务占比的变化而发生变化。

当然，这一结论也有与现实不符的情形，负债的变化降低了成本，增加了收益，也引起了风险，但要做到刚好和股权资本成本的上升相抵销，使得企业价值不能随着债务的变化而不变，是令人难以置信的。

金融家一般认为随着债务的上升，企业风险增加，股权资本的成本上升，债务资本的成本也在上升，只不过最开始上升得很缓慢，后面会加速上升，这两种上升导致企业的综合成本先降后升，因此企业的价值是先升后降。

因此，企业家负债可以带来一定的好处，但也会带来破产成本并提高金融家对企业家借贷融资的信任成本。综合下来，两者在一定时候会相互抵销，当到达抵销的最大临界点时，则是企业家的最佳负债比例。

也就是说，企业家不应该一直使企业处于五五开或二八开的股债比例，而是需要保持一种动态思维，综合考虑各方的变化和交织因素。

思维模型：

企业的价值想要实现最大化，需要合理配置股性资本和债性资本的比例。因为两种资本不仅成本不同，也会相互影响。可以从企业的资本成本看企业价值的最大化，分析股债不同比例情况下的企业价值（见图1－4）。

设股性金融资本的回报率要求是k_e，债性资本利息率为k_b。

情况一：如果它们都不变，也就是相互独立，如图1－5中的k_e^1和k_b^1，那么随着债务的增加，加杠杆的力度加大，其形成的综合资本曲线是 K_1。与此对应的，企业的价值线是图 1 -4 的 V_1。

情况二：如果杠杆增加，债性资本的利息率不变，还是k_b^1，但股性金融家觉得欠债越来越多，要求的回报增加，变为k_e^2，这时候的综合成本是 K_2。与此对应的则是图 1 -4 中企业价值 V_2。

情况三：如果随着加杠杆，债权金融家觉得风险越来越大，要求的利息率上涨，股权金融家也要求上涨，即图 1 -5 中所示的k_e^2和k_b^2，则形成 K_3，这时候企业的价值线为图 1 -4 中 V_3。

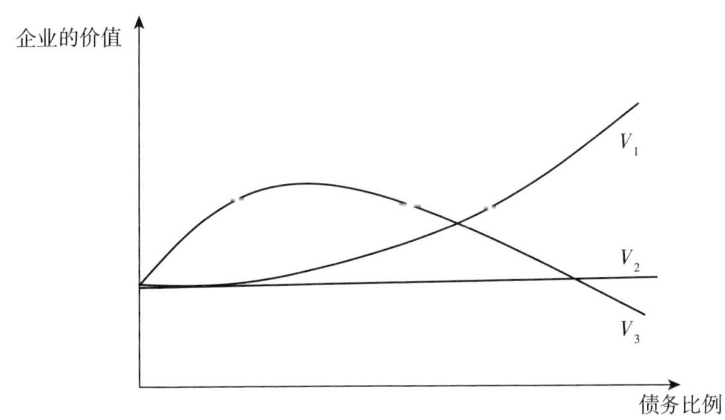

图 1 -4　企业价值曲线

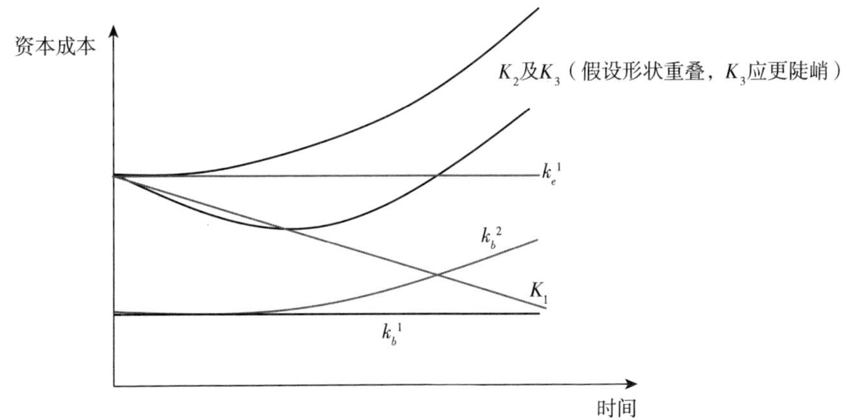

图 1 -5　企业资本成本曲线

由图 1 –4、图 1 –5 可见，企业保持五五开或二八开均是出于某种情形下的策略考虑，并非最佳固定比例，只有适应企业内外环境、符合企业实际情况需要的股债比，才能获得企业价值 V 曲线的最大化。

6. 贸易企业家为什么常常让供应链金融家控制自己的货物及资金账户？

贸易企业家主要对货物进行转卖交易，缺乏固定资产或自有资金，其股权价值与货物本身的关联不强。

企业家找供应链金融家融资时，供应链金融家一般不会持有企业家的股权进行控制，因为企业的股权价值严重依赖贸易本身，远胜于依赖贸易中货物的价值。

这时，金融家会强调资金本身的专款专用和回款路径的封闭。

专款专用，是指金融家要求融资只能用于跟该笔货物相关的流转且控制货权，才愿意提供融资。这使得贸易企业家难以挪用款项，减少了企业家私利对金融家造成的风险。

回款闭环，指贸易的应收账款往往需要先进入金融家控制的账户，待金融家扣除自己的本息以后，才会将剩余的贸易收益移交企业家。

当然，资金的专款专用和汇款路径封闭需要耗费一定的成本。

但如果在减少企业家私利的同时，货物买卖的交易发生带来了利润，牺牲私利和增加成本对双方都是有利的。因而，贸易企业家愿意让供应链金融家控制自己的货物和资金账户。

思维模型：

企业家作为典型的经济人，总是在商业环境中本能地趋利避害，积极考虑和采取有利于企业发展的行动策略。若企业家将货物控制权转移给金融家，就能够有资金启动贸易，从而获利。

设获利增加的概率从 P 提高到了 P'；

企业一共产生的收益为 Y，归属于企业家的私利为Y_1；

企业家自己牺牲了货物控制权 γ；

金融家强迫企业家专款专用和回款闭环，造成了企业家的成本 c，那么应该满足：

$P' > P > 0$，$(P'Y-\gamma)-P(Y-Y_1)\geqslant c$。也就是说，在金融家支持下，企业实现了贸易收益，这部分收益在扣除货物控制权成本、金融上的专款专用等成本后，还能超过企业家的非私利收益。

7. 融资期限的错配程度，为什么是判定企业家激进或保守的依据?

企业家向金融家提出融资，除了接受金融家的各项考查之外，一般还应遵循期限对应原则。

也就是说，企业家筹措的资金，如果期限短，应该用于短期投资，如果期限长，可以用于长期投资。

长期资金可以用于短期资产，没有太大风险，但往往收益是不划算的，因此很少如此使用。例如企业始终会储备一部分产品原材料，虽然原材料是流动资产，但需要企业长期持有，是一种隐性的长期资产。

较多出现的是，企业家融入短期资金，投资了长期资产。这种长期资产可能是固定资产、无形资产或者灵活性较差的人力资产，比如高薪招聘了一个 5 年合约的专家。

当企业家使用短期资金来购置长期资产时，就显得激进冒险。因为由短期资金来融通长期资产时，虽然资金成本较低，利润空间较大，但风险也较大。企业家需要更加谨慎，尤其需要分析短期资金的变动，包括收益性、安全性、流动性，可能是由宏观金融环境和自身所在产业链的资金流流向和流速共同决定的。因而，金融家可从融资期限错配程度判定企业家是激进冒险派还是稳健保守派。

思维模型：

企业家的资产规模和资金投入量也能在一定程度上反映企业家经营风格，是安心做小本生意，循序渐进的保守派，还是想要建立国际品牌的激进派，可以从企业资产资金利用的期限来看。随着时间的推移，企业的固定资产一般会稳步增加，设为图 1 -6 中 CH 线所示；长期流动资产，如图中 AG 线所示，例如长期备用的原材料；短期流动资产，如图 1 -6 中 AD 曲线所示；虚线 BI 为短期资金和长期资金的分线。

因此，企业整体的长期资产，是由固定资产和长期流动资产共同构成的。

这时候，企业占用的资金，也可以被分为两部分：一部分是长期资产对应的 EG 部分，EG = EH + HG；另一部分是短期资产对应的 GD 部分。

但如果企业家可以加大短期资金的使用，尤其是增加很多短期借款，例如图 1 -6 中的短期借款为 DF，当 DF > DG 时，就隐藏了期限不匹配以后的流动性风险。

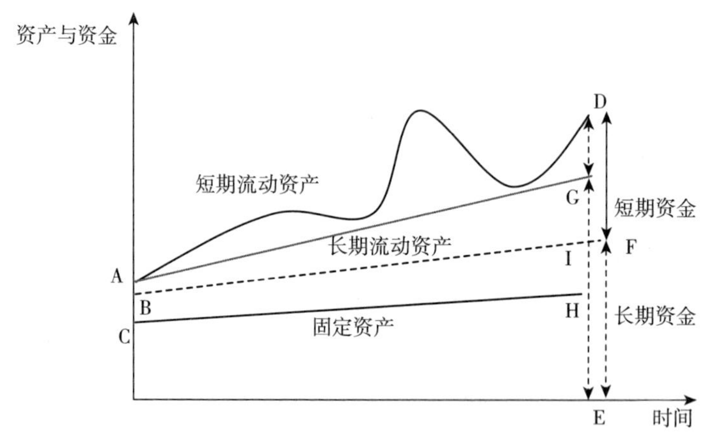

图 1 -6　企业资产与资金的对应关系

可见，资产与资金的期限匹配，蕴含了企业家对收益和风险的权衡。如果存在过度的期限错配，企业危如累卵，一旦不能及时偿付，风险便会层层传递，给企业带来根本性破坏。即使是银行类金融机构，也会因过度的期限错配而面临破产风险，这是一种资产与资金的期限匹配思维，也体现出企业家激进的运营风格。

8. 金融家为什么常常用各类比率作为企业“体检”指标?

金融家想多角度观察企业家的表现和动机，会从各个角度对企业做“体检”。把企业的一些指标进行对比，通过比率来反映企业经营状况背后的逻辑关系。这体现在以下几方面：

一是从结构化视角看。通过观察企业的资产构成比率，查看资产各个组成部分占总体的比重。通过分析构成内容的变化，掌握企业经济活动的特点与变化趋势。例如查看企业的负债程度，可以用负债额除以总资产，通过负债比率高低的变化趋势，观察企业家的融资能力和意愿。

二是从关联性视角看。企业各项活动之间有千丝万缕的联系，相互依存或相互替代，通过将性质不同但又相关的指标求出比值，得到对应的逻辑关系。将不相关的内容联系起来，得到新的信息。例如通过销售总额除以总资产平均余额，得到资金周转率，通过 PE 倍数获得盈利和估值程度。

三是从边际视角看。企业的两个方面在发生变化，同时增加或同时减少时，很难确定两种力量的强弱。通过观察企业家在每增加一点或每减少一点上的变化并进行对比，可以得到增速上的相对变化，而不仅是速度上的绝对结果。

四是从动态性视角看。将不同指标在不同时间的数值进行对比，观察动态变化的过程，则可以分析业务的发展方向与增减速度。

通过这几个维度的切分剖析，可以更加清晰地判断企业的全貌，如偿债能力、盈利能力、投资能力、盈余分配等，进而诊断企业是否处于良性发展的健康状态。

思维模型：

考查企业的综合情况和评估其发展潜力时，相对于简单的比率，更重要的是科学地观察以下几个方面的企业指标比率：

一是观察临界点上的变化，被称为边际变化。

如果 x 是一个指标，如产品单价，y 是企业利润，那么单价变动很小的 Δx，尤其是当变动量极限上趋近 0 时，可以得到企业利润的变化。即通过 $\frac{dy}{dx}=\lim_{\Delta x \to 0}\frac{\Delta y}{\Delta x}=\lim_{\Delta x \to 0}\frac{f(x_0+\Delta x)-\Delta x}{\Delta x}$，可以得到企业某项业务未来的爆发力如何的结论。

二是观察变动率上的变化，被称为弹性变化。

将自身微小的变化与自身相比，看各自的变化率，能够得到什么时候在什么位置的某个因素的变化，同时这个变化又会引起另一个因素多大程度的变化。也就是通过 $\frac{Ey}{Ex}=(\Delta y/y)/(\Delta x/x)$，可观察某个指标的弹性。

三是观察参照物上的变化，被称为同比或环比等。

采用不同的基数，可得到如定基速度，即把某一期的数值固定为基数，定基速度 $v=\frac{A_1, A_2, \cdots, A_t}{A_1}$，或者环比发展速度 $v=\frac{A_t}{A_{t-1}}$，或者同比发展速度 $v=\frac{A_{t,y}}{A_{t,y-1}}$。

因此，从更细节和深刻的视角作比值分析，是一种科学的比率分析思维，能够帮助金融家更加全面系统地诊断分析企业的健康情况，也能帮助企业家及时防范把控和化解风险。

9. 金融家与企业家双方投融资合作的临界点在哪里？

金融家与企业家的合作，既需要事前的安排，也需要事后的分配。

金融家提供融资之前，需要企业家有相关的自有资金。如果企业家自己的自有资金或资产为零，就无法获得金融家的借款融资。如果企业家自有资金较少或是企业的自有资产不足，就需要将未来获得的产品收益进行抵押。

同时，金融家会综合考虑产品成功推广的概率、产品产生的收益这两个因素。当概率带来的收益大于融资额时，才愿意提供初始融资。

更重要的在于成功时两人如何切蛋糕。蛋糕分成两部分价值，一部分是金融家的投资收益，另一部分是企业家的回报。金融家和企业家的收益总和，就是整个产品蛋糕蕴含的价值。

企业家也会考虑诸多要求，以及大部分收益抵押冻结后自己是否还有动力。于是双方可能谈判很久，最后必须达到：企业家通过产品能赚取回报，同时金融家也获得不相上下的收益。但这种情况太少了。也正因为如此，企业家和金融家配对失败的情况较多，市场总是冰火两重天：处于企业家融资难、融资贵，金融家难找好项目、难寻好企业家的尴尬处境。双方合作的临界点不仅只是企业利润盈亏点，还包含企业家个人私利、产品成功率、金融家获益，考虑了事前事后等环节。

思维模型：

如果说企业家和金融家合作后，企业推出的产品带来收益 Y，企业家分走Y_1，金融家拿走Y_2，也就是 $Y_1+Y_2=Y$，相当于两者一起分蛋糕。

那么金融家愿意提高融资的条件是：

自己得到的收益×产品成功的概率≥融资额，即金融家收益 $Y_2 \times P_s \geq Q$。

其中，P_s代表企业家努力之下的产品成功概率，融资额 Q 的含义是：创设产品需要总资金 I，扣除企业家的自有资金 A，即 $I-A=Q$，缺口 Q 是融资额。

结合金融家和企业家各自的动机来看：

企业家这边，企业家努力提高产品成功概率，从低概率P_u到高概率P_s，两者的差值为 ΔP，企业家收益 $\Delta P \times Y_1 \geq N$，$N$ 为企业家的私利空间；

如果企业家和金融家五五分收益，那么假设 $Y_1 = Y_2$，就可以得到：

$$Y_1 = Y_2 \geqslant 0.5\left[\left(\frac{N}{\Delta P}\right) + \left(\frac{Q}{P_s}\right)\right]$$

也就是说，融资容易发生时，要么，企业家的自有资金 A 很大，同时 I 很小，也就是新产品花费的总金额少，同时产品成功的概率高。要么，企业家很努力，使得概率 ΔP 变大，企业家能获得私利的空间 N 小，意味着金融家面临的企业家道德风险小。

可见，这种临界点的思维模型是非常复杂的，涉及事前、事后、各自收益、道德风险等因素。

10. 很多企业家高息融资失败是否源自政府的利率管控？

按照市场经济的逻辑，一个商品的价格足够高，肯定就有人卖。金融也是一样，如果融资利息率足够高，按照市场的供需原则，应该很容易得到融资。但在现实中我们发现很多企业融资时，受到货币当局对利率的管制调控，如中国政府对民间借贷利率制定了24%～36%的两线三区，凡是超过36%的利率部分约定无效。

在很多国家，极高利息也受法律保护，但为什么需求超过供给时，金融家却不愿意提高融资利息率？

其原因是，在贷款融资中有一个私密信息的判断环节，因为较高的利息率会减少企业家在产品创新中的利益，失去融资的动力。甚至在极端情况下，会引发企业家通过欺诈行为获利。由于企业家在破产时只承担有限责任，上升的极高利息率对企业家不能产生相应的影响。但金融家一旦投资就变成了被动者，他们只能在企业家盈利之后去分一杯羹。这就是为什么金融家不会随意提高利息率，并且会在投资前强调重视对企业家的考察。

因此，当金融家无法区分企业家好坏时，给出高利息率反而容易吸引较差的企业家前来融资，这无疑是给自己埋雷。因此，金融家愿意守着低利息率，以便与更优质的企业家合作。这种优质，不仅是企业家的资产优质或产品优质，更重要的是企业家的品行、心智、努力程度等方面的优质。如果金融家对企业家的资质存疑，即使他们的产品可能产生很好的回报，依然会导致融资失败。

思维模型：

在理想状态下，金融家与企业家之间的合作情形是，企业家提出融资需求，金融家快速响应，及时供给融资资金，资金投入企业后，顺利完成产品的研发、生产、销售等环节。而现实情况是企业家提出融资需求之后，哪怕企业家愿意支付较高的利率成本，但在资金需求端和金融家的资金供给端之间存在着信任风险，阻碍着彼此的合作，金融家不能确保最后企业家会顺利盈利，如约还本付息。当金融家与企业家之间的信息不对称降到最低，减小信任风险时，金融家才愿意供给融资资金，进而完成产品（见图1－7）。

图1－7　企业融资环节的对比

11. 金融家为什么总是在合同中限制企业家再融资？

在融资合同中，金融家一般都要约定，企业家不能随便再去融资，因为新的融资可能牺牲自己的索取权，尤其是不能允许企业家进行同等或更高优先级还款的融资。这是因为，金融家不愿意企业家拿着自己前期投入的钱再去承担新一轮同样的风险。如果没有针对新融资的限制条款，过度融资更容易发生在资金实力较弱的企业家身上，这也是金融家在筛选企业家时的一条参考指标。一般情况下，企业家一旦违约，最开始的金融家能得到的还款数量会因为利润分配者增多而减少，更重要的是，引入新的金融家会改变企业家的内在激励以及原始金融家和企业家之前的蛋糕分配比例。企业家如果向新的金融家融资，尽管口头承诺融资后也保持与之前相同的努力程度，但实际上是不相同的，因为新的融资进来，使得条件发生改变，努力程度也会在一定程度上改变。那么，企业家和金融家何时才能达成一致呢？

金融家在提供融资时，都会预先评估企业融资后产品成功的概率能否支撑企业获得利润，该利润是否满足金融家和企业家两个群体博弈后的利益诉求。只有金融家信任企业家足够努力，能让企业盈利的同时确保自己的资金安全又有所盈利，才会有合作意愿。同时金融家还会警惕企业家有任何不利于自己投入资金的举措，如引入新的投资者瓜分利润，故而在融资合同中会限制企业家新增融资。

思维模型：

假设企业家和金融家的总蛋糕是产品的收益 Y，双方可得的收益分别是Y_1和Y_2，产品高成功概率与低成功概率之间的差值为 ΔP。

企业家一般会要求扩大投资，他们认为增加一份融资，会提高投资成功的概率 $\Delta P'$。但反过来，扩大投资也有成本 C。

当金融家认为自己在产品成功时的回报Y_2，需要能够实现$(\Delta P + \Delta P') \times Y_2 \geqslant C$，也就是说新的融资，要考虑产品成功的新概率变化、新的融资带来的成本，同时金融家自己此时的收益回报一定不能减少。

当总蛋糕不能因为新的融资带来整体 Y 增加从而带来金融家Y_2增加；或者 Y 增加，只是全部增加到Y_1头上，金融家自己的 $Y_2 = Y - Y_1$ 反而变小了；

或者新的融资导致产品的成功概率 $\Delta P'$反而是个负数；

或者新的融资增加了很多成本 C，C 中还包含了企业家自己的私利 N。

此时，企业家的再融资行为致使金融家的获利空间面临更多的不确定性，金融家不允许企业家随便与新的金融家签订融资协议。

12. 金融家会给负债累累却有新产品机会的企业家提供融资吗？

新的金融家考虑到之前的金融家已经对企业抵押的有形和无形资产享有追索权，这时候净资产对新的金融家已经不发生作用了。因为新的金融家进入企业，一般会发现三个棘手的问题：第一，企业家尽管有一定的现金或担保品，但是优先归还亏欠之前金融家的钱；第二，企业家的资产已经抵押给了之前的金融家，成为违约情况下的担保品；第三，之前的金融家约定了，在未经他们同意的情况下，企业家不得筹集更多的融资。这时候，新的金融家会将自己和之前的金融家作为一个整体来看待，评估企业家是否能够补偿本次的融资额和之前的旧债。

但有一种可能，就是新的金融家会让企业家和之前的金融家谈判，请求减免债务。如果企业家与之前的金融家谈判不可行，那么就无法实现企业家和整体金融家的再融资。可是，之前的金融家为什么愿意参与谈判呢？这是因为，如果不谈判，企业将会面临破产，破产后之前的金融家可能一无所获，这时之前的金融家就愿意对原有的债务价值进行一定的减免，由新的金融家再评估其收益，觉得有利可图时才进行再融资。

在实际谈判中，当之前的金融家隶属于银行类金融机构时，谈判容易发生，但当之前的金融家是一个个分散的债券投资者时，尽管也有一定的协调机制，比如发行新债券来替换旧债券，但谈判难度会远远大于与银行的谈判。这也是企业家通过债券方式融资的潜在坏处之一。

思维模型：

企业家和之前的金融家之间的谈判，本质是一个分配收益的过程。

这些收益如何分配，依赖二者之间的谈判力量。有可能全额减免债务，也可能减免一部分。

一般地，减免后剩余的债务额 D' 会满足：$D' \times P_s \geq R$ 。其中，R 是目前企业净资产，P_s是新项目成功的概率。通常来讲，新项目成功的概率越高，金融家对企业家债务减免的量就越大，减免后剩余的债务就越少。即使企业家负债累累，当 $D' \times P_s$ 大于企业净资产时，金融家有利可图，仍然会选择为企业家提供融资。

13. 为什么很多企业家死于流动性陷阱？

正常情况下，债权型金融家可获得贷款回报，但当金融家发现了企业的不良信号时，往往要求提前还款以保护自己的利益。

当然，一旦债权金融家要求提前还款，股权金融家就能推断出债权金融家已经知晓企业家的不良信号，从而对股票进行抛售，企业家的股价随之下跌。也就是说，债权型金融家会通过降低企业家的资金流动性，影响企业家的旧产品和新产品，从而给企业家施压。股权金融家更多只是涉及不同股东之间的收益转移。

尤其是短期债务，这是企业家最要命的流动性陷阱。短期债务的价值不随宏观经济变化，与企业的现金流节奏不匹配。一旦短期债务不能展期，破产风险来临，企业家不能通过时间换空间，如同人被卡住脖子，很快就会死亡。这也是很多企业最后破产的原因。

长期债务的价值随着宏观经济的变动而变动，如利率、通货膨胀等，即使短期变化很大，但不用立即偿还，这使得企业的现金流与长期债务的现金流更加匹配。

一个企业家要完成产品流转，一定要能够经受住一次次的流动性冲击。企业家要在债权金融家观察时，让其捕捉到企业有信心盈利的信号，因为债权金融家只有发现企业坏的信号时，才会要求企业家偿还债务。

思维模型：

当企业的现金流紧缺时，债权金融家若要求企业家偿还债务无疑会使企业雪上加霜，要求企业家提前偿还多少，才算合适，不至于让企业破产？

债权金融家会权衡信号的强弱，以及提前偿还所带来的成本和到期债务承担的成本。

提前还款额 d 一般满足贷款额 D 的如下关系：$P_u \times D < d < P_s \times D$。

也就是说，满足给定信号下的产品高成功率 P_s 与高失败率 P_u 之间，如果失败的可能性已经接近 100%，那么提前偿还额将是全额贷款 D。

如图 1-8 所示，企业价值的变化在短期内假设不变，是直线。因短期负债的风险影响企业价值的风险，这种风险大于长期负债的风险，故短期负债的曲线位于长期负债曲线的上端，且和代表企业价值的直线呈现临界状态。

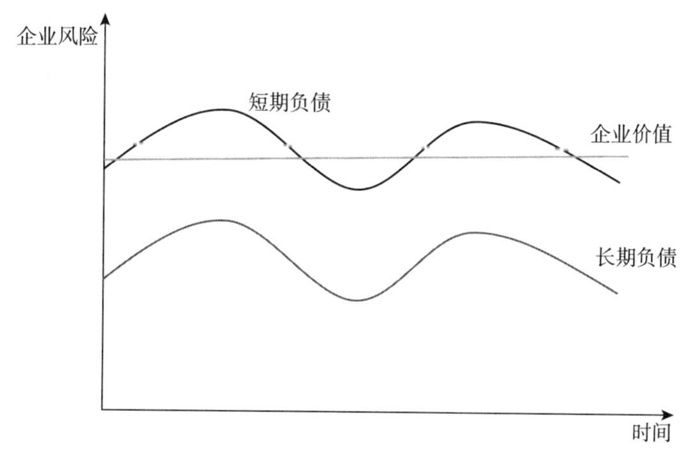

图 1-8　长短期负债下的企业风险

如果说流动性冲击是 ρ，那么 $P_u \times R \leqslant \rho \leqslant P_s \times R$，而提前要偿还的债务 d 使得 $\rho + d > \rho$，那么此时就是企业家濒临绝境的时刻。

14. 为什么企业家更容易与债权金融家而不是股权金融家进行合作？

企业家和金融家，既是命运共同体，又充满利益博弈。因此，信任成本在两者的合作中显得尤为重要。

为降低信任风险，需要实行监督，而监督是有成本的。若双方不承担这种监督成本，则可能会丧失投资和产品盈利机会。

在产品创新盈利中，股权金融家享有的是企业家的剩余索取权。剩余索取权受经营结果的影响很大，而获取经营结果需要很长的时间链条，且又属于私密信息，容易被企业家操纵，因此监督成本变得更高。

然而因为债权融资金融家设置了很多限制条款，所以一旦出现不良信号时，他们将具有被优先保护的权利。这种严苛的限制，例如让企业家提供财务报表，对企业进行各类充分的尽职调查，正是降低信任成本的方式。监督成本使得企业家更容易与债权金融家发生合作。

思维模型：

债权金融家借钱给企业家，通过各类限制条款，增加监督措施，使得自己的收益更安全，但赚得更少。如图 1－9 所示，企业在债权融资后，债权金融家追求的现金流分布曲线 A，更集中，风险更小，平均值也较小。

股权金融家能使用的监督措施相对债权金融家少，自己的风险更大，获得的现金流不稳定，分布曲线 B 更分散，但平均值一般也较大。

因而，在不同的监督条件下，企业家与金融家的合作容易度不同。企业家与债权金融家合作的频率一般都超过了与股权金融家的合作频率。

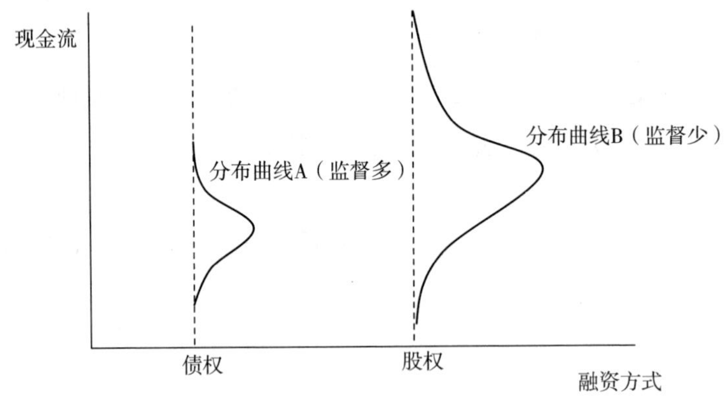

图 1－9　不同融资性质的现金流

15. 为什么有的企业家反而容易被密切往来的金融家“敲竹杠”？

根据企业家融资的动机条件和金融家提供融资额度的平衡状态，一般自有资金实力强大的企业家，容易“店大欺客”，这使得这类大企业家与金融家保持了一定的距离，因为他们不需要过分提供信任，就可以获得融资。

但对于实力较差的企业家，由于需要非常高的信任成本，金融家不敢轻易提供融资。这时企业家会重视构建自己和金融家的信任关系。而建立这种关系，通常是牺牲企业家自己的一部分私利 N，同时提高产品的成功概率，努力扩大双方收益去实现的。

那么，企业家愿意被金融家“敲竹杠”吗？应该说这也是没有办法的事情，企业家不仅不讨厌被“敲竹杠”，还希望能让金融家认识到自己主动送去的“竹杠”确实有的“敲”。牺牲自己部分私利，提高产品成功的概率，是企业家给予金融家信心和实现关系型融资的必要信任条件。只不过这一做法，需要在合法合规的范围之内，另外还可以通过企业家提供更多的个人履历背景，展示自己的管理能力，呈现产品的优势，或者协商一部分股权给金融家等方法去构建信任关系。在这一过程中，企业家获取同等回报Y_1时，金融家将需要获得更多补偿到Y_2，也就是要“敲”企业家更多“竹杠”，得到更多收益，才愿意提供融资，或者说如果金融家要求的回报不能变时，企业家需要减少自己的利益。为了促成合作，即使是已经合作多次或关系密切的金融家，在分蛋糕问题上，企业家也需要让金融家的蛋糕分得更多一点。通过这种“赠人玫瑰手有余香”的主动让利形式，实现双方共赢。

思维模型：

假设在蛋糕表示为 Y 的情况下，企业家的蛋糕为Y_1，金融家的蛋糕为Y_2，ΔP 代表获得金融家融资后产品成功的概率变化量，N 是企业家未被

“敲竹杠”时的私利，γ 是企业家为了与金融家达成合作并获得融资时，主动献出自己被“敲竹杠”的部分利益。τ为贡献“敲竹杠”后产品成功概率的提高部分。

如果用图形表示，可以看到，因为 $\Delta P \times Y_1 = N$ 转变为 $(\Delta P + \tau) \times Y_1 = (N - \gamma)$ 了，故 $N/\Delta P + Y_2 = R$ 转变为 $(N - \gamma)/(\Delta P + \tau) + Y_2 = Y$，所以这个时候，企业家和金融家两者之间的替代比例发生了变化，即图 1 - 10 中的斜率夹角不一致。

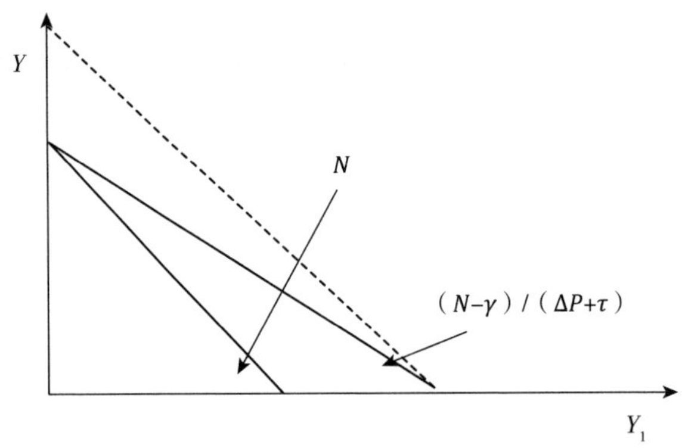

图 1 - 10　企业家被“敲竹杠”前后与金融家的收益替代关系

16. 为什么金融家对企业家给出的融资价格往往相对固定?

金融机构相对于企业的数量更少，大的金融机构占有大部分市场份额。这是因为金融机构的进入壁垒更高，这些壁垒包括牌照制、监管更特殊、普通居民或小微企业的信任构建成本极高等。与此相比，一般性企业的数量和产品服务更多，进出市场更加自由，监管更宽松。

相应地，由于大多数企业的发起与退出自由，企业家所处市场竞争度较大。金融家所在的金融机构，竞争较小，但并不是缺乏竞争。

这导致金融家出现这样一种服务状态：企业家整体的需求变化非常剧烈时，金融家的供给变动不会同企业家的需求变动一样剧烈。即使金融机构自己的成本发生变化时，金融家自己的服务价格也相对稳定，只保持一定的小幅变化。

因为，企业家最终得到的金融产品或服务需求曲线一般是有拐点的，企业家渴望金融机构大幅降价，是一件较为困难的事情。以我国商业银行为例，大多数银行定出的利率都在基准利率附近，这个价格的变动很少。银行避免频繁的利率变动，就是为了减少不稳定性或者可能导致的价格战。只有当市场利率已经发生很大改变，比如国债利率已经发生了很大比例改变时，银行的这个融资标准价才会发生变动。而且，当这种情况发生时，一个主要银行宣布改变价格，其他银行会很快跟进，几乎同时在一两天之内改变价格。也就是说，虽然利率变动的频率低，但市场同步变化的速度快。

思维模型：

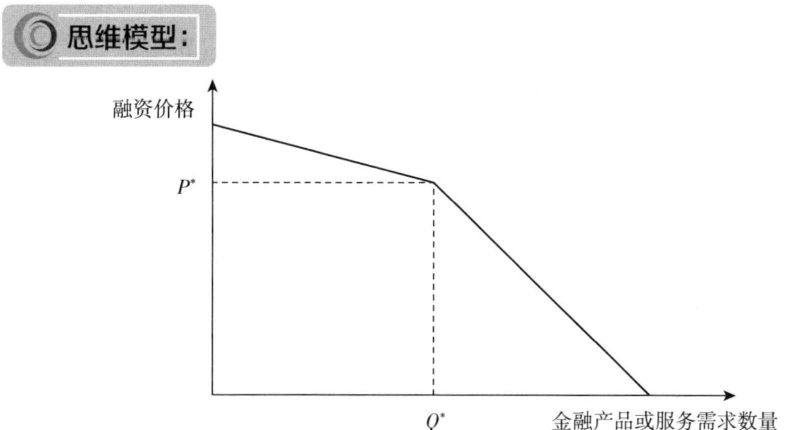

图 1－11　金融市场的需求曲线

如图 1－11 所示，各个金融家将产品价格设在价格 P^* 处，这时社会需求的服务数量为 Q^*。

例如 P^* 为市场利率基准价，Q^* 为此时市场的融资金额量。

如果融资价格 P^* 上浮，那么需求的降低很可能导致金融家自己的业务规模急剧减少，这时候价格富有弹性，会损失大部分市场份额。但如果对基准利率打折，使融资价格低于 P^*，这时降价虽然也会引起企业家的市场需求增加，但增长的幅度较小，或者说有效需求增长速度不足，反而导致坏账或风险增加。

这种需求不足致使金融家不能够维持之前的利润市场份额占比，或者说会明显挤压其他金融机构的市场份额，其他金融家也会被迫降价。

那么，金融市场整体的降价不能带来企业家明显的有效需求增加，导致金融机构的利益受损，所以金融家对企业家提供的融资价格是相对固定的，企业家的需求点总是在弯折处停留时间较长。

17. 为什么金融家对非出资的企业业务还是会设置门槛？

对于金融机构的资金募集或中间业务，金融机构的风险损失几乎为零，但并不是所有的业务都面向所有的企业家，甚至会要求企业家在得到金融产品服务之前，预先付一部分费用，也就是为金融消费的权利付费。例如财富顾问、财务规划、养老计划中，常常设置会员制，要享受到该类金融服务，需要先缴纳一定的会员费，成为会员以后，少部分产品或服务是免费的，大部分产品或服务是收费的。

金融家如果不设置入门费，没有门槛，则不能为高端企业家提供区分性服务，不能满足他们的机会成本需求。但是设置了过高的入门费以后，可能会导致金融家自己的收益下降，因为很多被挡在门外的企业家不能提出产品或服务需求，相当于流失一部分客户群体。如果设置较低的入门费，意味着更多的被服务者进入，金融家可能因此获得更多的利润，但这一部分贡献的利润就会降低。因而，要权衡取舍高或低的入门费，以便实现更大利润的同时保持优质的区分性服务。

思维模型：

入门费无疑是金融家用来进行市场细分和用户细分的一个工具，对企业家实行精准营销，也会在一定程度上提升金融企业的市场竞争力。金融家设置入门费以后，会对自己的利润造成一定影响，设入门费为 F，则入门费的收入为 $N \times F$。

N 是被服务的高端企业家数量，但 N 自身受到入门费高低的影响，费用越高，则 N 可能越少，因此，两者存在此消彼长的关系。

另外，进入门槛前的入门费和进入门槛以后的每次服务费，应该是反向的。如果入门费很高，进入门槛以后的每次服务价格也很高，则企业家不会选择这样的服务。因此，进入门槛以后按次收费的总利润，会随着入门费 F 的提高而降低。

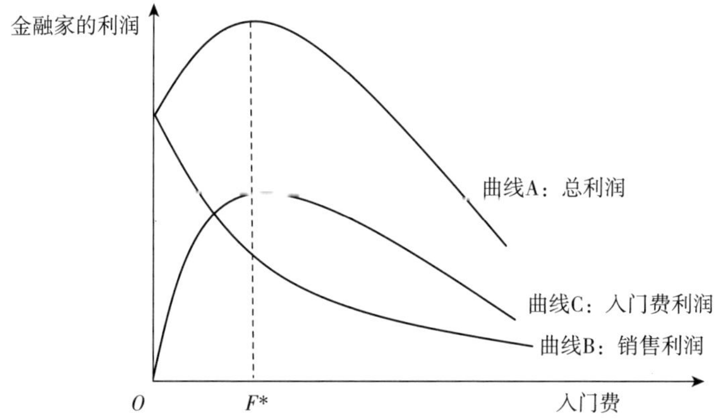

图 1－12　金融家提供分级服务的利润

如图 1－12 所示，曲线 A 是企业总利润的变化趋势，企业家愿意进入的数量 N 是入门费 F 的减函数，也就是入门费越高，愿意进入的数量越低，导致整体的利润先增后减。曲线 B 是企业入门费的利润贡献，曲线 C 是进入门槛后按次收费的利润贡献。这两部分利润都会受到入门费高低的影响，入门费高时尽管可以收到更多总入门费，但会导致进入门槛后的销售收入降低。所以当入门费超过 F^* 之后，在曲线 C 和曲线 B 显示的利润下降趋势共同作用下，曲线 A 的总利润也呈现下降趋势。

金融家会详细比较各个产品价格 P 及产品销售数量 Q、会员数量 N、会员费 F 之间的差异，不停调试，直到利润额 $\pi = P \times Q + N \times F - C$ 较大。

其中，$Q = f(P)$，$N = f(F)$，$C = f(N)$，这三部分保持了联动关系，只

有在 P、F、N 实现最优解的情况下，利润额才会最大。

18. 金融家用什么评价工具来盯住企业家的还款能力？

当金融家借钱给企业家以后，企业家存在着拒付利息或者不还本金的可能性，这种违约的可能性被金融家认为是一种风险，称为违约风险。金融家特别担心企业家拿着自己的钱去冒险违规和加杠杆，因为金融家认为企业家挣了大钱时，自己还是拿固定的利息，当企业家面临破产时，自己就会损失本金，稍不注意就会陷入被卖了还帮人数钱的尴尬境地。

金融家会对企业家进行评级打分，把企业家的还款能力划分等级，让其他金融家一目了然。金融家一般的评级过程是，先让企业家填写评价材料表，金融家内部搜寻各类数据，尤其是行业数据和历史数据，向企业家当面了解各类情况，然后进行分析。分析过程中，最重要的就是看企业家的经营数据，金融家尤其看重一些比率性的指标，以便于他们比较多个企业家的优劣。比如第一个指标，就是看企业家的收入能不能覆盖利息，用收入除以利息，如果发现这个值小于 1，融资给这个企业家就非常危险了。其次看资产与企业家的所有债务的比例，比如利润与债务、自由现金流与债务、股东权益与债务、市值与债务等。初步分析之后，再递交给专家型的金融委员来复评。金融家将评审的结果告知企业家，如果企业家不同意，可以提供更多的资料证明自己的能力，然后让专家和金融家再次评价。

为了便于大家记住，这里把企业家先分为 A、B、C 三类，相当于好、中、差。三类里面，每类又再细分为小三类，A 类里面分为 AAA、AA、A，B 类里面分为 BBB、BB、B，C 类里面分为 CCC、CC、C。根据金融家的经验，A 类企业家一般都没有问题，中等里面的 BBB 也不错，通常把这四类称为投资级，中等里面的 BB 至 CC 的四类，称为投机级；最后的 C 类就表示企业已经存在拖欠债务的情况。

思维模型：

企业家向金融家融资后全额还本付息的概率最高，但难以到达1，金融家需要防范企业家的违约风险，评估发生呆坏账的可能性。

金融家面临企业家违约的风险可以直观表示为 *NL* 曲线。其中，利息支付部分违约概率较大，表示为曲线 *LM* 之间的面积，本金全部违约的概率略低，表示为曲线 *MN* 之间的面积，本息完全违约概率的 *N* 点是较低的，但不是0（见图1－13）。

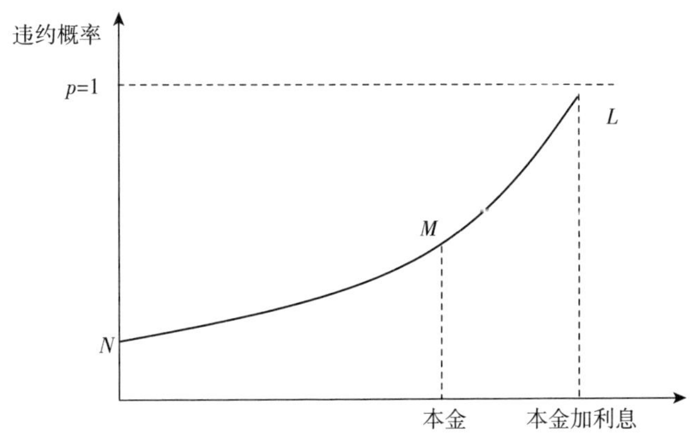

图1－13　企业家的违约风险

对于已经拖欠债务的企业，金融家会动用资产保全、坏账催讨、法律维权等方式，尽可能减少坏账的损失。当然，坏账的损失和挽回损失花费的成本之间存在负向非线性关系（见图1－14）。挽回坏账损失投入的费用支出越少，坏账导致的损失越大。当费用支出超过一定临界值时，即费用支出很大甚至是巨额，如果坏账严重，覆水难收，这时坏账损失程度降不下来，故而曲线越来越平缓。所以金融家需要用评级打分等评价工具盯住企业家的还款能力，以防坏账发生。

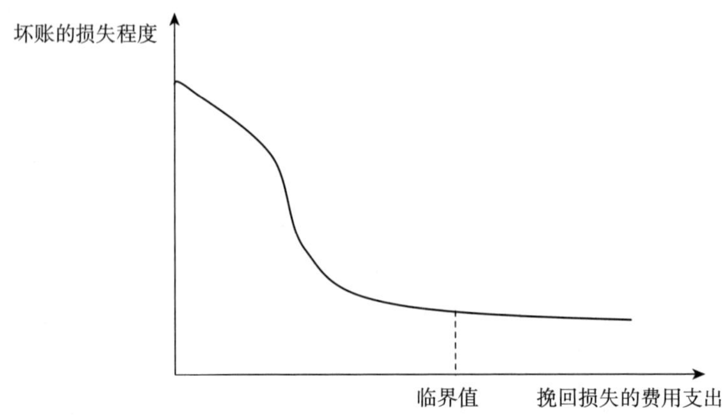

图 1 – 14　挽回坏账损失的成本与坏账损失程度的关系

19. 金融家会从哪些角度对债权融资的企业家进行画像？

企业家进行债权融资时，金融家会从多个角度观察企业的资质和内在动机。一般会从八个方面来分析画像，形成考核企业家的八大角度。

第一是主体资质，无论什么样的企业来借款，都不能有法律硬伤和触及政策监管的禁区。当然，从是大型企业还是中小企业，是新企业还是老企业，是知名企业还是弱小企业等方面来考量也很重要。

第二是确定借款的金额，是大额低频还是小额高频，一般小额高频的违约概率远远低于大额低频。

第三是增信，防止信息不对称很重要，从底线思维出发，金融家不得不采取抵押或质押的担保措施，并减少预估收益的损失。

第四是用途，确定专款专用很重要。金融机构放款给企业后，要关注企业家是否将款项运用到当时申请的项目上，是否挪用资金。

第五是期限，短期限的借款风险一般要低于长期限，通过高周转实现的业务，应对冲击的灵活性较强。

第六是价格，利率较高可以实现风险补偿，但前提是不违约的高利率。如果违约，即使定很高的价，金融家的总收益也同样不可得。同时，很多国家的利率价格是受管制的，不能按照风险来做充分定价。

第七是还款方式，是一次还本付息还是等额本息，其风险程度也不相同，前者的风险远远大于后者，后者往往与真实的经营现金流相关联。

第八，还款来源最重要，金融家最看重企业家的产品收益能力，企业家应通过经营的收入来还款，而不是通过拆东墙补西墙的多重筹资或者做其他金融投资来还款。经营来源的还款，还可以再细分为特定的经营，比如某个具体产品在某个步骤产生的收益，而不是企业所有产品的收益混合。

思维模型：

如图 1－15 所示，金融家会从八个维度对企业家进行画像。

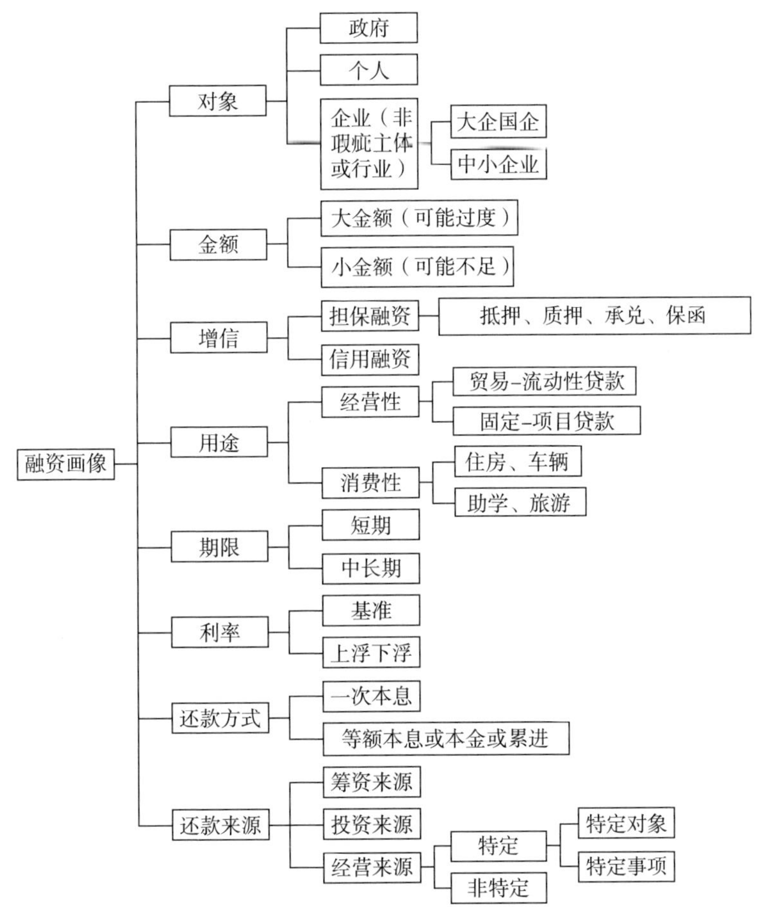

图 1－15　融资者画像的考核要素

从图 1－15 画像要素中可以看出，金融家不仅考查企业家的主体形象、历史条件如何，还很看重企业家的具体行动路径图和相关的其他要素。

20. 金融家持有的企业贷款资产包如何应对利率变动冲击？

金融机构与企业的资源构成一样，分为资产和负债。在资产和负债的管理中，尤其注重资产和负债的期限，因为金融家不像企业家持有的股权是无限期的，金融机构持有的资产一般都有一定期限。

金融机构在面对利率变化时，资产市值受到的影响可以分为三个部分，所以要重点关注以下方面以应对利率冲击：

一是有效期限缺口。如果资产和负债的有效期是匹配的，则这个缺口将不发挥作用，但金融机构的优势就在于资产负债之间的期限错配，例如拿着企业的活期存款这样的短期负债，多个短期凑成一个长期，去投资企业的长期贷款。

二是金融机构的规模。规模越大，受到的影响就越大，风险自然也就越大。

三是利息率变动的冲击程度，如果利率变动越大，则影响越大。当然，从精细化来看，受制于利率本身所处位置，利率处于高位和低位时受到同等冲击，所造成的影响大小不同。

利率的冲击，不仅会导致价格变化，还可能带来违约，这时候还需要考虑整体资产包括违约的变化。但最终的风险抵御能力变化，还是来自资本金的变化。

思维模型：

资本金决定着一个企业的抗风险能力，需要从时空角度考虑资金流，以应对宏观上利率变动的冲击，如果资产是 A，负债是 L 的话，重点需要考虑各自的有效期限D_A和D_L，有效期限缺口可表示为$\left(D_A - D_L \times \frac{L}{A}\right)$。

当利率 R 变化时，表示为$\frac{\Delta R}{1+R}$，根据权益 E 的变化等于资产的变化减去负债的变化，则有 $\Delta E = \Delta A - \Delta L$，其中 $\Delta A = -D_A \times A \times \frac{\Delta R}{1+R}$，$\Delta L = -D_L \times L \times \frac{\Delta R}{1+R}$。

因此整理得到金融机构资本金的变化：$\Delta E = -\left(D_A - D_L \times \frac{L}{A}\right) \times A \times \frac{\Delta R}{1+R}$。通过这个指标来衡量企业当前的经济实力，以制定相应的投融资策略和运营生产策略。

21. 金融家如何衡量企业已发行债券的涨跌幅度和速度？

企业已经发行的债券或借款，将随着外部利息率的变化而变化。这说明，该笔借贷不仅机会成本会持续发生变化，而且这种变化对宏观经济上的利息率是非常敏感的。

如果借钱之前，外部的市场利率依然没有发生变动，那么这个债券的价值也不会发生变化。如果外部的利息率降低了，之前的旧债券价格应该上涨，因为旧债券的利率相对“变高”了，更加稀缺；如果外面的利息率升高了，债券的价值应该下降。

金融家发现，一只债券的生命周期就是债券的期限，也就是债券归还本金之前的年数。在该生命周期中，企业家付息方式不一样的时候，则金融家投资拿到回报的不确定性是不一样的。例如一只第 5 年末才还本、中间不需要付息的企业家债券，和一只每年付利息 10%、第五年末还本的企业家债券，设价值均为 1000，但两个企业家的付出程度是不一致的。第一只债券，金融家要等上 5 年才能拿到第一笔钱，第二只债券，在第 4 年年底时，金融家已经拿到该拿的27%（400/1500）了。也就是说，投资第二只债券得到现金流的平均期限只有3年，因为（1+2+3+4+5）/5=3。

当然，由于每个时间点拿的利息收入对今天而言的价值不同，不能简单相加。需要对前文提到的（1+2+3+4+5）/5表达式赋予金额权重，反映现金流对时间的不同影响程度。同样地，拿到现金流的总时间也不能简单相加，因为每个时间带有不同的利息收入权重，不同的现金流规模对金融家拿到钱的影响程度是不相同的。这个带时间权重的利息思路，就是衡量企业家已发行的债券上涨或下跌幅度的方法。

思维模型：

金融家在看待企业家的债券价格变化时，不能只看绝对值的变化或是相对值的大小，还应纳入时间权重因素综合考量其涨跌幅度（见图1-16）。

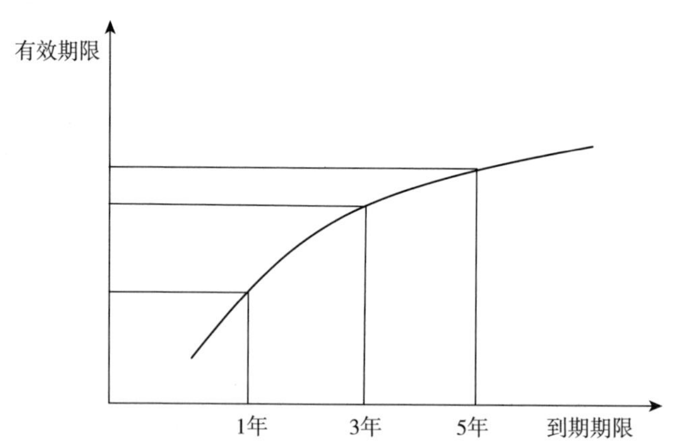

图1-16　不同期限的债券价值曲线

由图1-16可以发现，当市场的利息率发生变化时，金融家拿到钱的有效时间会发生变化，每年的付息次数发生变更时，金融家拿钱的确定性也发生变化，付息频率越高，金融家拿钱的时间相对越提前，也就是说拿钱的确定性变高。当然，每一年的折现利率可能并不都是一成不变的r，其会因通货膨胀率、违约风险程度、流动性风险水平的叠加变化而变化。

如果从弹性的角度看，利率每变动一个单位会引起债券的价格变化多少个百分比，可以利用 $\frac{\Delta P/P}{\Delta r/r}$ 来查看，如果从债券的数学定价公式严格推导出来，得到 $D = -\frac{\Delta P/P}{\Delta r/(r+1)}$，这被称为债券的久期，如果修正为简洁的表达，可以令 $D = D \times 1 + r = -\frac{\Delta P/P}{\Delta r_{mod}}$。

久期 = 有效时间 $= (1/PV) \times [1 \times C_1/(1+r) + 2 \times C_2/(1+r)^2 + \cdots + T \times (C_T + FV)/(1+r)^T]$。其中，$PV$ 代表债券现值，C_1 为第一年的利息，FV 为债券的终值，r 是债券利率即金融家的必要报酬率。

久期，类似于股票市场的资本资产定价模型，如果说借用 $Y_i = \alpha + \beta \times Y_m$ 中阿尔法和贝塔的思路，$\Delta_{资产价值} = \alpha + \beta \times \Delta_{利率}$，即 $\Delta P = \alpha + D \times \Delta R$，久期即贝塔。

22. 企业家选择融资租赁与金融家合作的好处?

租赁是企业家用飞机、房屋、汽车或设备等进行项目融资的常用方式，出租人拥有资产的所有权，承租人有使用权，出租人获得租金报酬。与日常看到的租房等经营租赁相比，提供租赁的出租人需要反复将资产出租多次，才能收回成本。而融资租赁一般是金融家一次只租给一个承租人，企业家作为承租人将会长期使用资产，租期大约等于资产本身的使用寿命期，企业家几乎享有资产的全部利益和风险。当然，承租人有廉价购买资产的选择权，承租人需要在承租期满前按时支付租金，期末获得资产所有权。

一个企业家可以向另一个制造商企业家进行融资租赁，也可以向金融家融资租赁。金融家自己先购买制造商的设备，租赁给另一个非制造商的企业家，作为资产的权益方，如果企业家中间再找金融家贷款，金融家是出租人也是借款人。企业家还可以自己先买入设备，将其卖给金融家获得现金收入和使用权。以“出租人、承租人、债权金融家”三方模式为例，出租人可以先代表权益方获取资产，然后从承租人获得租金收入，偿还金融家的借贷。

企业家通过租赁，可以不在自己的资产负债表中显示购买设备的巨额负债，这一“表外化”融资过程，使得企业可以适应监管或客户需要，当然，也变相加大了融资总量风险。更重要的是，对于部分融资需求很旺盛却难以获得融资的企业家，金融家不愿意以贷款方式提供融资但可能愿意以租赁方式提供。甚至有些贷款协议中，金融家要求在一定情况下，约定将贷款协议转变为租赁协议，以避免企业破产带来的损失。

出租人发布利润表时，扣除的应付租赁款会较高，使得出租人可以以快于直接购买资产的速度来折旧资产，扣除的费用变多，则缴纳的税变少。一般地，税率越高，承租人直接借款的税盾作用越明显；税率越低，融资租赁比直接借款更有优势，因此低税率的企业可以从高税率的企业租入资产。

总之，融资租赁适用于不同的企业家和金融家，可以充分利用自身与其他方式的融资难度、税收收益、批量采购设备的价格打折来实施，也可以根据不同企业对设备的残值寿命的要求不同、不同企业的借贷成本不同、不同企业使用设备的专业能力不同，更精细化地降低融资成本。

思维模型：

企业家如果选择融资租赁模式，相当于扮演了承租人的角色，此时金融家即出租人的回报率可以根据 $PV = \sum_{t=1}^{t=T-1} \frac{CF_t}{(1+R)^t} + RV/(1+R)^T$ 来计算，当承租人计算出租人的回报率，就会得出自己的成本，将 R 与其他融资方式的利息率进行比较，就可以得到孰低的成本，从而获得决策的依据。

尤其是当借贷的利率是不确定的浮动利率，而租赁的成本相对确定时，企业家通常难以确定未来利率的上涨或下跌趋势，因而与融资租赁的金融家合作是比较明智的选择。

23. 为什么企业家最好能在自己发行的债券上设定提前赎回权?

当较高的市场利率未来下降的概率很大时，设定提前赎回权，再融资的成本将变低，因为提前赎回权将可以使企业家以较高的灵活性实现借新还旧。同时，如果债务对自己的经营和控制产生了限制，可赎回条款对企业家也是有利的。

因此，可提前赎回是企业家拥有了一项期权，从期权的价值来讲，底层资产即市场利率未来的变动将非常重要，未来利息率的变动越大，期权的价值就越大。

普通债券随着利率的上涨而下降，而可赎回债券的价格被赎回价锁定。如果利率上涨到普通债券与可赎回债券价格一致的地步，企业家便不会选择赎回，这时，可赎回债券与普通债券的价值相同。

但一般金融家不太愿意投资可赎回债券，除非回报高于一般的不可赎回债券，金融家需要得到补偿，这种补偿来自自己的高投资收益回报随时可能被中断。因此，一般可赎回债券价格高于面值，但随着时间推移会逐步降低。

思维模型：

企业设定可赎回权将有利于企业在利率下降趋势下偿还旧的债务，或者进行新一轮投融资。可赎回债券的价值 = 一般债券价值 - 期权价值。期权的价值越高，则可赎回债券的价值就越低。

要测算期权价值，需要对未来的利率变动范围和分散特征做尽可能充分的测算。

如图 1 - 17 所示，随着利率下降，债券价格就会上升。普通的债券价格曲线是 *BC* 线，可赎回债的价格曲线是 *ADC*，因此一般可赎回债的价格低于普通债，中间的差值即 *BD*，这部分是期权价值。当然，如果在利息率上

涨到 R 时，企业家就不会赎回债券了，这时候可赎回债与普通债等价。

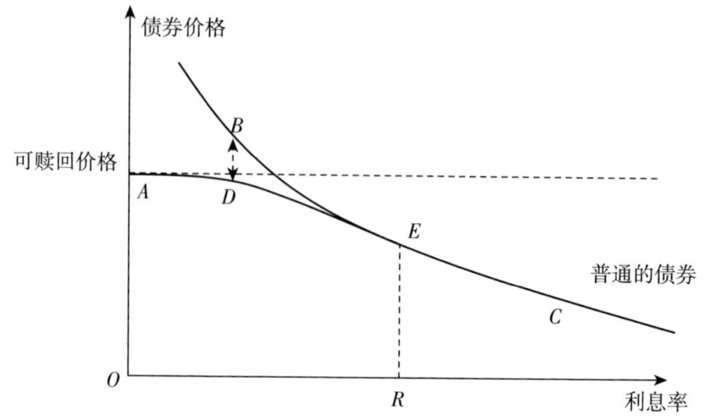

图 1－17　普通债券与可赎回债券的价格差异

24. 企业家何时需要发行可转换债券作为特别的融资工具?

可转换债券可以转成股票，也就是说，可转换债券是企业家给予了金融家一个权利，使其可以从债权人转变为股东。同时，以股权投资的视角看，企业家又为他们提供了预防利率下跌风险的保护，不是单纯的股票。因此，可转换债券 = 一般债券 + 认股权证。

负债需要稳定的现金流来保障利息和本金，如果企业家的现金流波动很大，则可转换债券中债券部分的价值就较低，可能不被偿还的概率增加，债权金融家要求的借贷利率会提高。

但是，当企业的现金流波动大，企业风险增加时，企业的波动性也会加剧，那么可能导致企业的期权价值也增加，认股权证的价值就较大。

那么，在这种情况下，投资了可转换债券的金融家，持有的债券价值下降和期权价值上升的两种力量会相互抵消。

可转换债券如果转换成股票，其价值 = 股票市价 × 可转换份数。可转换份数 = 债券面值/转换履约价。一般地，可转换债券的价值即转换前的价值，是高于转换后的价值的，这种溢价可以被称为转股溢价，是对金融家的保障。如果可转换债的价值高于假设按纯债计算的价值，则称为纯债溢价。两种溢价之间的作用决定了期权的价值。

当企业家未来的盈利非常不确定时，发行债券的难度会加大，成本会变高，可转换债券是一种相对容易融资的工具。出售自己的一部分权利给金融家，那么比一般的债券融资的利息率可以更低，因此企业家可以付出较低的融资成本。同时，因为在转股之前仍是债券，不会像发行普通股那样被稀释股权。

同时，债券的交易成本相对股票较低，通过投资可转换债券，再转换为股票，尤其是股票价格上涨具有价格效应时，债转股的交易成本比一次性购买股票的成本低。

除此之外，对于部分不能投资股票，但可以投资债券的金融机构而言，可以获得投资普通股的好处，甚至在一些并购重组交易中常常以可转债作为工具，满足未来可能大额持股的需要。

思维模型：

与企业家的合作过程中，可转换债券为金融家们提供了更灵活操作的选择以及获利空间，企业家们通常会以此作为吸引金融家的融资工具（见图 1 –18）。

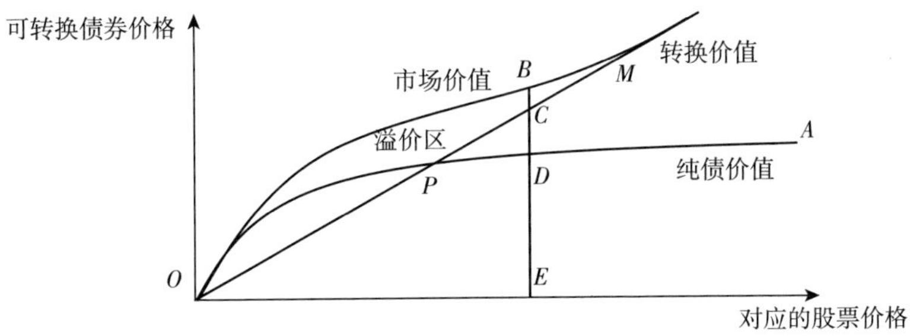

图 1 –18　可转债的溢价空间

由图 1-18 可见，溢价部分的价值，取决于企业的业绩波动情况，业绩越波动，溢价部分就越大。如果企业的业绩很差，则企业的股价和债券价格可能都很低，当业绩变好时，债券价值上升，但升值的速率递减，直到成为扁平状态，如曲线 *AD*。

普通股的变化与债券价值不存在同向变动关系。业绩变好时，可转换债券的价值持续上升，*BD* 为纯债溢价部分，即可转债超过一般债券的价值，*BC* 为转股溢价部分，整个溢价区为 *OBMCP* 区。当股票价格很高时，可转债作为一种债券的价值已经不重要，这时候债券对金融家的保障意义不大，甚至可能被企业家赎回，只剩下转换价值。

25. 企业家借款后何时应该借新还旧？

企业家找银行借款或发行债券时，一般是按照一个固定的利息率来偿付利息，到期还本或每期偿还本金。借款往往带有时间期限，也带有可以提前还款的权利。也就是说，企业家有了经营收入，可以提前还贷，即使不用经营性收入，也可用借新还旧的方式。

借新还旧不一定是企业家在偿付不了的时候被动借钱还款，不一定是拆东墙补西墙，可以主动用此方式来降低旧的借款的成本。

一笔借款发生后，企业家按照约定还本付息，借贷的利息可能不变，但企业外部的利息率在发生变化，就是说，当外部利息率大幅降低的时候，例如央行大幅降息引导市场利息率下行时，企业家去外部借款，成本将大幅降低。其旧的借款，按照旧的高利息率付息的债券将变得更加稀缺、更贵。那么，这时企业家借新还旧明显是有利可图的。

当外部的利息率大幅升高，例如商业银行调高利息时，企业家去外部借款，成本将大幅提高。其旧的借款因为利息率较低，金融家再去购买这份旧的借款时，期待的整体借款资产价格应该是下降的。因为相对于市场新增的借贷资产，金融家发现现在的新资产更划算，也即现在按高利率把资金投资给新的企业家比把资金按低利率投资给之前的企业家更划算。

思维模型：

企业家与金融家总是围绕“钱”这个利益点展开合作，一方需要支付获取融资的成本，另一方需要获得提供融资的回报，双方的利益分摊与利率紧密相关，利率高低直接影响企业决定续贷还是借新还旧。

用 $PV = C/(1+r) + C/(1+r)^2 + ... + (C+FV)/(1+r)^T$ 计算，其中 PV 为现值，今天的现金流价值；FV 为终值，未来的现金流价值：r 为利率，报酬率或是贴现率，通常 1 期为一年；T 为期数；C 为现金数量。

可以发现，利息率的变化和债券价值的变化是成反向的关系（见图1－19）。

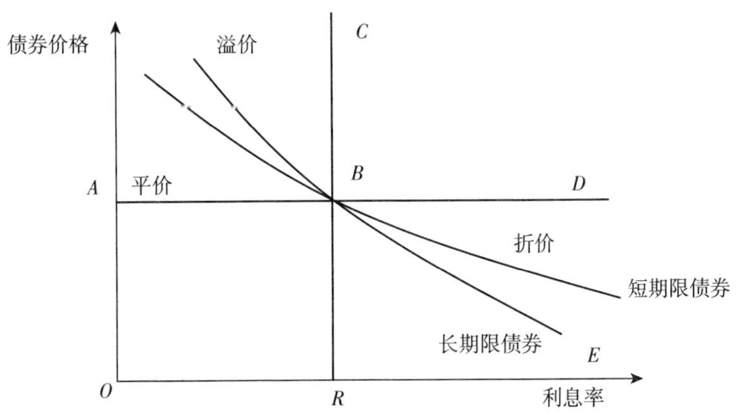

图 1－19　利率决定长短期债券的不同定价

如图 1－19 所示，当利息率低于 R 时，长期债券和短期债券都位于溢价区域 $ABCD$ 里，但二者变化幅度并不一致，长期债券曲线斜率更陡峭，相对于短期债券，降低每单位利率将引起较大幅度的变化；同理，当利息率高于 R 时，两种债券都位于折价区域 $OABDE$，增加每单位利率将引起长期债券较大幅度的变化。也就是说，长期债券的价格变化对外部利率变化更敏感。

根据前述借新还旧的原理，当利息率下跌时，债券价格上涨，这也就是宏观经济增速下滑，市场利率降低时，债券价格普涨的原因。

如果企业家借钱后中间不需要付利息，只需要最后一次偿还，那么企业家的零息债券的价值 $PV = FV/(1+r)^T$ 。

如果企业家不需要还本，只需要偿还利息，这种永续债券的现在价值 $PV = C/r$ ，与只分红不还本的股权价值是相同的。

26. 企业家珍惜自己的融资声誉会有多大的收益和成本？

金融家提供融资时，不仅会考虑企业家的现金、土地、货物和设备等资产，也会着重考虑企业家的声誉。如果声誉高，说明企业家是一个较少追逐自己私利的人，敢拼敢闯，有长远眼光。企业面临的环境很苛刻，可能限制企业家追求私利的能力，但这个环境有利于融资。例如企业家没有其他的产品机会，道德风险范围缩小的时候，企业家容易变成一个更“靠谱”的高声誉人。

如何来观察判断企业家“靠谱”呢？很难。较好的一个方式是看其过去的历史留痕，即企业过去的融资记录。过去的债务总是能够偿还，说明过去的产品回报可能不错，或者过去的风控做得很好，或者管理做得很好。这种有能力顺利偿还的信息，支撑了金融家的融资信念。对金融家而言，历史信息是一种良好的、未来可靠的信号，尽管信号不一定那么完美。这种无形的资产是有市场价格的，在理论界称为影子价格。

反过来，这也是正向激励。一个不靠谱的企业家，可能本来没有动力去尽职尽责，但为了将来能获得更好融资，愿意现在去尽职尽责。而且，企业家的融资信息散布得越广，声誉的作用就越强，金融家之间的信息共享会激励企业家更努力做好人，这也是为什么企业家愿意主动将自己的融资详情提供给征信机构或监管部门。

当然，企业家珍惜声誉，也是有成本的，例如给出抵押物，使得抵押物的灵活性变差；主动接受随机审计，付出一定的审计成本；根据金融家需要，不定期披露产品的收入情况及经营情况。这些声誉成本的付出，一定程度是为了让外界，尤其是让金融家轻松快捷地获知企业家的努力情况。

思维模型：

企业家珍惜自己的声誉，将带给自己显性和隐性的收益，比如获得金融家更多的资金支持，或是更高的市场认可度和客户忠诚度，当然也意味着不可避免地付出一定的自我约束和维护成本。如图 1－20 所示，*CB* 为企业家的声誉成本线，当债务量小于 D^* 时，此时不还债务的声誉成本较高，超过了债务本身的价值，也就是 *BC* 线与 *AB* 线的差值部分，即初始值为 *AC*。债务价值为 $D(1+i)$，即 *AB* 线，*i* 为利息率，也是企业拖欠债务的收益。

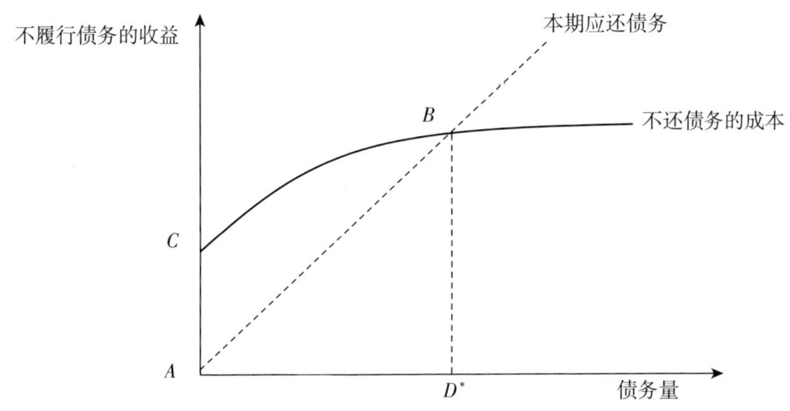

图 1－20　偿还债务的声誉价值

随着债务价量的逐步增加，企业家拖欠债务得到的好处 $D(1+i)$ > 声誉成本 *BC*/，那么企业家可能将不再偿还债务。因此，金融家会重点考查临界点债务值以及在该值时企业家的表现，即其对自身声誉的珍惜程度。

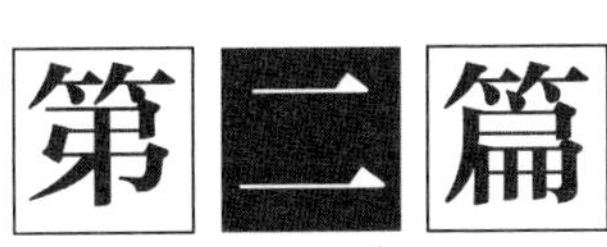

第二篇 入股给企业家的金融思维

27. 金融家确定的新产品投资额是企业家自有资金的多少倍比较合理?

企业产品热销的时候，企业家总是希望金融家投资越多越好，这个过程被称为加杠杆，宏观上可能表现为泡沫。一旦市场行情不好，就会面临去杠杆的抉择。这一过程很痛苦，企业小则容易被打脸，大则伤筋动骨，甚至破产清零。那么企业家应该如何考虑自己的融资目标呢?

企业家要融资的倍数，通常与这几个因素相关：一是产品本身的成功概率，二是产品的回报率高低，三是企业家拿到融资额后可以处理的私利空间大小，四是自己把产品做成功的努力程度。

如果企业家自己不是那么努力，还是少融资为好，当然金融家也很难提供融资；如果企业家可以相对容易高效地处理融资所拿到的钱，那么融资倍数也应该比较低；如果产品本身的回报率高，产品成功的概率大，这时是可以提高融资倍数的。

严格来说，这几个因素对融资倍数的决定，并不是简单的等权重关系，要细细考究量化、谨慎对待，尤其是企业家的努力程度。

思维模型:

对新产品究竟投入多少资金合适，可以根据企业家自己的安排并结合金融家的意愿来处理。这里面最容易观察到的情况是企业家目前的自有资金 A，假设企业家获得的私利为 N，产品成功的高概率为P_s。

企业家投资量应该总是自有资金 A 的一个合理倍数 K，也就是说保持 $I \leqslant K \times A$ 。只要能求出 K 值，就可以知道企业家的合理投资范围。

前文已经讨论过企业家愿意融资的条件是 $\Delta P \times Y_1 \geqslant N$ ，而金融家的投资意愿前提是 $Y_2 \times P_s \geqslant Q$ ；

企业家和金融家又是分蛋糕的 $Y_1 + Y_2 = Y$ ，如果把两者的关系拆开来看，企业家的私利 N 可以是产品总投资 I 的一个倍数，融资额 Q 是 I 扣除 A

后的差额，企业家和金融家的整体回报 Y 也是投资额 I 所带来的回报 r 的一个倍数的话，也就是 $Y_1 + Y_2 = r \times I$ 。

那么，结合企业家和金融家合作意愿的前提条件，解得 $K = I / \left(I - P_s\left(Y - \frac{N}{\Delta P}\right)\right)$ 。这个倍数 K 看起来很复杂，其含义不过是代表企业家向金融家进行融资的倍数。

28. 金融家有时候为什么愿意收购企业家的更多股份获取控股权？

企业家的股票是分散在不同的金融投资者手中的，要通过股份收购实现控股权，有三种方法：一是企业家增发新股，将以前的投资者稀释；二是从单个的存量投资者如风险投资专家、杠杆收购专家 LBO 等手中购买，通过私募或大宗交易收购；三是在二级市场上购买。

为什么有的金融家愿意去收购企业家的股份，使得自己的股份更多，实现控股权？通过对比分析两种方式便可知晓答案：

与控股权收购相反的思路，是买入企业的少数股权。买入企业的少数股权，是承认企业家现有的经营战略和管理方式，买入者一定程度上是一个“搭便车”者或者旁观跟随者。而买入更多的股份实现控股权，金融家就可获得管理企业的自由，如改变企业的生产经营方式。尽管同一个企业的股票都在交易，但实际上是在两个不同的市场交易，交易的是两种本质不同的资产。一个是少数股权市场，交易的是少数股权代表的未来现金流；另一个是控股权市场，交易的是企业控股权代表的现金流。通过持有更多股份获得控股权，不只是获得更多未来现金流的索取权，更重要的是现在对现金流的改变权。

思维模型：

金融家最有利的资源就是手里的资金，但这并不意味着随时拿出大额资金控股企业家，盲目逐利，金融家通常也结合流动性压力和投资风险综合考虑自己的利益诉求点。一般地，假设大股东愿意收购份额为 α 的股份，会耗费一定的成本 c，比如导致股价上涨。金融家在去除成本后还有利可图的情况下，才愿意收购。

通过占有更多股份拥有控股权后，金融家获得更多监督企业的积极性，这种监督如果能提高企业家的努力程度，使得产品成功的概率 τ 增加，那么金融家是愿意进行控股权收购的，即 $(P_s+\alpha\times\tau)\times Y_2\geqslant(I+c)$ 时，控股收购容易发生。其中，$Y_2=Y-Y_1$，P_s 代表企业家努力之下，产品成功可能性较高的概率情形（见图 2 -1）。

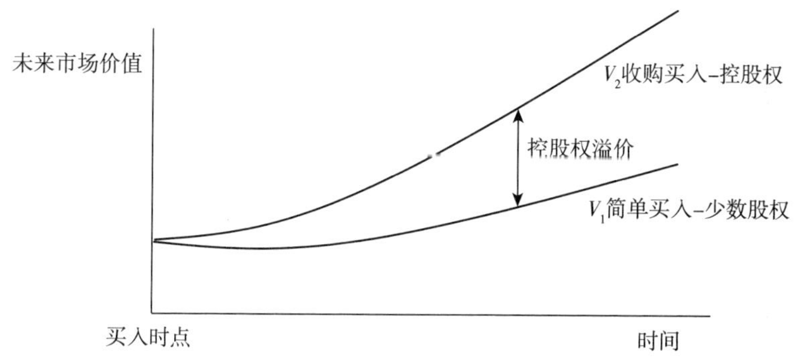

图 2 -1　不同股权份额的价值曲线

金融家通过控股权收购买入更多股票时，对企业能够施行强有力的控制，不仅对未来现金流拥有索取权也对目前的现金流具有改变权，随着时间的推移，企业未来的市场价值也会快速提升，因而其未来市场价值曲线 V_2 高于简单买入少数股权的价值曲线 V_1。两条曲线的差值，被称为控股权溢价，即控股权溢价 $=V_2-V_1$。

企业家要想使金融家能够持续收购自己的股份，就需要持续表现出产品成功的概率在不断提高。在这一过程中，企业家向金融家表达不同的信号，以帮助金融家考虑选择追求少数股权价值还是控股权价值，是追求持续经营价值还是清算价值，是追求企业资产价值还是市值价值。

29. 金融家应该如何估算企业家的股权资本回报率?

企业家的资本都有股权性质，不管是风险投资金融家投予的还是企业家自有的资金。容易忽视的一点就是，这些股权资本也是有成本的，也含有每年必要的最低回报率。企业家往往遗漏这点，一方面，因为股权资本不是借的，不需要付利息；另一方面，找不到合适的方法来估算这部分自有资金的成本。

对此，金融家使用了典型的层层分解法。首先，这部分成本一定是高于市场无风险利率的，这个无风险利率可以是一年期银行的存款利率，也可以是一年期的国债利率，还可以是十年期国债收益率。然后，在此基础上，叠加市场股票变动风险对企业家股权回报率的影响部分，也就是企业家的股票随着股市变动的风险补偿回报率。

如果有更多的数据，或者想从市场因素中，抽取出其他与企业联系比较紧密的因素，金融家一般会考虑另外两个因素，一个是企业的规模大小，把企业分为小企业与大企业；另一个是企业的盈利水平及其带来的估值水平。也就是说，把企业细分后，考察其盈利水平及估值程度的高低。

相对于通过股票市场整体变化这个因素来估算企业的股权资本成本，添加了规模因素和估值因素的估算方法，金融家一般将其称为三因素模型。

思维模型:

金融家估算企业家的资本成本回报率时可以采用层层分解法，该方法下的股权成本率表示为 $E(R_i) = R_f + \beta_i \times (R_m - R_f)$ 。

这个表达式与 CAPM 模型中的阿尔法、贝塔定价的思路是一致的，与此对应的是: $E(R_i) = \partial_i + \beta_i \times (R_m - R_f)$ 。

分别对不同规模的企业计算盈利和进行估值后，企业的股权成本就可以从无风险利息率之上叠加三部分，$E(R_i) = R_f + \beta_{1i} \times MMF + \beta_{2i} \times SMB + \beta_{3i} \times HML$ 。

其中，*MMF* 表示股票市场整体回报率减去无风险利率的差值，反映投资于非无风险资产的额外回报率；*SMB* 表示小规模企业减去大规模企业的差值，反映投资小企业的额外回报率；*HML* 表示高估值与低估值的差值，反映投资便宜股票的额外回报率。

30. 企业家发债时用什么可参考的利率定价工具?

发行债券融资，需要给债券确定利息率的高低。市场上的利息率高低，通货膨胀水平的变化，未来央行将加息还是减息，不同的信用等级对应的利息率等因素，考虑这些因素出现后是否会导致自己的借贷成本变高或者变低，是企业家在债券定价中一项有难度的工作。

一个较好的办法是，向市场中经常借钱融资的机构学习，如果能参照它们已经成型的定价结果，只是做少量的修改，则可以大大减轻工作量和提升定价精准度。

在成熟经济中，向市场借钱融资最高频、最日常化的是国债发行部门。政府通过持续发行各类期限不同的国债向市场融资，这其中确定的利息率价格，已经包含通货膨胀、资金供给强弱、财政税收政策变化、央行货币政策调整预期、金融市场监管制度变化等复杂因素。因此，企业家可以参考一些国债定价的曲线簇，结合时间期限，以此为锚，确定自己的定价。

收益率曲线在不同时期，平坦程度与陡峭程度不一致，既包含了通货膨胀水平的变化，也包含了市场短期资金的变化，还反映了金融家对未来利息率变化的预期。如果金融家预期未来利息率将升高，那么收益率曲线会更加向上倾斜，如果认为未来利息率将下降，那么收益率曲线将更加平坦或向下倾斜；在预计未来利息率将升高时，金融家不希望投资收益少于短期债券的长期债券，更乐意投资短期债券，到期时再不断向前滚动。只有在预计利息率将要下降时，才愿意抓住当前高利率的好处，投资收益少于短期债券的长期债券。

但市场收益率曲线很少是向下趋势的，因为长期的投资总比短期波动风险大，投资长期债券需要得到更高收益的补偿，同时社会经济发展总是向前的，长期来看，利息总是叠加增长的。

因此，企业家只需要在已有的一系列国债的收益率曲线上找到对应的期限点，增加自己的信用等级、附属条款等带来的边际利率变化，就可以较快地找到自己的定价依据。

思维模型：

企业发行债券时，其实不需要使用太复杂的精算模型进行利率定价，国际上的通用做法是各个国家将本国国债视作企业发行债券的利息率定价工具。同是在国债的情形下，不同收益率和不同期限的变化如图 2－2 所示。

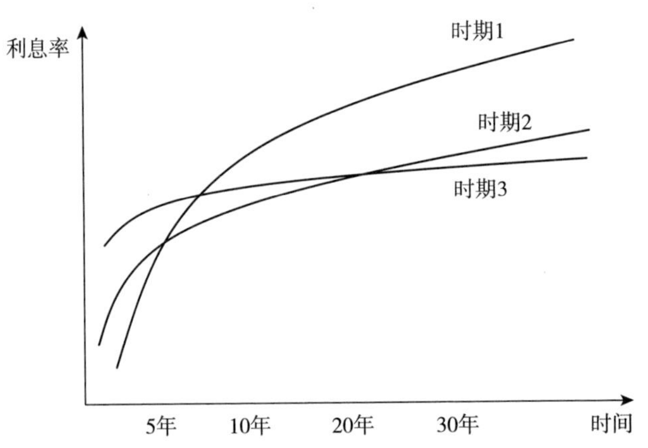

图 2－2　不同期限的国债利率曲线

如图 2－2 所示，三条曲线的变化代表了陡峭、平坦等变化。由于长短期利息率之间存在层层叠加，$(1+r_n)^n \times (1+r) = (1+r_{n+1})^{n+1}$，其中 r 是未来一个时点到未来另一个时点的利率，例如未来第 8 年末到第 9 年的利率，r_n是现在时点到未来一个时点的利率，例如现在的 8 年期利率；r_{n+1}是现在时点到未来另一个时点的利率，如现在的 9 年期利率。

短期的叠加会产生一个累计的长期效果，一只 8 年期债券的利息率，叠加第 8 年之后的第一个 1 年期的利率效果，一定程度上会反映一只 9 年期债券一次性到期的效果。

31. 企业家发行股票时考虑优先认购权有什么好处?

企业家把新发行的股票出售给老股东或者新股东，可以用认购权来实现。通过设置认购权这种期权，使得现有股东成为优先认购方，可以确保新股容易发行成功。企业家一般会设定每购买一股新股需要多少份认购权。

当然，部分股权金融家在进入企业的时候，就提出需要保留优先认购权，防止自己的股权被稀释。认股权使得现有股东享有按照发行条件额外购买股票的选择权。例如拥有 100 股，则公司新增发行 10% 的股份时，有优先认购权的股东就可以继续购买 10%，保持所有权比例。

持有认购权的金融家一般既可以使用其进行认购，也可转让出售，甚至可以任其到期作废，当然这不是理性的做法。

如果除权后股票市价高于除权价，则为填权，否则为贴权。认购权之所以有价值，在于现有股东能以低于市场价打折购买新股，一般会打折 10%。

思维模型:

企业发行股票时，赋予股东一定的优先认购权，无疑给予股东更多的利益保障。当企业宣告出售的股票附有认购权时，设当期带权股票的价格为P_0，C 为认购权价格，N 为每一新股对应的认购权的数量，P_n 为新的配股价格，则有：$C = P_0 - [P_n + C \times N]$，

因此认购权的价格可表示为 $C = \dfrac{P_0 - P_n}{N+1}$。

例如股价是 100，新股认购价是 90，每认购一股新股需要 4 个认股权，则有每个认股权 =（100 - 90）/（4 + 1） = 2。

当股票除权以后，股票的价格将下跌，因为此时投资者不再拥有认购

新股的权利。因此不含有认购权时，除权后的新股价格：

$$P_n^{'} = \frac{P_0 \times N + P_n \times M}{N + M}$$，其中 N 为旧股票数，M 为认购权对应的配股数量。

如果 M 等于 1，则表示 N 份认购权对应的旧股票，可以多产生一只新股，且新股的认购价为 P_n。因此，新股价应该是旧股价下跌，跌幅为认购权价值的剩余部分，例如此例，$P_n^{'} = (100 \times 4 + 90) / (4 + 1) = 98$。

当然，实际中的认购权并不等于这个理论价，例如大家都看好的拥挤交易，市场流动性不好，套利的有限性等因素导致认购权价格偏离理论价。

如果认购权的价值远远高于理论价，那么原有股东将卖掉认购权并买入股票，直到价格接近这个均衡点。

32. 除权和除息为什么需要区分登记日和除权除息日？

除权和除息是企业家的融资方式和信号表达方式。为保证新的融资顺利发行，或者提高已有股票的流动性、投资者的心理价，或发放红利彰显自己的实力雄厚和回报股东的态度等，企业家设置了认购权、股票分拆权和分红权。

以发放红利为例，当企业的董事会在宣告日宣布发放红利时，是在确定一个除权日和登记日。在这个登记日，投资者进行股东身份登记，并有权知晓具体发放股利的日期。

企业根据登记的结果确定股东名单，凡是在股东名单上的股东，都可以获得红利，而在这个登记日之后登记的股东，则无资格获得红利。也就是说，迟于这个时间再去购买股票，就失去了取得红利的权利，这个失去的日期就被称为除权日。

因此，除权日是股票的购买者不再享有取得最近一期发放红利的权利的第一天。除权日之后的股票是除权的，购买除权股票，是不附带获得红利的一种交易。同理，如果不是发放红利，是附带认购权，那么在除权日之前的投资者可以获得购买新股的认购权，除权之前进行的交易是属于带权交易，除权日之后被称为除权股票的交易。

通过设置宣告日、除权日、登记日、发放日四个日期，可以清晰区分每类股东的权益，考察不同的金融家对企业家股票的评价，也可以查看市场的流动性、市场预期和证券金融分析师的解读，得到金融市场的变动反馈。

思维模型：

在不同的时间节点，股东的权益划分范围不同。以分红除息为例，一般地，企业一旦宣布分红除息，股票价格就会下降，但下降的幅度不一定等于分红的红利额。这既包含了红利，还含有红利的税率与股票价差利得的税率之间的差异，假设除息前价格为P_b，除息日价格为P_a，D 是红利，τ_h是红利的税率，τ_Δ是股票价差资本利得的税率，则有：$\frac{P_b - P_a}{D} = \frac{1 - \tau_h}{1 - \tau_\Delta}$。

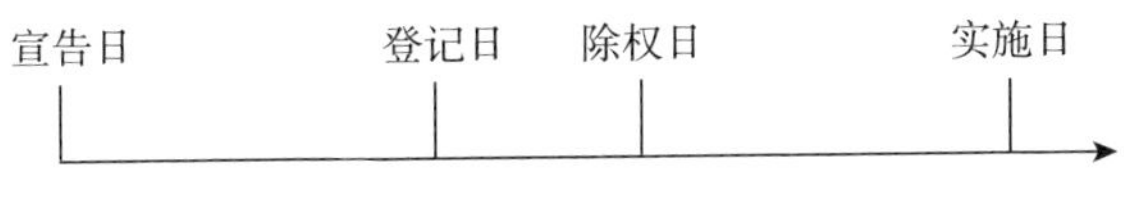

图 2-3　股东权益划分日

这可以反映出市场套利力量的强弱，是企业家洞察金融市场，寻找与自己合作的金融家的观测机会。

33. 为什么企业家决策时不必考虑每位股东对风险厌恶的态度？

企业家根据生产要素构建产品和服务，产生回报率，因为企业受到宏观经济的扰动和自身特征变化的影响，这种回报总是波动的。从风险的角度来看，企业家总是追寻波动更小、收益更大的回报点，也就是寻找更稳定、更增长、更持续的企业定位。

明显地，不同风险承受能力的股东会选择不同收益率与波动率组合下的风险资产，对于风险极度厌恶者，甚至会选择类似国债这种无风险资产的回报率。由此可见，金融家作为企业的股东，当其厌恶风险时较为保守，将部分对外借出的钱投在无风险资产上；当其偏好风险时较为激进，将借入外部资金，投到收益率和波动率都偏高的企业股票上。也就是说，股东自身的风险厌恶程度，已经在市场的无风险资产和企业家风险资产的分配布局上做好了优化，企业家不必考虑股东对自己的风险态度，只需按照自身企业的回报表现做好内部决策即可。

思维模型：

企业家的决策会受多方面因素的影响，通常会从收益率和波动率两个维度考虑，即瞄准企业的投入与回报效果。这其中看似免不了考虑金融家的风险厌恶程度，但金融家在选择企业家时已经对风险项目进行了一定的评估和筛选。

如图 2－4 所示，企业家选择 B 和 C 是不明智的，因为 D 和 E 波动风险更小，收益更高。或者说，如果企业家选择 B 和 C，则将被金融家淘汰，拒绝对企业投资。

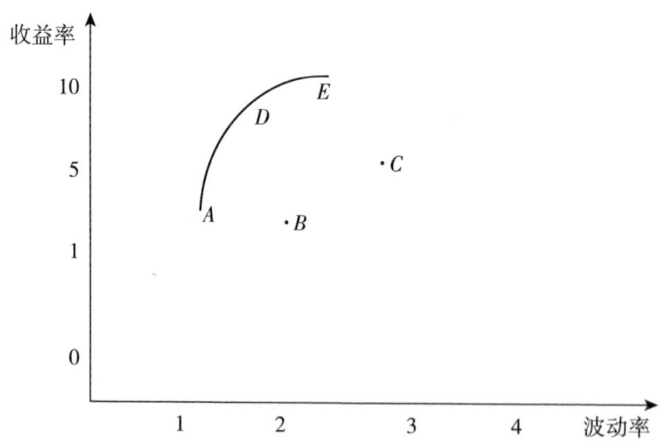

图 2－4　企业家的投资决策

对于 A、D、E，从企业家之间的比较来看，则难以有明显的优劣之分，有的企业价值表现为低收益低波动，有的为高收益高波动。

这时候，不同风险偏好的金融家，会选择不同的点，当然这些点都属于有风险的回报率。如果市场还存在无风险的回报率，例如国债，那么这时的回报点应该在纵轴上，波动率为零。

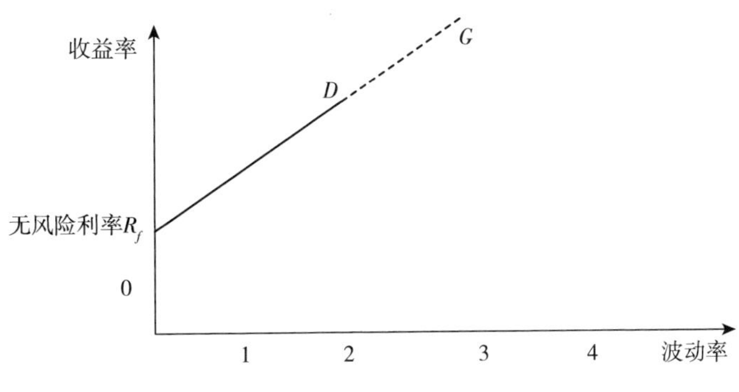

图 2－5　金融家的投资决策

如图 2－5 所示，如果金融家选择了 D 点的企业家，那么这时候金融家就可以将资金做如下配置：

一是全部投资在无风险资产，获得 R_f无风险回报率；

二是全部投资在回报率为 D 点的企业，获得风险回报率；

三是各投一部分，那么他们的任意组合都将在 R_fD 这条线上。

如果把投资无风险资产看成是对外的一笔借出资金，例如购买国债，本质是借钱给政府，或者去银行做一笔储蓄，本质是把钱借给银行，那么说明 R_fD线上的金融家，一手做着对外借出的事，一手做着持有风险资产的事。

反之，如果金融家对 D 点企业的资产回报较为偏好，借出资金的同时，还会从外部借入资金，将借入的资金用来买入该企业股票，那么这时金融家的回报将处于 DG 的虚线上。

34. 企业家应该选择去什么样的股票市场发行上市?

一般地，股票市场能够反映企业家资产的价值，也包括企业家对企业一举一动的影响。金融家往往将企业家的股票价格变动作为收集观察企业家重要信息来源的方式。不管新产品成功与否，其结果都需要很长一段时间。但通过持续地观测股票动态，金融家就能够持续地跟踪企业动态，便于金融家决定是否与企业家进行或终止股票交易。

如果股票市场不够活跃，那么购买股票的动机，将被价格上涨暴露出来。即使企业家的资产被低估，金融家去买入时也容易把股票价格拉高，去卖出时很容易把企业家的股票价格砸出一个坑，金融家就不愿意在这样的市场与企业家通过股票的方式合作。

而如果这个市场很活跃，有深度，那么市场会存在较多的流动性套现交易，这种交易只是单纯为了卖出而卖出，而不是因为发现了企业家的什么信号采取交易。这时，有洞察力的金融家就可以把自己的交易动机隐藏在这些流动性交易者中间，不会在拉高股价的情况下买入，使得自己的合作想法容易实现。

当这个市场给金融家提供这样“大隐于市”的机会，不会给金融家进入和退出带来上述价格的摩擦成本时，金融家就愿意在这个市场持有企业家的股票。

企业家知道了金融家的这些考虑后，就应该选择在对金融家有利的市场发行上市。有利于金融家，就会有利于自己，不论欧美的还是国内的，主板还是创业板等。

思维模型：

一般地，不同股票交易市场的流动性不同。股票流动性越高代表股票成交越活跃，市场上的投资关注者越多，可以侧面反映企业的投资价值高。股票流动性常见的名称是“换手率”，也称“周转率”，指在一定时间内市场中股票转手买卖的频率，是反映股票流通性强弱的指标之一。在技术分析的诸多工具中，换手率指标是反映市场交投活跃程度最重要的技术指标之一。常用的技术分析指标包括 *MACD*、*RSI*、*KDJ*、乖离率等。

此外，流动性也可以用指数衡量，如果立即甩卖的价格为P_i，市场的公允价格为P_i^*，则流动性程度指数：

$L=\sum_{i=1}^{n}[\omega_i\times(P_i/P_i^*)]$，其中 ω 为某类资产的占比，且 $\sum_{i=1}^{n}\omega_i=1$。

在不同的股票交易市场，L 不同，企业家可以按照 L 大小进行排序，选择 L 大、流动性高的股票市场去上市发行。

35. 企业家为什么往往必须打折卖出大宗股票?

企业家通过场外市场大额卖出股票时，一般价格都要低于市场场内价，打折售卖。

究其原因，主要有以下四个方面：

第一，大额交易，流动性不好。大宗交易的折价是一种流动性成本，为了获得流动性，必须折扣卖出。大宗交易的折价程度（流动性价值）与市场的非流动性水平正相关，大宗折价一定程度上反映了不同类型股票的流动性压力水平。

第二，如果企业家去场内卖，可能带来价格冲击。股票市场买入卖出的投资收益，是随着股价变化而变化的。当投资者想卖出时，价格会被砸下去；当投资者买入时，价格会被拉上来。

第三，批发价思维。量多即大宗交易具有规模效应导致了大宗交易"便宜"，表现为折价。例如大宗交易整体的直接交易成本较低表现出一定的折价性。

第四，信息不对称程度更严重。当大宗交易发生时，企业家卖出的股票量大，存在的私密信息含量较多，比如控制权或一些特定内幕交易动机，这时企业自身的个体风险比较高，买者面临更大的不确定性。

思维模型：

在大宗交易中，卖者可能对买者的不确定性支付一个溢价，也就是给予买者风险补偿，使得大宗交易的价格 p 可能表现为折价交易，即 $p<\frac{(\underline{v}+\bar{v})}{2}$。其中股票的价值为 v，价格下限为 $\underline{v}$，价格上限为 $\bar{v}$。

如果股票的价值均匀分布在区间 $[\underline{v}, \bar{v}]$，则股票价值的平均期望值为 $\frac{(\underline{v}+\bar{v})}{2}$。

假设，R_i^2 是系统风险，则不同企业独有的个性化的特质风险表示为 $(1-R_i^2)$。而且，特质风险与折价幅度存在负向关系，即特质风险 $(1-R_i^2)$ 越大，折价幅度 $\left(p-\frac{(\underline{v}+\bar{v})}{2}\right)/p$ 可能越大。随着企业特质风险的变化，折价的幅度出现相应的变化。

36. 企业家的股票在市场上何时会出现大额持有者？

非绝对控股的金融家有时候也能控制企业，这一结论可能反常识。当企业的决策出现分歧时，董事会就必须形成一定的合作。这时非绝对控股的金融家也会成为合谋拉拢的对象，也可能成为外部并购者的狙击对象，因而获得特定收益。

假设企业董事会有 120 份股份，有三大股东 A、B、C，从大至小的股份分别是 A 为 59 份、B 为 43 份和 C 为 18 份。设金融家 C 的占比最小，是 15%。而公司股东会约定，超过 50% 股份比例就能控制董事会，那么你觉得 A、B、C 哪个股东最有权利？是大股东 A 吗？

不是。

从控制角度看，三个股东此时的控制价值一样大。任何一方跟另一方合谋，就能掌控超过 50% 的股份。在所有可能的合谋中，三方对达成多数派的平均贡献一样，缺了哪一方都行。因此，这个占比最小的金融家的控制权比表面上的权利看上去大很多，不在于股东有具体多少股份或投票权，而在于股东是否有控制权。

一个企业的合谋者，既包括企业家与小股东，也包括企业家与管理层，还包括小股东和管理层，这需要充分考虑他们的利益相符度，最典型的这种利益就是控制权利益。这就是为什么不是控股股东的金融家，有时候选择大量持股，仍是有利可图的。

思维模型：

企业家在资本市场发行股票，将会面对众多买者，每位持有该企业股票的人都算是企业的股东，但股东的权利义务是与所购买的股票数量相对应的，正如市场上常说的“散户”与“机构投资者”之分。当投资者即股东所掌握的股权超过一定限额时，所产生的权利就会发生极大的变化，这里既包括自身权利的变化，也包括与其他股东合作后的叠加效应。

若参与人 i 得到的价值为Ψ_i，所有参与人的价值之和为 V；

$[(V_i(S)-V_{-i}(S)]$ 是 i 参与时的增量贡献值；

$V_i(S)$ 是包括参与人 i 及在他之前的参与人集合组成的联盟的付款值；

$V_{-i}(S)$ 为在他之前的参与人（不包括 i）集合的联盟的付款值。则有：

$$\Psi_i(N,V) = \{\sum Q[(V_i(S)-V_{-i}(S)]\}/N!$$

其中，Q 是 N 个参与人的排列组合，因此 Q 有 $N!$ 个，S 为 Q 中的一个排列。

该参与人得到的价值为他对联盟的贡献之和除以各种可能的联盟组合，因此 $\Psi_i(N,V) \leqslant V$，说明各博弈联盟形成价值的可能性是均等的。这种价值被称为夏普里值。

37. 外部收购压力会使企业家变得更努力还是更差?

收购主要是涉及了企业的控制权，当企业家的表现较差时容易被外部竞争对手打败，因为企业抵抗收购风险的能力变差，这时收购对企业家是一种威胁。但反过来，谁也不愿意去接手一个“烂摊子”，都喜欢去找“漂亮能干”的企业，所以只有当一个企业家表现不错或是尚有发展潜力的时候，他的企业才有人愿意要。

如果企业本身就不太好，企业家可以通过强化自己的业绩表现，向市场发出良好的信号。这时企业家会选择短视行为，牺牲长期的利润诱惑，获取更多的短期利润，给金融家造成高效率的假象。

如果是一个发展还不错的企业，企业家可能为了防范收购，更加兢兢业业，勤勉尽责。

所以企业家在制定企业章程时，可以增加有利于收购的设计，以便业绩很好时容易被收购、业绩很差时也容易被收购。只是，在金融家看来，企业的业绩较好时，企业收购的好处反而不容易确定，但业绩较差时，企业被收购的好处是相对确定的。

思维模型：

外部环境的变化通常会致使企业家形成一定的应激反应，在收购这一过程中，企业家的努力程度与企业家追求的控制权私利紧密地捆绑在一起，也就是企业家的控制权私利 γ 将是企业家努力程度τ的函数，即 $\gamma(\tau)$ 。

当可能存在外部收购的威胁时，企业家考虑自己被收购的概率P^m会对自己的收益部分产生什么样的价值，并考虑这一过程中丢失的控制权私利与这样收购冲击之间的价差有多大，可以表示为 $\tau Y_1 \times P^m - \gamma(\tau)$ 。通过这一价差的计算，企业家可以衡量自己努力的价值意义。

38. 为什么金融家在寻找与企业家有关的“阿尔法”？

金融家投资了企业家的股权以后，不管是以买入股票的方式还是买入股权比例的方式，目的是寻求较高的回报。这些回报受到非常多因素的影响，比如宏观经济整体利息率的变化，国家股票指数的整体走势，企业所在的行业表现，企业的技术研发能力，企业的财务能力，企业家的奋斗精神，健康程度与努力程度，企业的治理合理性，企业内部管理紊乱的可能性，等等。

由于市场股票股权价值总是上下波动，金融家希望能有一部分确定的、不受企业家的股权或行业其他企业家的股权影响的收益，也就是正数值且越大的阿尔法收益。这个阿尔法与企业家的奋斗和努力相关。同时也表明企业家的产品总是被市场喜欢，每年收益总是很好且稳定增长，不受产业政策、外部冲击影响。那么，金融家如何来拆解企业家包含了阿尔法的回报呢?

最直观的思维是把这个回报先一分为二，也就是分成两部分。如果分得比较清楚，那么再继续二分为四，更细地去分析和跟踪。那么，先分成的那两部分是什么呢?

一个较简单的办法是，用一个数学表达式 $y = a + b \times x$ 来体现，也就是说企业家的股权回报 y 分为两部分 a 与 $b \times x$。这样的话，一下就容易区分哪个企业家的股权回报具体在哪一部分上与其他企业家不同，便于金融家来识别和挑选。

只不过，数学中常用的是希腊字母，所以金融家会把上面的表达式改写为 $Y_i = \alpha + \beta \times Y_m$，也就是说每个企业 i 的回报，可以分为阿尔法部分和贝塔部分。可以发现，如果 Y_m 代表市场整体股票指数回报的话，那么企业家提供的股权回报，一部分是要依赖于市场整体的回报，另一部分是独立于市场的回报。前者称为贝塔收益，后者称为阿尔法收益。

思维模型:

企业家和金融家都非常关心各自的收益回报率，金融家尤为关心独立于市场回报的那部分阿尔法收益，这个阿尔法往往取决于企业内部管理运营水平、企业家才能和自身努力程度。另外，依赖市场整体回报的贝塔收益也不容小觑。

金融家发现，贝塔系数在理论上为 $\beta = \mathrm{Cov}(Y_i, Y_m) / \sigma_m^2 = (\sigma_i^2 \sigma_m^2) \times Corr_{im}$，其中 $Corr_{im}$ 是相关系数。

贝塔系数是投资组合理论和资产定价理论的重要构成，当有了贝塔系数，市场上任何一个企业股票的回报率可以根据市场的无风险利率水平，改写为 $E(R_i) = R_f + \beta_i[E(R_m) - R_f]$。

不同贝塔值对应的股权回报曲线如图 2－6 所示，金融家所寻找的阿尔法，就是图中纵轴的截距项。

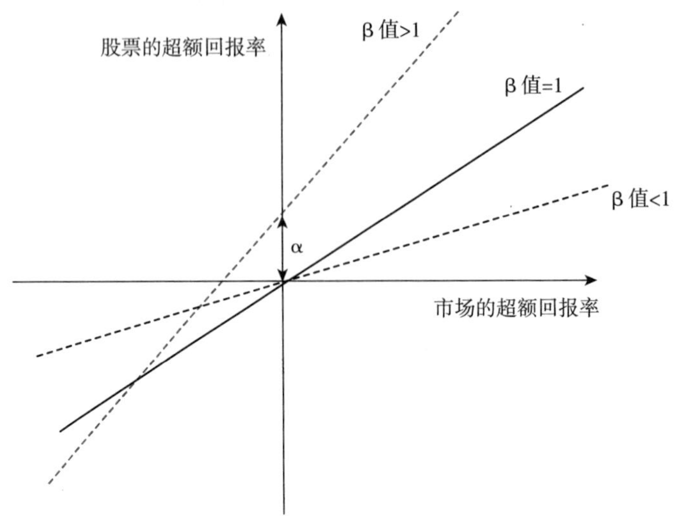

图 2-6 投资组合回报率中的阿尔法和贝塔系数

39. 金融家怎么给企业家的股权或股票定价?

一个企业能值多少钱，直观起见，可以考查企业的 *PE*、*PEG*、*PB*、*PD*、*PS* 倍数，也就是看企业价格 *P* 与其支撑因素之间的倍数达到多大，然后再看这个倍数在同行业不同时期处于什么位置。例如市盈率相对盈利增长比率，$PEG = (P/E)/g$，考虑了调整增长后，看企业的估值是否合理。

企业的估值水平，代表企业能卖多少钱。而究竟能卖多少钱，是由企业的增值能力决定的。企业产生利润，也产生现金流，但金融家更强调"利润只是一个说法，现金流更是事实"。只要将企业能产生的所有现金流加起来，便可以得到企业现在的估值。

由于不同时间的现金流，在当期的价值不一样，因此需要应对未来的现金流打折，在打折后才能求和。同时，不同性质的现金流，折扣标准也不同。

如果现金流全部源于股权资本的最先启动，没有借贷资本的参与，那么这部分未来现金流的折扣主要是股权资本成本回报率；如果现金流的产生是股权资本和借贷资本共同作用的结果，那么折扣的因素需要同时包含这两种资本的成本回报率要求。

总之，不管如何拆分，只要现金流与其所处的时间点和对应的贴现折扣率是对应的，企业的估值就有多种方式。以股权自由现金流和资本自由现金流对比，前者是现金流较小且贴现回报率较高，后者是现金流较大但贴现回报率较低。

除此之外，当一个企业的市值容易核算时，可以根据这些贴现公式反算出现金流。然后通过用计算得到的现金流和企业实际的现金流作比较，进而思考企业市值的合理性。

思维模型：

金融家给企业家的股票或股权定价，需要考虑未来的价格增减变化趋势，通常根据企业所属的行业类别、资产类型等选取恰当的现金流折现方法。当现金流全部是股权资本驱动的时候，可以将股息贴现。如果股息无增长，则企业价值 $V = D_0/R_e$；如果盈利是按照固定增速 g 增长，则为 $V = D_1/(R_e - g)$。其中，D_0表示为当期的股利红利，D_1表示下一期的股利红利，R_e是股权资金金融家要求的最低回报率，g 是红利的持续增长率。

现金流的产生，来源于借贷资金叠加股权资本后一并驱动，那么首先要将净利润还原为两类现金流。

一类是：净利润 + 折旧摊销 - 净资本支出 = 股权自由现金流（Free Cash Flow to Equity，FCFE），这是股东们在扣除利息之后，可以支配的现金，可见受到债权也就是负债杠杆率的资本结构制约。但不受政府税务的影响，因此是“自由”的。

另一类是：股权自由现金流 + 税后利息 = 资本自由现金流（Free Cash Flow to Firm，FCFF），这是股东和债权人可支配的现金，不受资本结构或者企业负债杠杆率的影响。

对于第一类现金流，按照股权资本成本回报率贴现即可，$V = \sum_{t=1}^{t=N}$

$\frac{FCFE_t}{(1+k_e)^t}$。

但对于第二类现金流，则需要用企业整体的资本成本回报率来贴现。$V=\sum\frac{FCFF}{(1+R_{wacc})}+TV/(1+R_{wacc})^T$。

当然，这也可拆成两部分，分别是股权价值和债务价值。$V=\sum_{t=1}^{t=T-1}\frac{FCFE_t}{(1+R_u)^t}+TV_e/(1+R_u)^T+\sum_{t=1}^{t=T-1}\frac{\tau\times R_d\times D_t}{(1+R_d)}+TV_d/(1+R_d)$。

R_u 为股权回报率，R_d 为债权回报率。

回头来看，即使是比较同业的市盈率，本质上也是在计算企业的内在价值，因为 $PE=P/E=[D_1/(K_e-g)]/E$。

同理，比较市净率 PB 和市销率 PS 时，中间也用到了内在价值计算。

$PB=P/B=ROE\times[D_1/(K_e-g)]/E$；$PS=P/S=(R/S)\times[D_1/(K_e-g)]/E$，其中 R/S 为销售净利率。

40. 股票市场的金融家如何考量一个企业的特定风险？

风险不像回报那么确定，总是有一种难以捉摸的感觉。风险受大环境的影响，也受小环境的影响。大环境包括政治选举、国家经济增长力度、物价整体变化等，小环境如企业更换 CEO、推出新产品、元老员工离职等。为了区分两种不同的影响，把大环境影响的风险称为系统性风险，把企业特殊性的风险称为非系统性风险或特质风险。因此，总风险 = 系统风险 + 特质风险。

公司的特质风险，主要包括公司的成长性变化、偿债能力变动、资产质量变化、市值变动等信息。特质风险恰恰反映了公司信息的不确定性。一般地，小公司的特质风险更大。

一般而言，特质风险越高，信息不对称程度越高，这类股票的买卖议价需求越强烈，比如在大宗交易市场的股票，不直接在普通的场内市场交易。

因此，企业家可以根据自身股票的情况，选择在场内交易或场外交易，根据对方投资者对自己股票的了解需要，选择合适的交易地点。

思维模型：

企业的风险包括多种类型，通常可以概括为与市场环境相关的系统风险和企业自身的特质风险。如果企业的价值是系统风险的函数，即 $E(R_i) = R_f + \beta_i \times (R_m - R_f)$，其中，$E(R_m)$ 为市场投资组合的期望回报率，R_f 为无风险报酬率，β_i 系数就是衡量系统风险的计量指标，贝塔系数越大的资产，系统风险就越大，它们的期望报酬率 $E(R_i)$ 也就越大。

那么当用此资产定价作为模型计算时，得到误差项标准化处理后的数学结果，也就是扣除系统风险拟合程度后，其不拟合部分 $1 - R^2$，被称为企业的特质风险。

在统计学家眼中，风险通常用方差表示，R^2 测量了由一个或几个自变量解释的因变量的变异性比率。如果说 R^2 度量了一个企业的风险中，市场风险所占的比例，诸如利息率的变化、物价水平的上扬等。那么，扣除市场的系统风险后，剩余的 $1 - R^2$ 度量了企业家的特定风险，金融家一般将其称为特质风险。

41. 金融家如何判断企业家的业绩表现是否跟随市场大势走？

金融家很难观测企业家在企业内部的付出，选择给什么样的企业家融资，金融家常常需要考虑这个企业家的业绩与市场整体走势的关系，是随波逐流还是特立独行。

我们以股票指数的变动作为市场的变动，企业家的股权价值往往比市场变化更猛。如果市场涨一分企业涨两分，市场跌一分企业跌两分，说明企业与市场的走势明显相同，且比市场变动更为剧烈；反之，则说明企业比市场要温和很多，可能会不上不下或慢上慢下。

金融家一般会将其影响因素分成三部分来看：

第一个因素是行业，该企业家受什么行业的影响。有些行业自身比较敏感，例如有色金属矿产行业的企业家，总是喜与悲轮番上演；房地产行业的企业家比食品饮料行业的企业家受到的波动性大；必需消费品行业的企业家每天都与用户打交道，但奢侈消费品常常受到消费者的延迟购买或爆发性抢购。也就是说，某项产品用户的随意性有多大，企业家受到的周期影响就多大，因此金融家会看企业家服务的用户有多大的随意性。要想降低行业风险，就需要降低用户的随意能力，要么让其成为生活必需品，要么提高其忠诚度。

第二个因素是企业家的产品走向市场时，要耗费多少固定成本和变动成本。如果固定成本占比高，说明企业家在成本方面的灵活性较低，例如钢铁行业的企业家相比于手工业企业家，往往不得不跟随市场踏步前行。又如国有企业家往往在招聘和解聘人员方面更加困难，导致其不灵活。

如果没有很明显的固定成本，金融家一般无法知道企业家在一个产品上的固定成本和变动成本分别是多少。但如果产品使用了很多固定成本，当销售收入变化时，会减去一个更大的不变成本项，营业利润的变化会更大。

第三个因素是企业家从金融家那里承担了多少债务。如果债务刚性一点，企业家的手脚被束缚得多一点，在其他条件相同的情况下，企业家拿到收入后总是要先偿还债务的利息和本金，这就导致企业家的利润业绩波动性变大。一般地，行业收入比较稳健的企业家，才敢于承担更多债务。例如公共事业单位的企业家，收入稳定，可预测性强。

因此综合来看，企业家的业绩表现如果随着市场剧烈波动，要么是他从事了相对高风险的行业，要么是在一个较为稳定的行业里向金融家借贷了很多资金，或者自己投入了过度的固定成本，如大规模招聘或不可逆的重资产投入。

思维模型：

行业因素是重要的大市波动因素，金融家可以用行业弹性 $E_d = -(\Delta Q/Q)/(\Delta R/R)$ 来衡量企业的发展态势。

对于固定成本与变动成本的波动，可以通过一个比例公式来观察，也就是：营业利润的变化百分比/销售收入的变动百分比，$L = \frac{\Delta R/R}{\Delta S/S}$，其中 R 为营业利润，S 为销售额。

对于债务引起的波动加重，企业家向金融家借钱加的杠杆 $L = \frac{\Delta EPS/EPS}{\Delta EBIT/EBIT}$，其中 EPS 为净利润，$EBIT$ 为息税前利润。在市场形势好的时候，收入增加的速度比不融资时快；当经济形势不好的时候，收入下滑的速度也更快。当然，这个杠杆系数在考虑税率以后是：$1 + (1 - T)(D/E)$。

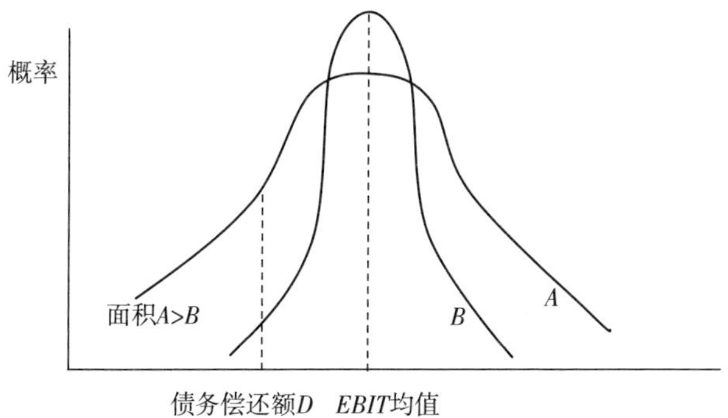

图 2－7　企业举债经营的风险

在图 2－7 中，A 与 B 尽管在利息保障倍数上相等，但在同一个债务偿还额 D 下，可以发现，概率的面积值 A 大于 B，所以 A 的 $EBIT$ 下降到 D 之下的概率远远大于 B 的概率。

42. 企业收入的微小变动为何会引起企业股价较大变化？

一个企业往往是有生命周期的，很多企业家希望企业能够长存百年，那么隐藏的假设含义是这100年内的每一年都有不错的收入，也就是能形成持续的现金流。那么，今天这个企业值多少钱？一个最简单的思路是把100年之内，这个企业挣的所有钱加起来，就等于这个企业现在的价值。

但这里面临的一个问题是，企业100年后产生的100万元收入，能和今年企业的100万元直接相加吗？显然不科学。因此，需要把100年后的100万元打折后再相加，才是相对合理的。原因有三点：

第一，存在物价上涨的通货膨胀，100年后的100万元有可能贬值了；

第二，未来这100万元的风险远远比现在的大，中间不可控的时间太长，没有人喜欢不确定的东西；

第三，就算未来能确保拿到100万元，也没有通货膨胀，人们为什么偏要等那么久去交换现在手中的100万元呢。

而一个企业的生命周期是不确定的，可能几年、几十年、几百年，金融家估算企业今天总价值的时候，为了方便匡算，就会假设企业是可以永远存在的，经过数学处理，就能得到企业当前的股权价值 = 企业下一阶段分红的红利/（金融家要求的打折程度 - 企业的红利增长率）。

也就是说，如果把企业未来带给市场的所有红利和现金流加起来，考虑了打折因素和这种红利的增长以后，企业当前的股权价值是受三方面影响的，一是下一期的红利情况及这个红利在未来的增长速度，二是金融家认为的打折程度，三是企业的生命周期长短变化。

由此可见，只要企业的收入在今天发生微小的变动，比如引起了企业红利的变化或者红利增长能力的变化，金融家就可能意识到，这背后的不确定性增加，且企业的生命周期可能受影响，那么即使外围的通货膨胀等因素不变，企业的股权股票价值也会产生巨大变化。

思维模型：

企业收入的风吹草动极可能反映了企业本身的经营绩效，进而影响企业未来的现金流，因此金融家会对未来的现金流进行调整估算，具体调整的方法是：$CF_t/(1+r)^t$，将未来的现金流 CF_t 除以一个系数，系数里包含

了时间长度 t 和要求的打折程度 r。

如果通货膨胀很严重，未来的不确定性很高，现在市场利率很高，对未来的钱打折的程度就越狠。如图 2－8 所示，横轴为现值的打折程度，现值与贴现率呈现反向关系，贴现率越低，现值越高。

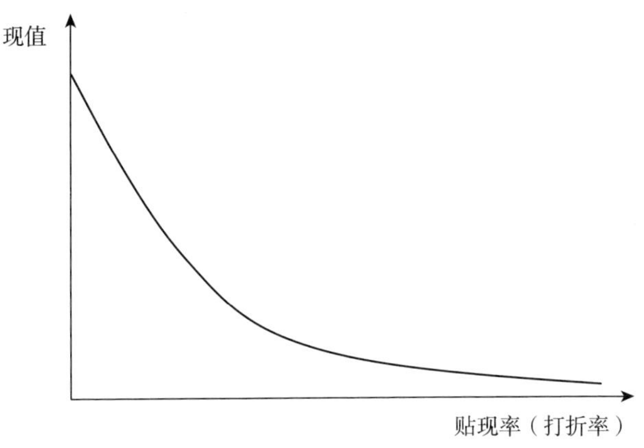

图 2－8　企业现值与贴现率的关系

43. 为什么金融市场对企业家的业绩反应往往充满巨大偏差?

企业家所经营企业的业绩发布或者将发布时，在金融市场上的估价表现往往是不一致的。

理想中，金融市场应该能够充分反映企业家的信息，即使是企业家在内部作了很私密的决策方案，但由于总有相关人员参加，信息就会以网状结构传播开来，企业的股票价格将跟随变化。当企业家对外披露信息时，企业的股票价格一般就不会发生任何变化了。也就是说，一个投资者在交易企业的股票之前，企业的股价已经调整到位了。

显然，这一情形过于理想化，市场中既有监管制度的限制，也有不同的信息传播途径、速度和效率，还跟市场中信息接受方的接受程度有关。当然，还与投资者接受了信息以后，是否要通过买卖实施决策，即市场的操作意愿和操作空间有关。

人人都不可能完全理性，投资者总是容易充满了情绪，包括恐惧和贪婪、懒惰和直觉思维、过度乐观或悲观。企业家本身都难以确保时刻理性，更何况不了解企业内部真实情况的外部投资金融家或投机者。尤其是业务投资者，总是被情绪控制。

根据金融市场对信息反应的速度，可以将信息分为已经对历史价格信息作了反映、已经对历史所有公开信息作了反映、已经对未来未公开的信息作了反映三类。如果金融市场能够充分反映历史信息，根据历史价格走势投资，不能获得超额收益，这被称为弱势有效市场。弱势有效的一个逻辑是，如果一个企业的股票呈现周期性的波峰波谷变化，精明的投资者只要在波谷买入波峰卖出就能获利的话，那么所有人都会这样操作，经过竞争以后，周期性的规则将被消除，只剩下随机性。如果市场已经反映企业所有披露的信息，那么通过研究企业的特征或者根据已有信息披露作投资，也是不能获利的，则被称为半强势有效市场。如果市场已经反映未披露信息，即使是内幕者也不能交易获利，则为强势有效市场。

一般地，市场处于半强势有效较多，企业家可以观察披露信息的综合效果，以便更好地适应市场的披露要求和企业的市值管理。金融家不仅要考虑市场已有的反应程度，还需要分析其他金融家的思考，因为有效市场可以保护羊免遭狼的袭击，但无法避免羊被羊伤害。更重要的是，金融家和企业家需要思考未披露的未来信息对企业价值的影响。

思维模型：

企业股票价格的调整可能并不是实时敏捷的，也未必一步到位反映新信息，存在进一步上升或下降的趋势。

例如，图 2－9 中的 db 实线和虚线，代表提前反应的两种不同情况，db 实线的股价先下降后又大幅上升，db 虚线的提前反应体现在，信息公布前，股价一直呈现上升趋势。延迟反应时，价格总是缓慢变化，等到充分反映了新信息以后，已经从信息公布时间经过很长时期，ac 曲线在公布时

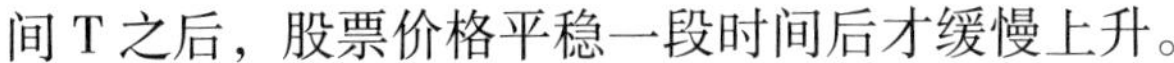

间 T 之后，股票价格平稳一段时间后才缓慢上升。

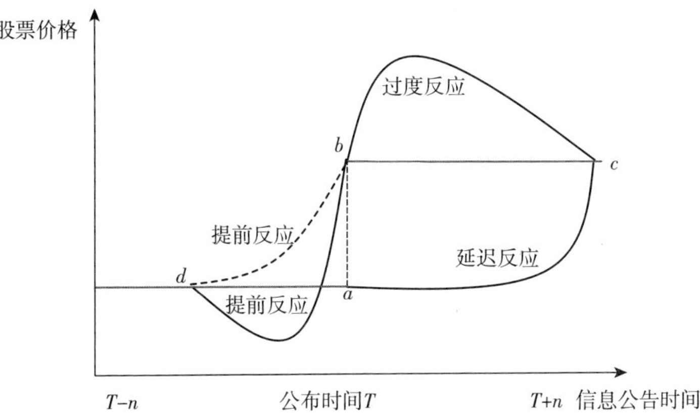

图 2 –9　投资者对企业业绩波动的反应

又如过度反应，价格对新信息的反应过激，容易形成一个泡沫后再回归到价值点，如曲线 bc，信息公布后，很快就剧烈高企上升，随后才缓慢回落。金融市场存在很多的噪声交易和误操作交易，因此企业家大可不必在意超短期的市场价格反应。当市场总是有理性的套利者和套利措施存在的时候，那么价格将逐渐回归到合理范围。

从上文分析来看，股价是企业家的业绩表现之一，金融市场上股价对信息的反应取决于投资者收集掌握信息的范围和理解程度，历史价格信息对应着弱势有效市场，已公开信息对应着半强势有效市场，未公开及内幕信息对应着强势有效市场（见图 2 –10）。

图 2 –10　企业信息的类别

44. 企业家如何对信息披露前后的价格变化程度进行考察?

一项信息的披露，可能是企业按照监管规定被动公开披露，也可能是企业家主动发出信号、表达观点、适应竞争等的一种方式对策。

市场的信息浩如烟海，且每时每刻都在发生变动。如果企业披露的信息，刚好对应了外部市场环境的平静，那么可能会凸显自己的信息，引起自己的信息被过度关注；即使披露的信息相对于自身历史披露的信息而言，有较大的变化，但相对于市场其他的信息，变化幅度不算剧烈，也可能会在浩渺的信息中被淹没。

因此，企业家可以关注自己信息披露的两个效果：一是超过市场其他企业，尤其是同业的超额收益变化幅度；二是信息披露累计发酵的持久力度。如果在幅度上和周期上都具有较强的效应，则说明自己披露的信息具有重要性。

一般地，越是有效的强信息，威力越大，周期越长，衰减越慢。统计学家发现，如果用信噪比=有效信息/噪声信息衡量，则发现平均下来一周之内的有效信噪比往往是一天的数倍，一个月的有效信息是一天的十几倍，是呈非线性增长的。因此，对长期的、有穿透力的、持久的根本性信息，就需要拉大尺度，放到更长时间来剖析判断，这样几个月、几年下来，能够更大尺度地获得确定性信息，从而避免不确定风险。

思维模型:

设企业信息披露的时点为 t，用该时点的股票价格变化的实际收益 R，减去同一天市场或同业的平均收益R_m，得到超额收益 AR，即 $AR_t = R_t - R_{m,t}$。

同理如果是 $t-1$ 或 $t+1$ 时披露的信息，则为 $AR_{t-1} = R_{t-1} - R_{m,t-1}$ 或 $AR_{t+1} = R_{t+1} - R_{m,t+1}$。

由此，可以得到企业在信息披露前后时间的累计超额收益 CAR，即 $CAR = \sum_{i=0}^{n} AR_{t,i}$。

通过这种计算，可以得到企业在红利公告、并购公告、盈利公告、投资公告、人事公告、增发募资等方面的具体影响。累计超额收益的走势可能如图 2－11 所示。

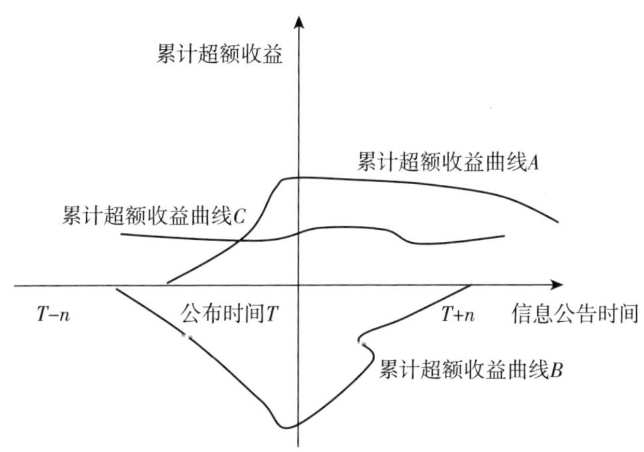

图 2－11　不同信息公告日的累计超额收益曲线

图 2－11 中的曲线 A、B、C，分别代表了累计超额收益有较大正值、较大负值、较为平滑三种情形。

45. 为什么企业的业绩在金融市场中常常表现为黑天鹅或者灰犀牛?

市场中的企业，整体的生命周期和业绩的变化如同自然界的生物，每时每刻有生有死，有好有坏，保持一定的随机性。各种情况出现的频率，应该保持“大体上会怎么样，极端上怎么样”，符合自然界一般的状态，业绩表现符合正态分布。

但不同的是，企业不是自然界的一个简单物体，而是关于人的组织，是人与人交易的结果。企业内部是团队之间的交易分工，企业外部是企业团队作为一个整体与行业市场、宏观经济、金融机构、政府部门、家庭居民之间的交易结果。而企业团队内的人和市场中的各类角色都受国家区域或某种制度和信息新闻的影响，因此，企业业绩的随机性并不是那么充分，总是在被过度看好或不被看好，在有信心和没信心中间聚集，总是在反应过度或反应不足中偏离理想中的正常状态。

从经营成果和价值评估的表现看，在概率分布上总是出现肥尾，也就是极端情况比自然界随机事物表现出的极端性要高。就像很少见的黑天鹅，在白天鹅中出现异常稀有显眼，常见的灰犀牛却容易出现。故而，金融市场上的黑天鹅事件指难以预见和具有偶发性的事件，即小概率又影响巨大的事件；灰犀牛事件不是随机突发事件，而是在一系列警示信号和迹象之后出现的大概率且影响巨大的事件。

对于这种容易出现的极端情况，不能用正常的标准差衡量，因为标准差计算的假设前提是符合正态分布，需要更精密地考虑分布的偏度和峰度，对标准差进行调整优化。

思维模型：

如果设 Z 是 VaR 的临界值，例如 95% 置信水平的 $Z=-1.96$，99% 置信度下 $Z=-2.33$，S 是偏度，K 是超额峰度，也就是峰度减去 3，那么调整后的 $Z^*=Z+(Z^2-1)\times S/6+(Z^3-3Z)\times K/24-(2Z^3-5Z)\times S^2/36$。

从公式的复杂性可以看出，要防范黑天鹅是很麻烦的。这时候，新的标准差 $\sigma^*=(Z^*/Z)\sigma$，新的 VaR^* 表示为 $VaR^*=\mu-Z^*\times\sigma$，$\mu$ 代表期望均值。

46. 金融家如何定量评价企业家的经营业绩表现?

评价企业家业绩表现时，金融家不仅看具体的利润额、盈利增速，销售收入的环比、同比，以及和其他企业的差值、在行业中所处的中位数等指标，更会从资本成本、风险调整等角度来看。

首先，是考虑扣除股权的资本成本后，企业家还能创造的超额收益。这个超额收益可以代表企业家新一期的判断和努力，与维持前一期的被动状态相比主动付出后的超额回报，即超额阿尔法。

当然，把这种超额阿尔法作为比较方法时，有一定的缺陷。如果两个企业家的资本成本率分别是 10% 和 40%，近几年的收益率分别是 15% 和 45%，则超额部分都是 5%。那么能说明他们各自的努力程度一致吗？由于基数不同，相对变化是不同的。

因此，资深的金融家不会轻易地评价企业家的业绩是否跑赢市场，因为这往往只是纯收益率的一种直观观察，没有考虑不同风险承担下的真实结果，还要看企业家是否冒了更大的风险才换回同样的回报。

思维模型：

由于资本成本的计算公式是 $R_f + \beta_i \times (R_m - R_f)$，那么用企业的实际回报率 R_i，减去这个资本成本，得到 $R_i - [R_f + \beta_i \times (R_m - R_f)]$ 作为满足一般股权性质的风险补偿之后的超额部分，但这个方法没有考虑不同的风险因素。

因此，金融家衡量企业业绩表现的时候，可以考查每一单位系统风险变化时，超额收益与之对应的变动幅度是多少，即 $(R_i - R_f)/\beta_i$。也可以考察每一单位总风险变化时，超额收益与之对应的变动幅度，即 $(R_i - R_f)/\sigma_i$，其中 R_f 为无风险利率，$R_i - R_f$ 代表超额收益。也就是说，看看承受系统波动或总风险的因素下，这个企业家还能创造多少超额回报。

企业家在不同的系统风险贝塔系数下，总有一个对应的回报率点，那么将这些点连接起来，就可以成为证券市场的资本回报率依据线，被称为 *SML*。

如图 2-12 所示，通过 *SML* 可以很快确定一个股票价值的位置，主要确定了市场系统风险和全社会无风险利息率，就可以很快确定一个股票的价值是被低估还是高估。

SML_1 与 SML_2 分别是不考虑通货膨胀和考虑通货膨胀因素之后，在同一

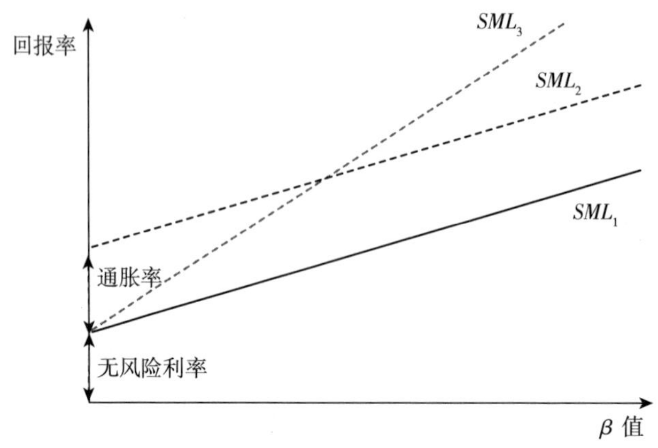

图 2－12 证券市场线

个市场的证券市场线的移动。

SML_3表示不同市场的证券市场线，但这两个市场的无风险利息率相同。

从 SML 图形上看，$(R_i - R_f)/\beta_i$ 正是回报率与贝塔系数之间的斜率表达式，也反映了金融家假设以无风险利息率 R_f 借钱后，投入企业后的杠杆水平。

与之对应的是，每个企业在自身的总风险波动率下，总有一个对应的回报率点，那么将这些点连接起来，就可以成为该企业在资本市场的回报率定价线，被称为 CML。

从 CML 图形上看，$(R_i - R_f)/\sigma_i$ 正是回报率与波动率之间的斜率表达式，也反映了企业家经营时风险与收益之间的杠杆水平。

当然，为了更谨慎需要，可以仅使用下行标准差表示企业家业绩的波动率，也就是将 $(r_i - \bar{r})^2$ 替换为 $[\mathrm{Min}(r_i - \bar{r}, 0)]^2$，其中 r_i 为每个业绩收益率，$\bar{r}$ 为平均收益率，当与 0 比取较小值时，即是取负数值，表示只取下行时候的值。

47. 为什么金融家对企业家容易“长期低估、短期高估”？

一般而言，很多金融家会在长期上低估企业家的回报贡献，短期则容易高估。大多数金融家会担心投资某企业后，会带来过低的回报或负回报。例如低于通货膨胀率、低于无风险国债利率，也就是说，一个企业一年的业绩增速低于3%的通货膨胀率，这种情形出现的概率较高。

但如果拉长到三五年来看，这个概率会大大缩小。又如在任何一年获得负回报的可能性为30%，但10年中获得负年均复利回报的可能性却为5%左右。股票资产和债券资产相比，如果以5年为一个投资期，四期里只有一期，股票的表现会低于债券；如果以10年为一个投资期，5年里只有不到一期，股票的表现会低于债券；若以20年为一个投资期，可能性不足1/20。

可见，延长投资期后，损失的概率降低，盈利的概率增加。

原因是，随着投资期延长，回报率偏离长期平均复利回报的程度也在降低，高于平均值的回报和低于平均值的回报越有可能相互抵消，资产越有可能产出与长期平均复利回报近似的回报率。就像抛硬币，抛的次数越多，正面的比率越接近50%，这被称为均值回归。

如果按照收益与风险的对应性而言，一份风险才有一份收益、一份风险也必须有一份收益时，会使风险高的资产越有可能在回报上超越风险低的资产。这就是时间分散投资的好处，高风险资产不敌低风险资产的概率会随着持有期的增长而降低。

思维模型：

金融家考虑在T年中的股权投资中，需要知道至少获得年均复利回报R_*的概率是多少时，可以假设是正态分布情形下反向查表得知。

$P(R \geqslant R_*) = P(Z \geqslant Z_*)$，$Z_* = [\ln(1+R_*) - \overline{R}]/(\sigma/\sqrt{T})$。可见，$T$越长，$Z_*$越大，概率$P$则越小。$\overline{R}$为收益率均值，$\sigma$为资产波动率。

这也是为什么擅长长期投资的金融家，如全球著名的巴菲特等，认为一个家庭投资股票的资产配置规则，可以用公式$\omega = 100 - Y$表示，其中ω表示投资股票的资产比例，Y表示投资者的年龄。

48. 为什么越是创新的项目，企业家越需要让创新者享受未来的期权收益?

创新是发现新的需求点，或者以更有效的方法措施去满足旧的需求点。就难度而言，前者更加模糊不清，要发现一个新市场或者服务一种新体验，甚至做出一个新产品，需要试错和科学上的证伪方法，犹如在黑暗之中找亮点。而对于已经有的市场或服务体验，企业的管理人员较容易看见并推进提高效率的事情，犹如在光明之中加速前行。

能给企业带来巨大价值的新生命线和新蓝海的，往往是前面提到的创新，但失败的概率也极高。为了提高效率、降低成本的创新，可能是在已有的红海中增长，利益必不可少但未必能带来新疆域，失败的概率也较大，但相对前者较小一些。

在这种情形下，创新团队的思考价值和调整价值更大，需要动态试错和大冒风险，让创新者享受未来的期权收益，可以更好地激励创新，促进项目成功。

思维模型:

如图 2－13 所示，两种不同创新的产品价值:

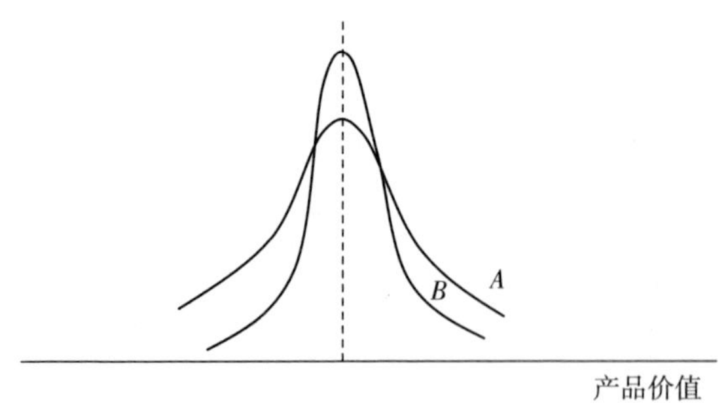

图 2－13　不同创新产品的价值概率

图 2－13 中两种创新带来的产品，其价值的概率分布不同，A 类创新比 B 类创新成功的可能性范围要宽，具有更大的变动性。

由于 A 类产品创新结果的波动性大，提供了更大的机会获取大额回报，根据期权的原理，这时的期权价值更高。

设置股票期权后，期权的价值并不严重依赖底层股票的价值，真正重要的是股票价格变动的可能性。即使初始的股票价值很小，只要变动性足够大，那么期权的价值就很大。

波动性标准差 $\sigma = \sqrt{\sum_{i=1}^{n}(X_i - \overline{X})^2 \times P_i}$，波动性的幅度被称为希腊字母 Vega，表达式为

$Vega = S \times \sqrt{T} \times N'(d_1)$，其中 $N'(d_1) = \frac{1}{2\pi} e^{-d_1^2/2}$。其中 S 为股票价，T 为期限，N 为分布函数，d_1 为波动率因素。

这正好迎合了创新的需要，尤其上述的 A 类创新。

反之，B 类创新如果可见可预期，就是朝一个明确的方向加速前进，变动性较小，这时候即使授予实施者期权，价值也不大。也就是说，企业家对于不同的创新类别和岗位，可以分类设置期权，不能该设的没有设，不该设的设了期权。

49. 股票分红与否会影响企业的市值吗?

企业家每一期获得利润后，都需要决定：是将利润保留下来，还是将全部利润或部分利润分配给股权金融家作为红利，即现金红利。

企业总是处于发展之中，总是有优质的新产品或新项目的投资机会，企业家需要使用这部分利润，甚至借贷或增发新股来融资。通常地，如果企业家用这些利润先满足新产品，满足以后还有剩余，则可以分红，如果没有剩余甚至还不足，则没有分红，因此，分红是一种被动剩余。

那么，企业家是否分红，这一动作不应该影响企业的价值变化。也就是说，企业家不能通过改变红利和留存利润的组合来创造价值，企业家的

整体蛋糕大小不会因为分割不同而发生变化。

企业家宣告业绩后，一种情况是股价上涨，金融家发现上涨后卖出，得到资本利得；另一种情况是分红给股权金融家，这时金融家发现红利经过政府的征税后到手较少。因此，支付红利需要提供一个比同样风险且不支付红利的股票回报更高的税前报酬。因此，金融家若以获取资本利得为主，需要有诱因促使其接受红利而不是这种价差，以便在征税后仍境况如初，就需要更高的税前报酬。因此，支付红利对企业而言整体是相对高成本的。

思维模型：

股票市值大小取决于多种要素构成，股票红利是不可分割的部分。如果将企业价值表示为 $V_0=[(D_T+P_T)/(1+r)^T]$，设初始的股份数量为 N，M 为出售的新股数量，则有 $N\times P_0=[N\times D_T+(N+M)\times P_T-M\times P_T]/(1+r)^T$。其中 P_0 代表初始股价，D_T 代表股票的股利，P_T 代表新股股价。

可见，支付给原有股票的红利，加上发行在外的股票价值，减去新发行的股票价值，三部分折现后，即股票市值为现值。

而发行的新股额 $M\times P_T=I-(R-N\times D_T)$，其中 I 为投资额，R 为利润，也就是利润加上募集进来的新股额，等于投资额加上分出去的红利，因此有 $N\times P_0=[(N+M)\times P_T-I+R]/(1+r)^T$。

但这一道理隐含了许多前提，例如发行新股没有费用，不考虑政府税收在中间的影响，发放红利这件事的各方动机都很透明，股价不受大金融家控制或影响，再如红利与股票买卖之间的税率有差别等。一般地，红利缴纳的税和因股票上涨卖出的价差所得缴纳的税不同。

50. 企业家发放红利是一种实力的象征吗？

红利的发放，可以消除金融家头脑中不确定性的疑惑。拿到红利以后，相当于好处到手。如果说拿到手是确定的，未拿到手是不确定的，那么没有拿到企业家股票红利，需要靠后期股票可能的上涨价差来获利，会有一种“双鸟在林不如一鸟在手”的感觉。因为现金红利是抓在手中的鸟，是实在的；而公司留存收益则是躲在林中的鸟，随时可能飞走。作为风险规避型的金融家偏好红利而非资本利得，愿意对支付较多红利的股票付出较高的价格。

因此，企业家能够给股权金融家安全感、稳定感，可以看成是一种能力，是一种标志和信号。企业家向外界传递企业内部信息的常见信号有三种：（1）利润宣告；（2）红利宣告；（3）融资宣告。由于利润的会计处理具有可操纵性，同时新产品和新项目的融资具有很大的变动性，现金红利是企业家给出的一种实打实的信号，因此是比较可信的信号模式。金融家不是企业内部人，掌握的信息较少，因此将其作为企业能力较强的信号和标志。

如果要以红利发出信号，这种信号带来收益的同时也会有较大的成本。收益是：给了红利承诺，则带来较高的市值；成本是：消耗现金流，这部分信号的发起，有组织实施的交易成本，也有机会成本。由于发信号，推迟了投资项目，或者错失了拿这部分钱去尽快投资的机会。

因此，企业的红利政策决策需要在红利的信号收益和信号成本之间进行权衡。如果企业家的确有一个高收益产品，通常不需要借助外部融资来支付红利，那么企业就可以采取向金融家承诺支付红利的方式，直接向市场传达信号；如果没有高收益的产品，企业家很有可能要借助外部融资来支付红利，并承担由此发生的交易成本，此时企业家如果轻易作出红利发放的承诺，代价是较高的。

在其他条件不变时，如税率和利率不变，如果之前企业家总是花费成本削峰填谷，盈余多的年份储备一些，弥补亏损的年份，保持每年的红利在某一水平，熨平盈利波动而维持信号。当拥有长期固定的红利支付率改变这一比率的时候，金融家会认为这是在宣告未来的盈利能力将发生改变。

如果企业家曾经将自由现金流过量地投入回报率低于金融家要求的回报率产品或项目上，那么发放红利会更有利于企业的价值。因为这些现金流毕竟属于企业股东，必须时刻投资到最有效率的产品中去。反过来，这也会倒逼企业家思考自己资金的使用效率，不能被管理层不经意挥霍，因为不是借来的钱就认为企业盈利的使用成本非常低甚至免费。因此，企业家可以根据企业所处的生命周期，动态调整自己的红利政策，保持与市场的沟通。

思维模型：

发放股票红利是否发挥出区分企业综合实力好坏的作用，取决于对企业价值的影响程度。设 D 为红利，τ 为红利的税率，θ 为交易成本及机会成本，r 为利率，V 为企业的价值，那么则有

$$V = \left[(1-\tau) + \theta \times \frac{1}{2} \times \frac{1/r}{(1/r+1)\times(1-\tau)}\right] \times D$$

也就是说，企业家要发出红利 D 的信号，会受到政府税率和市场利率以及市场交易成本的影响。市场的利率越高，信号越容易变弱，税率越高，信号也容易变弱，但市场的交易成本越高，信号反而容易变强。

图 2－14 显示出，企业处于生命周期的不同发展阶段时，每股利润和选择发放的股利金额不同。企业在创业初期是没有股利的，发展一段时间之后，尤其是每股利润极大增长时才会考虑发放股利，随着企业不断发展壮大，企业每股红利的增长会逐渐和每股利润数额趋近一致。

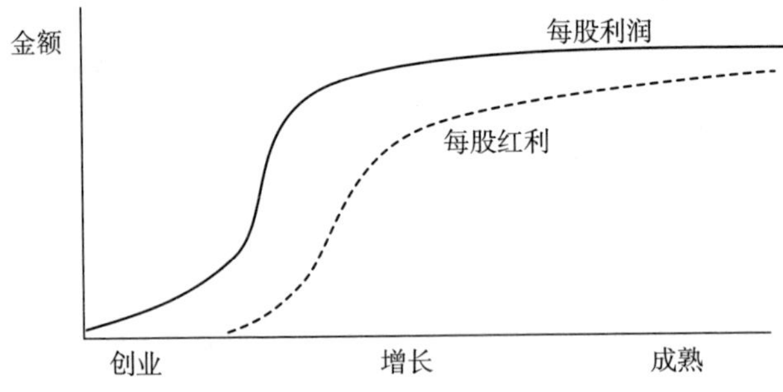

图 2－14　企业生命周期中的股利红利增长趋势

51. 金融家如何对供应链上的企业作整体评估？

企业生产总有上下游，上游的企业把产品卖给下游企业，金融家作融资评估的时候，会整体评估上下游的收入和成本，如果在风险可控的情况下，将以供应链的思维管理融资。

一般来说，一个特定商品的供应链从原材料采购，到制成中间品及最终产品，最后由销售网络把产品送到消费者手中，将供应商、制造商、分销商、零售商、直到最终用户连成一个整体。在这个供应链中，竞争力较强、规模较大的核心企业因其强势地位，往往在交货、价格、账期等贸易条件方面对上下游配套企业要求苛刻，从而给这些企业造成了巨大的压力。而上下游配套企业恰恰大多是中小企业，难以从金融家那里获得融资，容易造成资金链十分紧张、供应链出现失衡的局面。“供应链金融”最大的特点就是在供应链中寻找出一个大的核心企业，以核心企业为出发点，为供应链提供金融支持。一方面，将资金有效注入处于相对弱势的上下游配套中小企业，解决中小企业融资难和供应链失衡的问题；另一方面，将金融家信用融入上下游企业的购销行为，增强其商业信用，促进中小企业与核心企业建立长期战略协同关系，提升供应链的竞争能力。在“供应链金融”的融资模式下，处在供应链上的企业一旦获得金融家的支持，可以激活整个“链条”的运转；而且借助金融家信用的支持，还为中小企业赢得了更多的商机。

如何让这种“供应链”思维发挥价值和用处？有效的方案在于，金融家决定对一个核心企业提供融资时，需要把上下游企业一起进行整体评估，需要考虑评估各自在临界点的成本和临界点的收益，并根据一对多还是多对一进行求和。

思维模型：

如果两个上游企业给一个下游企业供货，则下游企业的产出 $\pi(Q)$ =

$R(Q) - C(Q) - C_1(Q_1) - C_2(Q_2)$，而上游的利润分别为 $\pi_1(Q_1) = P_1 \times Q_1 - C_1(Q_1)$ 和 $\pi_2(Q_2) = P_2 \times Q_2 - C_2(Q_2)$。

推算发现，当下游自己对外的动态单位销售收益与自己动态单位成本之差的部分，等于上游的动态单位成本变化时，即 $\Delta(P \times Q)/\Delta Q - \Delta C/\Delta Q = \Delta C_1/\Delta Q_1 + \Delta C_2/\Delta Q_2$，上游想卖的和下游想买的数量将相等，两者各自的利润都将最大化。通过这样对核心企业的上下游企业进行整体评估之后，金融家便可考虑给企业家提供供应链融资。

第三篇
洞察企业家管理的金融思维

52. 企业家如何运用金融指标预测自己的财务危机？

一个企业出现财务危机前，通常会有一定的征兆。外部金融家可以像医生一样根据各项指标作诊断，从而监测企业的危机程度。

其中，财务指标非常多，选择有效的财务指标成了重中之重。一方面，需要考虑财务指标内在的机理，是否能表征传达企业的病症；另一方面，要考虑财务指标本身的可得性、透明性、可操控性等因素。

根据多个金融家的经验总结，发现从“盈利能力、期限错配、负债估值”三个方面，选取五个具有代表性的指标，并将其制定成“体检分数”，根据分数就可以得到检测结果，从而检测企业的危机程度。

第一方面，是盈利能力，分成以下三个小指标：

一是看收入情况。通过销售收入，可以看出主营业务变化对企业的影响，因此可以选择销售收入与资产总额的比值作为 X_1。

二是考虑成本对企业收入的影响。不考虑税收、加杠杆、借贷因素的作用，看息税前利润与资产总额的比值 X_2。

三是看净利情况。考察净赚的实际转化能力，这里面综合考虑企业的收入和各项成本，以及资产的周转变化，通过计算累计留存收益与资产总额的比值，相当于看用了多少资产去累计了多少的 ROA，作为 X_3。

第二方面，是看负债与估值。这反映了企业外部的股权金融家和债权金融家如何定价。设估值市值与负债额的比值作为 X_4。这个比值可以反映自由现金流和经营现金流的差异，企业家尽管当前没有盈利，经营现金流不好，但将资金用于高效的新产品投资，这种以攻为守的方式，未来的自由现金流会较高，这会保障企业的安全。

第三方面，看总资产里面暗含的结构是否合理，也就是期限错配。企业资产的中长短期分布是否合理，也就是短期资产和长期资产的比例，如果短期资产过低，则容易缺乏流动性。因此从资产负债表中，选择营运资本与资产总额的占比作为 X_5。

这种“3+1+1”的方式，构建出了一个企业指标体检表的模板。

思维模型：

如果企业家不仅关注体检的各项指标，还将各个指标综合起来看，就可以从总体上评估企业的健康情况。

假设把总体健康程度定义为 Z，则在各个明细指标的基础上，用加权的方法进行回归的数学处理，并以综合指数的方式进行反映，则得到综合 Z 分数的高低：

$$Z = \beta_1 X_1 + \beta_2 X_2 + \beta_3 X_3 + \beta_4 X_4 + \beta_5 X_5$$

其中，β 值为各指标的权重系数，X_1、X_2、X_3 值为反映盈利能力的指标，X_4 为估值负债比，X_5 为资产结构指标，一般用营运资本与资产总额的比值表示。

金融家统计发现：

如果企业的得分 Z 值在 1.8 以下，尤其是负值，代表企业往往会破产；

Z 值在 3 以上则表示企业可以持续健康发展；

Z 值在 1.8～3 为灰色模糊区域，需要更精细化地判断企业的健康状况。

由此可见，企业家可以利用金融家眼中的 Z 分数危机预测模型，来监测和管理自己的企业。

53. 金融家如何确定企业在产业链上的控制能力？

企业家的产品和服务如果被市场强烈需要，除了在金融市场和企业的财务指标上有明显表现以外，在产业链上也有明显的体现。这时企业可能不直接向消费者供货，而是自己作为上游企业，让下游企业包括批发商、零售商代替自己提供具体的销售服务，例如中国茅台酒、有色金属矿产等。

但这种放手不是轻易的放手，上游企业会对下游企业进行充分控制，这种控制除了产品定价政策和规格制定之外，还会限定销售区域、限定零售商的密度、在销售中搭配其他物品、实施特许经营权、抽成定价等。通过纵向一体化的控制措施，实现产业链上的利润一体化。

因此，上游企业通过一系列控制措施，既保持了自己的强势市场地位，也保证了销售的正确性，更使市场最终消费者长期福利增加，因为尽管自己的利润和下游经销商的利润之和小于直销，但销售的稳定性、品牌性、利润一体化持久性增加。当然，这里很重要的条件就是上游企业要充分知晓下游经销商的具体动作，确保信息完备而不被欺骗。

思维模型：

处于产业链上的企业，上游企业通常会收取下游企业一定的特许经营费。如果特许经营费是 A，上游企业给零售商的批发价是 P_w，则这个上游强势企业的收入 S 为 $S = A + P_w \times Q$。其中 Q 为产品数量，下游零售商对外的价格 P 一般将会被限制在天花板价 $\overline{P}$ 和地板价 $\overline{P}$ 之间，或者其数量被限定在强制销售量 $\underline{Q}$ 和配额销售量 $\overline{Q}$ 之间。

零售商追求自己利润 π_2 最大的时候，会受到上述一系列限制，$\pi_2 = (P - P_w) \times Q$，销售数量 Q 又与价格 P 保持负向关系的话，即 $Q = 1 - P$，则有零售商利润为 $\left(\frac{1 - P_w}{2}\right)^2$。

同时得到上游企业的利润为 $\pi_1 = (P_w - C) \times \widetilde{Q}$，其中 C 为成本，$\widetilde{Q}$ 为根据零售商利润最大时倒推计算出的上游产出量的话，这两部分的利润之和小于不采用这种模式的直销利润，也就是 $\pi_1 + \pi_2 < \pi_0$，其中 $\pi_0 = (P - C) \times Q$。

通过这样，上游强势企业就可以保证零售商提供正确的行动，弱化解除自己的不确定性。因此金融家可以通过上下游企业的利润情况，预估某企业在该产业链上的控制力。

54. 金融家最看重企业家之间并购后的什么价值？

企业之间存在的兼并或合并，统称为收购。兼并是被并购的企业主体消失，合并是两个企业主体均消失，生成一个新企业。

企业的收购可能是恶意的，不受在位企业家的欢迎，也可能是双方情投意合谈出来的。收购的动机可能是想给企业带来新技术、新理念、新血液，或者是企业拒绝现状，希望创新尝鲜；收购也可能是旧的企业家做得不好，通过收购对企业实现一种鞭策和约束。

如果收购是跨行业的，有可能是某个企业家为了建立自己的商业帝国，需要把规模搞大，进行跨行业的多元化并购，当然也可能因为过度自信，导致这一情况下的布局。

如果收购是同一行业的竞争者，那么当然更多的是出于产品竞争的考虑，压制蚕食自己市场份额的对手。

如果收购者不是自己的竞争者，不是替代者，反而是自己的互补者，那么可能是行业的上下游，为了整合供应链，想以目标价将外部公司转化为自己的内设部门。

但同样可以肯定，金融家和收购者的预期中，是相信并购会带来比现在更大的价值，获得更大利益，才愿意实施这一行为。收购的最后结果，导致行业处于高度垄断，那么收购的成本将会变得非常高，或者说，垄断是收购后的结局表现，已经经过多次的收购锤炼了。所以当高度垄断出现的时候，企业收购的动机将消失殆尽。

思维模型：

假如企业 A 收购 B，目标是 $V_{AB} > (V_A + V_B)$，其中 V_A 和 V_B 分别是收购前的各自价值，设 $\Delta V = V_{AB} - (V_A + V_B) > 0$，则称 ΔV 为协同效应价值。当然协同价值可能来源于成本的优化，例如 $C_1(Q_1,0) + C_2(Q_2,0) > C(Q_1,Q_2)$，其中 C_1 是企业 A 独立存续时的成本，C_2 是企业 B 独立存续时的成本，C 是两个企业并购时产生的成本。

如果考虑收购的成本，则只有当收购者认为收购后产生的新价值大于这个成本时才愿意进行收购，即 $\Delta V = V_{AB} - (V_A + V_B) > C$，其中 C 为收购成本。如果不满足这一条件，那么需要让旧的企业家对原收益 R 的标价进行降价。

金融家看重并购后的 ΔV，是因为其可能带来四方面现金流的改变：一是收益的增加；二是成本的减少；三是税收的优惠；四是资本需求量的缩减，即 $\Delta V = f(\Delta$ 收益 $- \Delta$ 成本 $- \Delta$ 税收 $- \Delta$ 资本量)。例如大型企业并购小型私企，可以使得小型私企的投资约束得到放松，进而增加创造潜在收益的机会。

55. 企业家如何做好供应链金融以适应互联网时代？

企业家为什么需要金融家提供供应链金融？这是因为账期不匹配，或者说企业存在运营资金的周转期。

企业在运营过程中，总是面临三部分内容的运作周期管理，一是应付账款，二是存货资金管理，三是应收账款，分别对应着企业的采购、生产和销售环节。

这三个环节中，应付账款涉及外部的供应商，应收账款涉及外部的销售客户，存货管理看起来属于企业内部的事，实际上也跟企业外部的供应商和经销商相联系，好的存货资金管理严重依赖应收账款和应付账款的管理。因为企业和自己的上下游处在同一个产业链上，这条产业链对应着提供供给和响应需求，只有提前预测和分析到了上下游的计划、生产和销售的金融情况，才能做好自己的存货资金管理，因此，包含自身的产业链内外的金融，也称为供应链金融。

对企业而言，要尽可能缩短营运资金账期，缩短存货账期，缩短应收账款账期，延长应付账款账期。要想做好四项工作，需要从整个链条来分析，不能割裂对待，围绕产业链上强势的一方，利用金融家对链上强势机构的信用关系和互联网时代的科技手段，优化自身的运营资金周转期。

例如给钢厂供原料的部分贸易企业，在应收账款账期上特别长，在应付上不存在账期，存货的周转期也很短，那么如何提前利用供应链管理获得应收账款资金，缩短运营资金周转期？贸易企业可以让金融家利用科技系统，调用大型钢铁公司的采购系统数据，从材料入库、验收、物流在途，一直到上游的大数据。通过地理位置识别、人脸识别等手段，基于大型钢厂的信用，实现金融机构对自己的“见货付款”融资。这样，不论该贸易企业单体有多么微小和低信用等级，只要链上的风险可控、信用可传递，金融家将愿意为此链提供融资，则将缩短贸易企业的运营账期。

思维模型：

图 3 - 1 展示了企业营运账期关系。

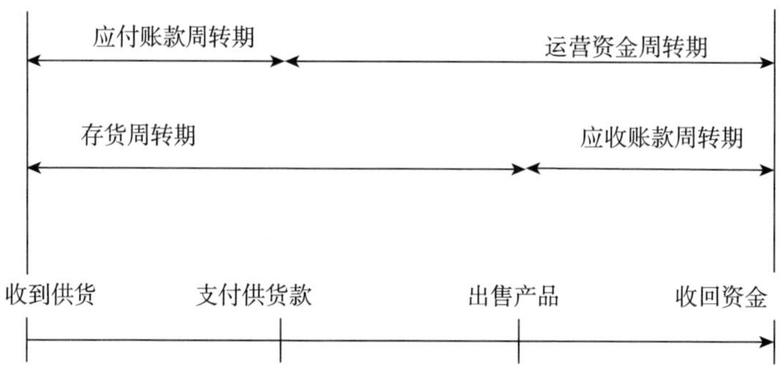

图 3 - 1　企业经营活动和现金流时间线

互联网金融时代，企业做好供应链金融的诀窍在于处理好企业营运账期的关系。企业的生产经营周期对应着资金流的支出和收入环节，由于现金流的短缺，企业从收到供货到支付供货款之间可能存在时滞，这个期间既属于存货周转期也属于应付账款周转期。同样企业出售了产品也不一定立即收回资金，存在一个应收账款周转期。当然，企业从收货开始生产到销售盈利收回资金期间，存在营运资金周转期。

运营资金账期 = 存货资金账期 + 应收账款账期 - 应付账款账期

56. 企业家对应收账款的管理需要把握怎样的分寸点？

应收账款是一个重复性的难题。若企业家收账的力度过大，到了“催收”的程度，客户的满意度可能下降，新的销售额将受到很大影响。如果不做管理，则任何客户都有意愿在应付账款上拉长账期，提高其营运资金管理能力。因此，从这个角度看，应收账款涉及供应链上企业家的营运资金管理竞争。

每种情况下的收账决策都有收益与成本，企业家的收账决策可以形成一个对外的“信用政策”，企业家在政策中重点考虑客户质量与销售额、账期、坏账及现金流之间的关系。在其他因素保持不变的情况下，可以使政策中的某一项措施从一端走向另一个极端，通过这种变化，洞察政策变化对现金流的影响。

通过对销售额、坏账、收账期分拆，可以分析信用政策对收账效果的作用，如果因为竞争加剧使得销售额的经营现金流下降，那么企业家需要重新做出新的信用决策。

思维模型：

可以想象，在企业管理应收账款的过程中，如果不设立信用政策的标准，则所有的客户都享受无成本的应付账款信用，此时销售额最大即图 3－2 中纵轴上的 *A* 点，但这里隐含的可能性就是这些销售额中含有一定的坏账损失，即纵坐标轴上的 *B* 点。随着信用政策变严，则一些“搭便车”客户享受免费信用时将被拒绝，这时的销售收入可能减少了，平均应收账款的账期和坏账也可能因此减少，但减少的账期和坏账的速度快于销售额下降的速度，因此导致经营现金流增加，如 *CD* 段曲线。

随着信用政策越来越严格，销售额将以递增速度下降，即 *AE* 曲线所示，这时，应收账期和坏账将以递减的速度下降，企业能排除的坏账量是递减的。因此，企业家的信用政策从极端宽松逐步过渡到极端严格时，经营现金流以递减的速度增长以后，将开始减少，如 *DE* 段曲线所示。

同时，随着信用政策的严厉度增加，应收账款的账期会缩短，企业不会允许赊账（见图 3－3）。

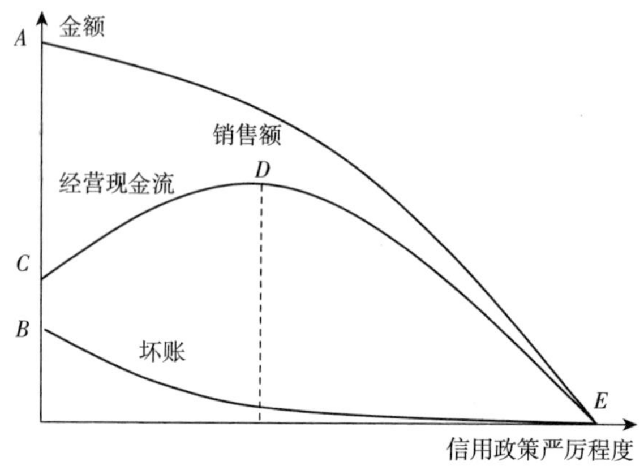

图 3－2　信用政策下的财务情况

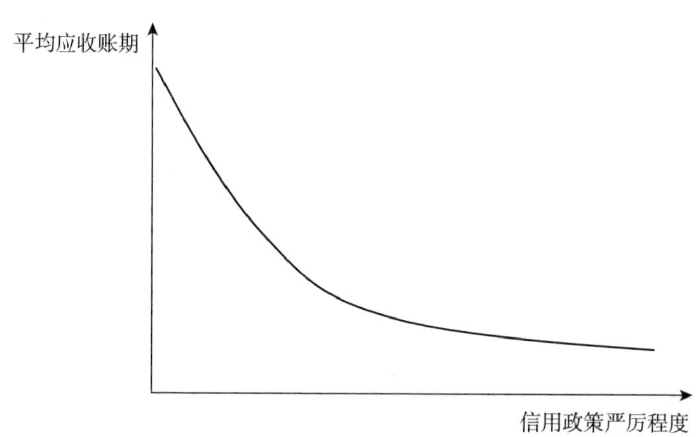

图 3－3　信用政策下的应收账款

57. 为什么大的企业家可以对金融家做到“店大欺客”？

大的企业一定是从小的企业成长起来的。能够从小企业变为大企业，本身就证明了这个企业的企业家具有努力、勤奋等特质。他们在企业小的时候，已经经受过很多金融家的“拷问”，接受过多种方式的监督。

企业的成长壮大彰显了企业家的能力，具有议价能力的大企业一旦

“店大欺客”，金融家提供的融资价格相对就要低很多，这种大企业的企业家就可以便宜地获得融资。而实力较弱，还没有被充分证明过努力的企业家，获得融资的成本比较高，甚至有自有资金也可能融不到资金，必须先接受严格的金融家监督，上升到一个很高的监督成本，然后再慢慢降低，达到大企业的水平。

思维模型：

假如某个企业家的私利在相当长的一段时间内，比同业的私利低，如果同业平均水平是 B，则可以设这个企业家的私利为 N，那么 $N < B$，因此企业家的获利空间 $\Delta P \times Y_1 \geqslant B$ 变为 $\Delta P \times Y_1 \geqslant N$，其中 ΔP 是努力程度。

金融家一旦提供融资，就会以各种形式实施监督，但监督也是有成本的，因为如果不承担监督成本 c，则金融家无法阻止企业家的不努力行为，因此对金融家而言是 $\Delta P \times Y_2 \geqslant c$。

那么，我们可以推演出，当企业很大时，N 和 c 都会很小，也就是这样的企业家不太需要监督，也就不需要消耗金融家的监督成本，因为不太隐藏私利，所以 N 也很小。

58. 企业家选择借款还是入股的金融家?

金融家选择不同的融资方式为企业家服务，就是选择不同类型的索取权，这些索取权之间往往充满了利益分歧。例如，股权金融家选择的是剩余索取权，因此希望企业家能够拿着债权金融家的钱进行冒险，通过这样的做法实现高风险高回报，但债权金融家认为这样会榨取自己，会要求签署一系列的协议保护自己免受伤害。那么，为什么企业家需要不同的且有利益冲突的金融家来为自己服务呢?

不同的融资工具，面临的税率、利息率、流动性、信息含量、价格公平度、涨跌脆弱性和投机性不同，企业家可以根据不同金融家的需求，提供定制化的融资需求。但这一做法可能需要企业家耗费较高的成本，因此企业家往往把这一包袱甩给金融中介机构去做。

例如，企业家很难把融资需求信息含量的波动率降低，其总是伴随着企业经营的状况起起伏伏，那么金融中介机构可以把多个这样的企业融资需求捆绑起来，例如形成一个加权的金融指数，那么喜欢信息含量稳定的金融家，就会选择向这类金融中介机构提供融资，购买这些指数后，再由金融中介机构向企业家提供二手服务。

又如，短期债务的流动性将导致新兴企业家的低效率，但对身处成熟行业而现金流充足的企业家，却更珍惜自己的股权，只是利用债权金融家来为自己的业务加杠杆。当然，企业家如果只是因为不同的流动性而需要不同的金融家，那么可以用“短债＋中债＋长债＋超长债”代替股权。可见，股权金融家的价值不仅仅是提供长期稳定的流动性。

但如果只是为了更好地监督或实现控制权，有的金融家不付出什么努力，就被动地同时持有一个企业家的债权和股权，有的金融家只是搭其他金融家的便车，几乎不发挥约束企业家的作用。

有的金融家提供大棒，有的提供胡萝卜，但都在恰当的时候发挥了不可或缺的作用。所以，企业家需要不同金融家的原因在于企业在不同的环境中动态地变化。

思维模型：

不管企业家选择债权金融家还是股权金融家，有一点可以肯定的就是至少需要满足一个条件，那就是多种目的并存的金融家服务所带来的整体利益会大于它们之间的冲突成本。

既要满足债权金融家的最低清算价值 L，$P_s \times (Y - N/\Delta P) > L$，其中，产品企业家努力之下将会成功的概率较高，表示为 P_s，Y 代表企业在新增投资后且产品成功的整体回报，N 代表企业家不投资也不努力时的私利，ΔP 即为产品高概率成功与低概率成功的差值。

$N/\Delta P$ 代表企业家在整体回报中的一部分收益，$(Y - N/\Delta P)$ 代表金融家的那部分收益。

$P_s \times (Y - N/\Delta P)$ 代表债权或是股权金融家愿意提供融资的条件。

此外，还要满足股权金融家在企业家偿还债务 D 后的剩余索取权，即 $P_s \times (Y - N/\Delta P) > \max(L - D, 0)$，其中 $L - D$ 表示如果清算时偿还债务后剩余的部分。

59. 金融家看重企业家的哪些竞争手段?

企业家面对的外部环境，不仅包括宏观和微观、国内和国际等维度，还包括竞争者形成的竞争环境。竞争者之间发生相互作用，源于各自策略的动机。企业家可以使用多种手段在市场上增强竞争能力，那么这些手段方式如何分类?

金融家常常按照替代的速度来进行分类。

最快的速度，是价格上的举措，广义上的价格竞争不仅包括产品价格的上升或下降，还包括广告的支出和推销工作的实施。

居中的速度，是产品的选择，例如产品的质量优化、设计和体验调整、发货速度、销售地点、消费者看法变更等；成本的调整，如成本的结构、原料成本和时间成本变更；生产能力的改变如产能的闲置或扩大、加班加点的适度改进等。

较慢的速度，是产品的迭代升级，科研能力的提升，如工艺的革新或新产品的研发创造。

思维模型:

如图 3－4 所示，企业在运营发展中有多种竞争策略可供选择。企业可以依据短、中、长三个时期的具体情况，制定不同的策略，采取相应的手段提升产品竞争力，如短期内使用价格优惠，通过薄利多销的方式，打败竞争者。

图 3－4　短、中、长期的竞争策略

60. 金融家如何看待企业的集中程度?

一个企业外在的、看得见的竞争力表现形态，例如，给出的价格、生产的数量、表现的利润、企业数目，内在的竞争力是由看不见的资本成本、产品逻辑、用户价值、市场需求函数、给消费者带来的好处等决定的。如果只是对企业的产品价格进行观察，很难直接得到企业的竞争量化状态；如果能够找到具体的代理变量，就像体温计测量体温一样，可以较好地定量地反映企业的竞争态势。

金融家常用来观察企业竞争力的两个变量，分别是利润率的增速和企业的市场份额。利润率增速为人熟知，但市场份额较为抽象，一般需要行业观察和调研才能得到。

市场份额可以利用集中化指数来反映，当然，这些指数都是随着企业数目的增加而减少的。一般市场越集中，企业之间越容易合谋，但市场的产品价格和行业的盈利，与企业的集中度之间没有绝对的正相关关系。

思维模型：

企业集中度反映一个企业的市场影响力和用户渗透力，也是经营实力的代表和象征。如果以 ω_i/Q 来代表企业 i 的市场份额，其中 $\sum_{i=1}^{n} \omega_i = 1$，则有三种集中化指数：

一是对企业排序，得到$\omega_1 \geqslant ... \omega_m ... \geqslant \omega_n$，可以求 m 个企业的集中度，也就是$\Omega_m = \sum_{i=1}^{m} \omega_i$。这样可以看出第几个企业的具体市场份额情况。

二是将市场份额数取平方，然后求和，这样可以反映整个行业的集中度，即$\Omega_H = \sum_{i=1}^{n} \omega_i^2$。

三是将市场份额与其对数乘起来，然后求和，即$\Omega_e = \sum_{i=1}^{n} \omega_i \times \ln \omega_i$，这被称为熵指数，将企业集中程度用物理学上的混乱程度，即熵增的角度来类比。

61. 企业的竞争战术中哪些需要金融家以“多投资”方式支持?

企业家如果加大投资，可能使得自己的竞争力增强，但竞争涉及降价和产出数量的变化，也有可能投资增加了，但企业的实际利润反而降低了。如果自己的投资增加，使得竞争对手的利润下降，则说明投资使得自己变得更强硬了；但如果投资后，自己大举降低产品价格，竞争对手也急剧降价，竞争对手的市场份额因此增加，那么反而使得对方的利润增加，则说明自己的投资使得自己变得更软弱了。当然，为了能够遏制竞争对手成功，在位企业需要让自己看起来是强硬的。

因此，在位企业的竞争战术可以分为四类：一是企业内在很强大，且看上去也富于攻击性，这被称为猛虎；二是自己实际弱小，且看上去并无恶意，也不软弱，这被称为小狗；三是自己比较强大，但看上去却并无恶意，这被称为肥猫；四是自己比较弱小，但看上去富于攻击性，把自己伪装成一只老虎，是狐假虎威，称为狐狸。将这四种竞争战术表示如下：

(1) 如果多投资能够使得自己变得强硬，且会诱使竞争对手变得软弱，那么企业家可以多投资，运用猛虎战术，以防止新进入者；

(2) 如果多投资能够使自己变得强硬，但会引起竞争对手变得强硬反咬，那么企业家应该少投资，运用小狗战术，以免刺激对方的攻击性反应；

（3）如果减少投资使企业变得软弱，且会诱使竞争对手变得软弱，那么企业家应该少投资，使用狐狸战术欺骗竞争者即可；

（4）如果减少投资使企业变得软弱，但会引起竞争对手变得强硬反咬，那么企业家不得不多投资，采用肥猫策略。

思维模型：

表3－1　在位企业的竞争战术类型

多投资或少投资带来的竞争效果	在位企业投资后的自身效果	
	变得强硬	变得软弱
引起竞争对手变得反咬（一般是升降价格）	（2）小狗	（4）肥猫
诱使竞争对手变得软弱（一般是升降产量）	（1）猛虎	（3）狐狸

因此，已在市场中的企业对竞争者，不是使自己强硬就一定得多投资，而要看投资以后，竞争对手的反应情况。一般地，投资能使自己变强且对手反应变弱，当然需要金融家的多投资支持；如果减少投资，会对自己不利，且对手会因此反而更强硬时，则自己不增加投资可能就会被挤死，那么需要被动增加投资。反之，尽管投资可以使自己变强，但如果竞争者对此的反应更强，则可以少投资以减少这种刺激。

62. 有竞争对手是否影响企业家去金融家那里融资？

从实业内部的企业家来看，竞争一定会减少企业利润，企业利润越少，越难获得融资。最惨的是被竞争对手逼到绝境，融资枯竭直到破产。

从外部金融家看，这个公司在市场上存在很多竞争对手，自己的投资信心同样将遭受打击。

因此，企业间的竞争太激烈对企业家和金融家双方都不好，但任何公司均有竞争对手。如果说没有竞争对手，自己的利润和财务指标又很好，即使这个时候把财务报表拿给金融家，想去获得融资，也不容易。

因为这时金融家不敢相信企业的经营业绩表现，这个数据是不是企业家编造的？当有一定的竞争者时，金融家可以通过企业家的竞争者反映出来的数据，来评估企业的经营状态，反而有助于企业家实现融资。

思维模型：

企业在市场中独占鳌头或有众多竞争对手时，面临的融资情况是不同的。如果企业自己垄断时，利润是 R；如果存在两个企业都成功时，属于自己企业的利润为 D；自己失败时是0，则有 $R \geqslant D \geqslant 0$。

首先分为成功和不成功，概率为 P_s 和 $1-P_s$。不成功时，总收益较为简单，为0，则期望值也为0；成功时，较为复杂，分为两种情况，即只有自己成功和两个都成功。

垄断情形下，只有企业自己成功时归属于金融家的收益是 $(R-N/\Delta P)$，两个企业都成功时归属金融家的收益是 $(D-N/\Delta P)$，因此在成功时的两种可能性下，金融家的总收益期望均值为：$(1-P_s)(R-N/\Delta P)+P_s(D-N/\Delta P)$。此收益均值是以成功为前提，因此，再乘以此时的概率 P_s，则为 $[(1-P_s)(R-N/\Delta P)+P_s(D-N/\Delta P)]\times P_s$，而不成功时概率为 $(1-P_s)$、总收益期望均值为0，那么，金融家愿意提供融资，总的条件是：$[(1-P_s)(R-N/\Delta P)+P_s(D-N/\Delta P)]\times P_s+(1-P_s)\times 0 \geqslant I-A$。其中，$I$ 为企业需要的总投资，A 为企业家的自有资金，N 代表企业家不投资也不努力时的私利，ΔP 即为产品成功高概率与低概率情形的概率差值。

由此可见，有竞争对手时，会导致总收益从 R 降低到 D，但可能会提高概率 P_s，或者更容易实现金融家的融资判断条件，故上式左侧应该大于右侧。

63. 金融家在支持企业家遏制竞争过程中发挥什么作用?

如果企业家已经处于一个利润较为丰厚的行业中，其他的企业可能会新进入该行业来分这杯羹，发生在位者与新进者之间的竞争。企业家要参与竞争，除了被动受到对方的价格和产量影响之外，自己可以主动提高定价能力或生产能力，而企业提高生产能力，往往需要扩大投资。

经过推演，发现金融家的资本可以使得在位企业家发挥两部分作用：一部分是直接作用，这部分资本使得新进入企业的利润受到直接影响，例如在位企业在新进入企业之前就具有很大的用户规模，新进入者难以有用户，市场份额很小，在位者使用低位战术就可以使新进者的利润降低。另一部分是间接作用，也就是金融家的资本先对企业的技术产品产生影响，在引起在位者的某种变化之后影响新进入者。

思维模型：

企业家的利润 π 是投资 K 的函数，设在位企业家的利润 $\pi_1 = f(K_1, Q_1, Q_2)$，其中企业自己的产量 $Q_1 = f(K_1)$，说明产量也是企业自己投资的函数，Q_2 是竞争者的产量。

在位的企业家选择新增投资 K_1，遏制新进入者，遏制的边界是使得新进入者的利润为0，也就是竞争者的利润 $\pi_2 = f(K_1, Q_1(K_1), Q_2(K_1)) = 0$，竞争对手会因为在位企业家对自己的投资而发生反应。

此时，在位者的价格为 $P = 1 - (Q_1 + Q_2)$，产量 $Q_1(P, C) = Q_1(P(Q_1 + Q_2) - C_1)$，其中 C 为成本。

如图 3-5 所示，当投资量增加 K_1 时，可以导致产品成本降低，从而使得在位企业产量 Q_1 增加，且收益线 1 移动至收益线 2，在位者的产量 Q_1 增加，使得竞争者的产量 Q_2 下降，从 M 点下降至 N 点，这样可以抑制竞争者。

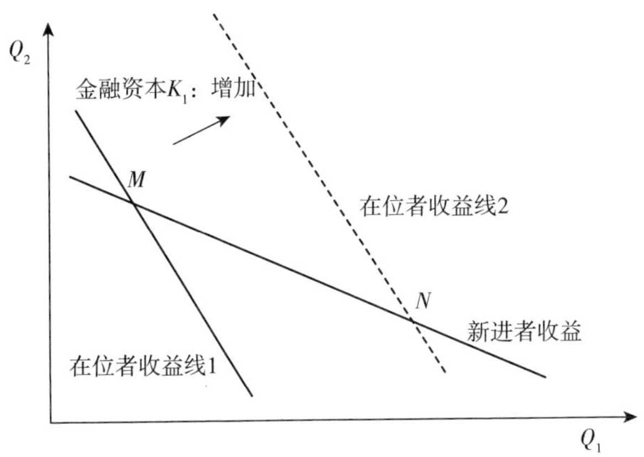

图3－5　在位企业与新进企业的收益曲线

64. 企业家在并购时选择换股还是现金?

企业家常常遇到并购和接管的事，严格来说，接管的范围更广。接管包括投票权控制、退市和并购。

就并购而言，当一个企业收购另一个企业，不以获得短期财务收益为目的，即不是处理资产、削减成本、有效经营剩余资产、短期创造出比收购价更高的价值时，则往往着眼于更长远的战略布局，例如获得供应链的成本优势、获得某项专利技术、扩大产量或占领市场份额等。

前者的并购，对被并购的企业而言，允许其依然保持独立性来运作，一般是金融家运作较多，称为财务收购。后者的并购，往往是将被并购对象纳入，使其成为内设部门，或者保留了子公司的形态，但核算上保持内部核算模式，往往是一个企业对另一个企业的兼并收购，称为战略收购。

因此，财务收购往往是现金支付，且使用金融杠杆，举债筹资是常用的做法。而战略收购是业务布局，可以采用换股的方式进行。

换股后，被收购企业原股东持有的股权将消失，变为持有收购企业的股票。持有的数量来自两个企业的市价交换率。

换股后，得到新的总股数，再考虑合并后的总盈利是否变化，可以得到新的每股盈利。换股后的每股盈利变换，会受到两个企业的盈利水平和估值水平影响，如果被收购企业的估值很高，则发出收购企业的盈利水平将被稀释。只要两个企业的市盈率不一致，则合并后的新公司每股盈利将发生变化。

思维模型：

在换股并购情况下，已知，交换率 =（被收购方股价/收购方股价）× 溢价比率。例如 B 公司股价为 35，A 公司股价为 64，B 公司认为自己的股价被低估，应该达到 40，溢价率为 40/35 = 1.14，则不能按照 35/64 = 0.547 的交换率，以 A 企业的 0.547 股换取 B 企业的 1 股。要按照 40/64 = 0.625，如果 B 企业有 20 万股，则 A 公司增发 12.5 万股。如果 B 原股东持有 100 股，则现在变为持有 A 企业 62.5 股。

收购企业与被收购企业的盈利对比，如图 3 –6 所示的三种情况。

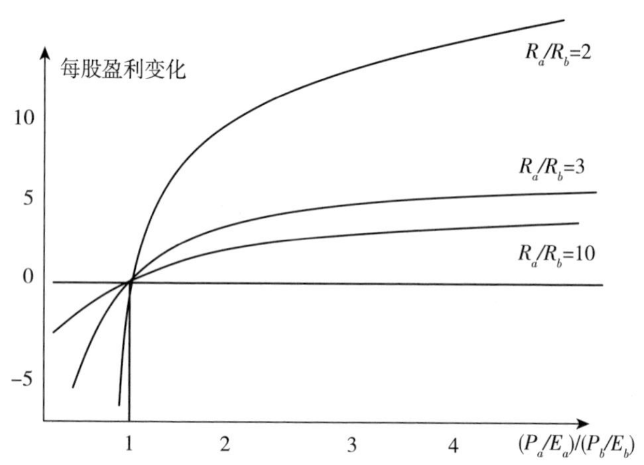

图 3 –6　收购企业与被收购企业的利润比

如果用 a 表示收购方，b 表示被收购方，P_a/E_a 表示收购方的市盈率倍数，P_b/E_b 表示被收购方的市盈率倍数，R_a 表示收购方的利润，R_b 表示被收购方的利润。

可以发现，收购企业与被收购企业的市盈率之比越高，收购企业与被收购企业的利润之比越低，则收购企业的每股利润增幅越大。

65. 小型私营企业与大型上市企业有哪些价值差异？

小企业的数量在市场上占据90%以上，其中的小型私营企业占比更高。与小型私企对应的概念是大型上市公司，从企业类型上看，具体如图3－7所示。

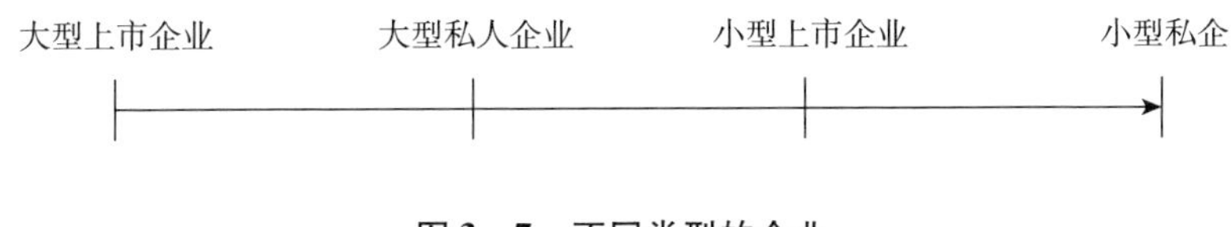

图3－7　不同类型的企业

从金融家角度看，小型私企与大型上市企业的价值差异主要有以下几个方面。

首先是业务机会的多少。上市公司可以接受的产品和项目范围较广，小型私企的业务机会则大幅减少。大型上市企业在金融市场上，可能有较低的资金成本，能够承接更多的业务机会，但小型私企的资金实力较弱，不能承担风险的损失，需要对业务机会选了再选，挑了再挑，一次错误可能是最后的错误。

其次是营业成本。小型私企难以从供应商获得信用成本，难以享受每单位固定成本的降低。有时候小型私企看起来成本较低，是因为忽视了机会成本。例如职业经理人的成本在大型上市公司，是被管理费用充分处理，但小型私企的经理人，可能不区分自己薪酬与自己在企业的投资回报，在考虑企业的经济价值时容易忽视这一机会成本，而且这时的企业家可能身兼数职，承担了多个岗位的机会成本。

最后是税收的差异。政府对企业的纳税税率不同，减免比例不同，折旧摊销方式不同导致缴纳税收的快慢不同，使得现金流变化不同。当企业家决定是否投资一个大型投资产品，评估净赚的现金流时，需要考虑在税率上的差异。例如有可能小企业自身不纳税，是合伙制，合伙人按照个人所得税去纳税。同时，薪酬的税收和股权收益回报的税收不一致，也导致经营成本不一致。

小型私企效率较高，重要的原因是股东极少，股权非常集中。这也是为什么有一些大型上市公司愿意退出上市，回归成私人公司。股权集中，导致股东与经理、高管层与员工层的代理成本较低，也就是企业家本身可能就是经理和高管层，本身就是员工，使得所有权和经营权没有分离，决策权和执行权没有分开，利益合为一体，分歧的可能性降低。

同时，小型私企在某些监管上较弱，因为其负外部性较小，例如在决定股利分红时，会计标准和信息发布受的约束较少。

总之，估计小型私企的误差要比估计大型上市公司大很多，企业家核心个人特质与企业的价值保持了更高的相关度，分析企业家的核心特质将成为重中之重。

思维模型：

小型私企和大型企业的价值差异也可以用一个公式来衡量，设 $V = D_1/(r-g)$，其中 V 为企业价值，D 为现金流，r 为资金成本，g 为增长率，分子与分母的差异导致两类企业的 V 值差异。从分子与分母看，小型私企的不确定性更高。

在现金流的影响上，小型私企的现金流变动很大，要么是没有找到稳定的爆发性增长现金流，要么是现金流的集中风险很高，没有风险分散可言。

从增长效率看，小企业的经营效率可能比大型上市企业高。小型私企可以快速灵活地做出决策，能够从快速响应中满足市场需求，但前提是服务的方向是正确而有盈利爆发力的。如果做出的决策过于轻率，导致失误，那么会造成负效率。当然，小型私企可以用更多的试错方法，实现“船小好掉头”。

从资金成本看，小型私企尽管可以参考大型上市公司，但需要考虑打折的角度和程度不同。以债务的违约可能性为例，上市公司的有限责任保护较好，但小型私企如果发生违约，企业家自己的私人财产将可能受损，因为第一大股东常常身兼CEO经理，个人股东有时候是将身家性命风险集中在企业上。当陷入财务困境时，大型上市企业享有更多的重组机会，大而不倒，但小型私企的破产清算概率较高，难以东山再起。也就是说，小型私企的隐形破产成本很高，流动性刚性约束大，导致资本的期待回报率较高，或者说对同样一笔未来的现金流，小企业的打折程度更高。同时，小型私企的不透明程度较高，企业的现金流有多少在投资中，有多少被拿走消费，确认难度较大，要么难以融资，要么融资的成本变高，整体的资金成本的回报要求变高。

66. 企业家做好内部绩效管理与成功获得金融家融资的关联度大吗?

很多时候，企业家在考核内部绩效管理时，不但要看一个企业自身的指标在一段时期如何变化，还要看其与其他相似企业相比的表现，尤其是在行业中的位置，在行业衰退时的变化，去杠杆、去泡沫时，更能凸显企业家的优秀。

环境足够好时，不管企业家是否付出很大的努力，产品都会成功；当环境恶劣时，即使企业家付出最大的努力，产品还是会失败；大多数时候是中间状态，不能保证产品成功，但只要企业家足够努力，还是很可能达到成功。

没有人事先知道会出现哪个状态，金融家给出的融资和企业家做出的努力，往往都是在双方不知道的自然情况下做出的。

所以，企业家的意愿问题，是否努力、是否擅长监督和管理、是否擅长做决策和选择、是否有道德风险，都是金融家考虑提供给企业家资金时非常关注的问题。

思维模型:

企业内部绩效管理的好坏，也影响着企业家找金融家融资能否成功。

不管是企业家对管理层自己报酬的设计还是对员工的评估，例如基于客户满意度的 *NPS*，还是单位成本 *AC* 的下降，还是 *GMV* 销售增长率或 *DAU*，以及对整体部门的 *EVA* 或平衡计分卡 *BSC*，都是在证明企业家具有良好的管理，在提高 ΔP，更谨慎地监督风险投资。这即是说明企业的融资能力是企业家努力的函数。在中间状态下，如果企业家失败了，要分析两种情况，也就是将产品成功的好处拆解为两部分：

$$Y \geqslant (N/\Delta P + Q/P_s)$$

其中，Y 代表企业在融资后且产品成功的整体回报，N 代表企业家不投资也不努力时的私利，ΔP 即为产品高概率成功与低概率成功的差值，Q 代表金融家愿意提供的融资，P_s 表示产品在企业家努力之下将会成功的较高概率。$N/\Delta P$ 代表企业家在整体回报中的一部分收益，Q/P_s 代表金融家的那部分收益。

这个式子右边的两项中，一种是运气差、环境不好的后半项，另一种是自己没有太努力或私利较重的前半项。由于企业家是否努力和是否私利重很难观察，如果说仅仅是运气差，这时候就要看行业里其他的企业家，如果其他企业家的表现还不错，说明不是环境运气问题，金融家应该再思考是否对这个不努力的企业家进行一定的融资。

67. 企业的成长曲线取决于哪些要素以及如何组合?

一个企业的诞生，是企业家组合了各项要素的结果，这些要素产生了新的产品和服务价值。保持这些要素之间的优化，是企业家终身的重点工作。从金融经济学来看，首先的要素是金融资本和实物资本 K，包括债务和股权、土地、牌照等；其次是劳动的投入 L，主要是企业家自己的战略思考、管理劳动和员工劳动等；最后是将这些要素资源结合起来，利用一种新的技术或模式 A 来加速。

因此，企业产值可以表示为 $V = A \times f(K,L)$，例如经济学中被广泛使用的生产函数——柯布—道格拉斯函数，即 $Q = A \times (K^{\alpha} \times L^{\beta})$，其中 Q 是

企业的产出产量，A 是技术优势或战略方向或商业模式，被称为全要素，α、β 是资本和劳动对企业产出的灵活性系数。有时候 $\alpha + \beta = 1$，这被称为规模报酬不变型，表明生产效率并不会随着生产规模的扩大而提高，只有提高技术水平，才会提高经济效益。例如有人曾经算出美国几十年间全国的产出表达式为：$Q = 1.1 \times (K^{0.75} \times L^{0.25})$。这表明，企业的产出是三大要素的有机组合，而组合的产出能力来自企业家的管理能力。

思维模型：

企业价值表达式的图像，说明了在企业的不同阶段，参数的取值不同，企业的成长曲线走势不同（见图 3－8）。

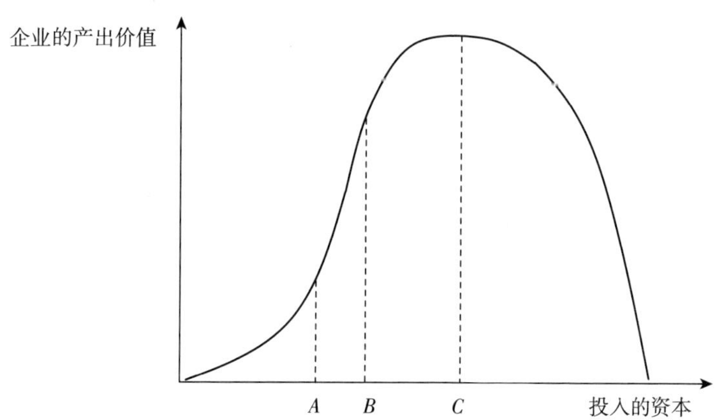

图 3－8　不同资本投入的企业产出价值

可以发现，企业的生命周期表现出的价值，随着要素组合的不同而发生变化，从最开始起步后，进入高速增长，产出的速度增加，且速度越来越快，也就是增长的速率越来越高，达到 A 点。

在 A 点以后，企业的增速开始下降，但这时企业的产出能力依然在提高，只是提高得越来越慢。随后，产出的速度达到最大，即 B 点。而后开始下降，但这时产量还在增加，企业的总价值还在提升，直到 C 点。

过了 C 点以后，企业的产品已经不适合市场的需求，或者企业的管理能力已经处于落后的位置，这时企业价值将一泻千里，快速走向破产。即使投入较多的资本，也不能在原来的产品和模式上取得成功，部分企业家会加入新技术，让该产出曲线整体上移，延缓这种衰老。

只有极少数企业家突破革新，重新构建产品，可以在此基础上再开辟第二曲线。当然，第二曲线依然避免不了这种破产的结局，只是优秀的企业家可以充分地延长起点至 *A* 点，*A* 点至 *B* 点，*B* 点至 *C* 点的时长，尽可能晚到达 *C* 点。

与此对应的是，企业成本曲线的变化，具体如图 3 –9 所示。

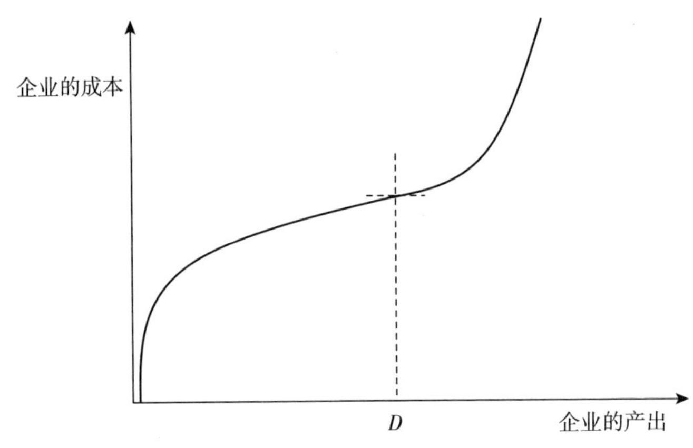

图 3 –9　企业成本曲线

我们可以发现，成本增速由快转慢后会在一个拐点 *D* 后便快速增加，这会大大吞噬企业的收益和价值。尤其当企业不能带来更多更高的收入，或无法尽可能延缓高成本时点的到来时，将快速步入破产。企业家只能在成本最大值快速到来之前，持续努力降低各项成本，以此来抵御成本的反弹。

68. 金融家为什么不用期末与期初比值来考查企业的投资回报率？

企业家给股权金融家提供自己能赚取的年化回报率数据时，往往喜欢用（期末 - 期初）/时间。例如以今年年末股价减去前年末的股价，再除以 2 年的时间来计算。回报 $R = [(p_1 - p_0) + d]p_0$，其中，d 是股利红利。但金融家往往不接受这种做法，甚至认为企业家在作假，为什么？

金融家认为，企业家所有的回报水平，是承担了累计风险的结果，因此宁可把风险高估一点，收益低估一点，也不可“高估收益、低估风险”。

除此之外，实际的企业增长、企业家的股票在市场上被交易时，也是新一年的增长在旧一年的基础上实现一个百分比的乘法增长，或者后一日的股票价格是在前一日价格上乘以一个百分比，而不是简单地加上一个百分比。例如，当得到一个企业家的股票月度收益率为 1.5% 时，不能说年度的收益率是 0.15% ×12，而是等于 $(1+0.15\%)^{12}-1$。

思维模型：

金融家核算投资回报如果采用的是（期末值 - 期初值）/时间，得出的是一个算术平均值，如果采用公式 $\sqrt[\text{时间}]{(\text{期末值}-\text{期初值})}$ 会得到一个几何平均数。从经典不等式 $(a+b)/2 \geqslant \sqrt{a \times b}$ 可以看出，左边是算术平均数，右边是几何平均数，算术平均数往往总是大于几何平均数。因此，金融家出于谨慎的考虑，防止将风险溢价估算得偏高，会选择低一点的回报率计算水平。

可以看出，几何回报率说明了自然界隐含着复利关系，这种利滚利是金融家非常看重的东西。不同类别不同期限的回报率之间，存在如下换算关系，$r_1 = \left(1+\frac{r_2}{N}\right)^{T \times N} - 1$，也就是说如果一年内的复利期数 N 越多，T 年后持续复利以后的回报率 r_2 越能反映背后的自然增长率，$r_2 = \ln(1+r_1)/T$。

当这个被计算出来的回报率，用于下一阶段的增长时，金融家能够更稳健地预测出结果，而不是容易虚高失真。所以，几何的复合平均回报率是金融家更愿意采用的预测指标计算方式。

69. 企业家和金融家看待投资项目时有什么不同?

企业家相对于金融家，往往具备某个行业的专长，同时也往往更加聚焦于看得见、摸得着的实体业务，常被称为实体经济。与此相对应，金融家更注重投资回报，总是以投融资回报和投融资风险来看待所有的行业，有一种“有了锤子哪里都是钉子”的“虚拟经济”视角。

对于很多企业家而言，认为具备三个条件的就是投资项目：一笔初始成本、一段时间的现金流、结束后的残留清算价值。企业家面对投资项目就需要做投资决策，但金融家往往认为，只要是使用了公司内部稀缺资源的所有决策，大到战略决策，小到物品采购，都属于投资项目的投资决策。

金融家一般认为，进入一个新的市场或行业、收购兼并其他公司，是最重要的战略投资决策；对现有市场进行扩展、对产品进行升级迭代，是常见的重大投资项目；对存货政策的调整、小型科技信息系统的建立，是容易忽视的投资项目。

企业的投资项目一般分为四种类型，即先决、互补、独立、互斥四类。这四类项目是具有一定逻辑关联的。

当企业家把企业的每一笔投资都在逻辑关联上区分好后，就容易判断每笔资金对企业价值的整体影响。尽管金融家没有企业家这么多的内部信息，但金融家会盯着企业家的股权价值变化，如果股权价格因为企业家的投资项目决策发生了变化，一定是企业家在四类投资项目的单类上做出了合理或不合理的决策，或者忽视了某一个项目对全局的影响。

思维模型:

一般的投资项目默认是独立的，独立于其他项目，但实际上这种项目非常少。很多投资项目是互补的或先决的，互补即该项目可以为内部供应链提供价值，先决即是该项目是其他项目得以实施的先决条件（见图3－10）。

图 3－10　企业投资项目类型

项目之间相互影响，这就要求企业家投资时，充分考虑项目之间的联动性，不能将所有项目都默认为独立项目。

企业家尤其要聚焦于互斥的项目，也就是二选一的项目。互斥的投资项目往往隐含着产品同类相食的可能性，也就是企业家推出的新产品会与现有产品发生竞争，很多企业家会认为这是新产品的负效应，在考虑新产品投资项目时，就容易把现有产品的现金流量或利润下降额作为成本来考虑。一旦考虑这种互斥性，新产品很可能会被理性地否决。

假设企业的一个竞争对手也正在开发该类新产品，那么他不会考虑对竞争企业存量产品的同类相食，而是企业的新产品会蚕食存量产品。这样一来，企业家就会把市场输给竞争对手而不是输给自己。最典型的案例是，柯达相机公司的破产，是由于竞争对手的数码相机抢占了自己的胶卷生存空间。可是，数码相机是谁最先发明的呢？不是其他竞争对手，正是柯达公司。柯达公司担心数码相机会同类相食自己的胶卷业务，因此做出了错误的决策，放弃了对数码相机的投资。

70. 金融家一般分几个角度看待企业家的业绩回报率？

企业家创造回报率，一般会用会计报表来反映。会计报表中，最直观的是用企业的利润指标除以企业的资产指标。

由于企业的利润指标除了受到经营层面的影响，还受融资借贷利息和税收影响，因此，金融家一般将企业家的利润拆开，根据不同情况来分析。同理，企业家的资产指标构成，也可能受到不同种类的影响，有可能是在股权资产之外还有借贷的债务资产，也有可能是不同期限的资产和不同计价方式的资产，比如企业家向金融家借债的期限不同，那么对企业家的经营状况、创造回报的稳定程度都有不同影响，因为一个长达数年甚至几十年的债务，本质上更相当于股权资产所发挥的作用。

如果将资产总额拆分成流动性资产和非流动性资产两部分，把流动性资产拆分成三部分：现金及有价证券、应收账款、存货；把非流动性资产拆分成三部分：固定资产、无形资产和长期投资；长期投资又可以分为股权投资与债权投资，由此可以看到具体是哪一部分在影响总资产的变化，继而影响了资产的周转速度。一般来说，应收账款和存货等经营方面的会严重影响企业的灵活调整速度。

（总资产/股权资产）被称为权益乘数，也就是看权益撬动负债的程度。当然负债可以分为长期负债和短期负债两部分，长期负债可以分为长期借款和应付债券两部分，短期负债可以分为应付账款、应付票据、应付费用三部分。通过拆分，可以查看企业在负债构成方面的长短、来源、形式等几个方面，根据结构合理性和风险大小，及时发现筹资中的问题。

思维模型：

考查企业家创造的回报率高低，最根本的是从多个角度考查金融家投入的股权产生的利润情况如何，因此用（税后利润）/（股权资产），即权益报酬率 ROE 来反映企业家的综合能力。股权资产可能只是总资产的一部分，也就是说，企业家也可能以举债来加杠杆，通过债务的驱动来获得企业利润。

因此，可以将 ROE 拆分成两部分，一部分是股权资金吸引了多少杠杆，另一部分是吸收债务资金形成的资产和股权资产合并的总资产产生了多少回报。也就是税后利润/股权资产 = 税后利润/总资产 ×（总资产/股权资产）。

其中，税后利润 / 资产平均总额，被称为资产报酬率（ROA）。这一比值的获得来源于两个方面：一个是每一次产品的获利能力，也就是销售的利润率；另一个就是一年获利的次数，也就是说要么单利很高，要么薄利多销，快速周转。

因此，ROA 可以拆分为销售净利率与资产周转率。即税后利润 / 资产平均总额 =（税后利润 /销售额）×（销售额/资产平均总额）。当然可以看出，$ROE = ROA + [ROA - i(1 - \tau)] \times (D/E)$。其中，$i$ 为负债额的利率，τ 为税率，D 为负债额，E 为权益额。

如果将税后利润再展开，则税后利润 = 销售收入 - 成本费用 - 税额，其中的成本费用又包含三部分：销售成本、管理费、利息。因此可以得到每一项与销售收入的比例，这样可以观察企业家的每个明细方面的盈利能力和成本控制能力。

71. 企业家如何借鉴金融家视角快速辨别海外投资的政治风险?

部分企业家认为，投资其他国家虽然可能有更高的回报，但增加了企业额外的风险，应该谨慎考虑投资海外项目才对。另外的企业家认为，自己在国内有投资项目，在国外如果再有一笔投资，可以分散风险，国内不盈利时国外盈利，这样企业整体的回报水平更稳了，风险可以降低一点。

那么，哪一种更好呢?

金融家认为，除了风险表面的国际分散化，更重要的是依据具体的国家考虑具体的风险。例如去美国投资和去巴西投资，两者的政治风险和汇率风险不一样。确保分散后的风险，远远小于在一个国家集中投资的风险。

那么，国家风险和汇率风险很抽象，究竟如何观察呢?金融家一般会看两个方面的指标：一是对外出口赚的钱和向国外借的钱，两者的比例高低；二是考查该国的信用评级情况。

思维模型：

企业家投资海外项目时可利用比率型指标辨别政治风险。在外贸企业的短期指标中，设企业出口的收入为 R，应偿还的本息是 O，则偿债率 $\lambda =$

$\frac{R}{O}$，可以发现 λ 值有的大于 1，有的小于 1；如果不仅关注短期的指标，还想了解历史沉淀的情况，则可以看过去从国外得到收入转化为外汇储备 Y 与进口额 I 的值，即进口率 $\theta = \frac{I}{Y}$；当然还可以考虑这个国家的投资率等其他指标。

除了比率型指标，还可以使用国际评级机构评定的国家债券信用等级，来估算该国的系统风险，信用等级与违约的相关联系。

由图 3-11 可见，不同信用评级的国债利率的差异率随到期时间的变化而有所变化，总体来看，信用评价越高，利率差异率越低，如 AAA 级信用的利率差异率最低，AA 级国债次之，而信用等级略差的 BBB 级的差异逐渐增加。当然，增长速度缓慢递减的利率，也是利率期限结构的反映。

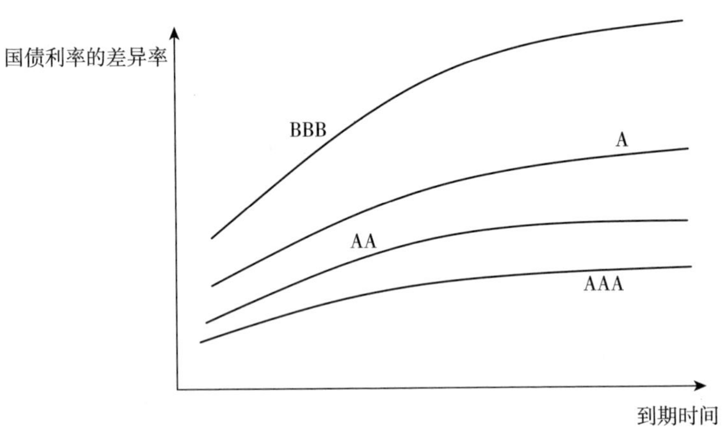

图 3-11　不同信用评级的国债利率的差异率曲线

72. 企业家如何借鉴金融工程思想做好“假设推理”的思考？

在企业的运营中，企业家将面临各种风险的冲击。能够更清晰地认知风险的后果，让企业在面对各类场景和冲击时能够提前防备或博取收益，是企业家管理决策的精华。

因此，企业家需要与金融家一样，从风险管理中把握市场的变化。一般地，企业家首先要对一个产品或项目做盈亏平衡分析，揭示决策错误的严重后果。

除了考虑盈亏平衡点，企业家可以考虑每种冲击带来的敏感性变化，由于企业的净利润增长是由收入和成本决定的，收入分为营业收入和营业外收入等，成本分为固定成本和变动成本等，这相当于利润这一变量是由各个分变量构成和影响的。那么，可以假定每一变量随不同状态变动时，在其他变量保持不变下，单独考虑分析它的冲击量。这样可以覆盖容易忽视的死角，获得消除感觉上的安全错觉，被称为敏感性分析。敏感性分析可以揭示哪些方面需要收集更多的信息。

当然，敏感性分析自身也有不足，就是容易忽视各个变量之间的内在扰动，也就是说，变量之间本身是互动的，但敏感性分析默认其是相互独立的，变量的意义容易失真。因此，可以在此基础上，考查各种场景，例如通货膨胀发生、流动性枯竭、政府强监管时，这些场景会触发各个因素的变动，类似于压力测试。如果说纵向分析是敏感性分析，那么情景分析就是横向分析，充分考虑了具体时空环境的可能性。

最后，如果考虑到敏感性分析和情景分析方法均较为单薄，不能包含所有变动情况，可以采用计算机多次模拟。计算机模拟时，可以分为五个步骤：

一是确定具体的变量指标，例如利润额、成本等；

二是确定每个指标的分布情况，分布是表示在某个取值下出现频率的高低排布，例如取高中低时，对应的概率分别为60%、30%和10%；确定概率的分布是一个细致的步骤，尤其要考虑历史情况、变量之间的相互关系、没有选择性偏差等；

三是根据各个明细指标分布的概率得到多个总指标的计算结果；

四是重复模拟很多次，成千上万次的模拟计算，得到总指标的分布情况；

五是根据总指标的分布情况，计算各种情况和各个年度下的目标值。

这种模拟被称为蒙特卡洛，充分考虑了变量之间的相互影响，提供了全面的分析。通过这一过程，可以更加深度地实现对决策的认知和产品的理解。随着互联网时代大数据的来临，企业家越来越具备采集各类数据的条件，从而用此方法，实现更好的定量化模拟，让企业家做好对“如果……那么……”的深度思考。

思维模型：

企业在发展过程中，想要做好生产规划和预算工作，提升企业的盈利能力，可以通过销售的计算公式 $Q \times (P - C_v) \times (1 - \tau) = (C_T + f) \times (1 - \tau)$，得到盈亏平衡时的销售量 Q，或者计算现值的盈亏点 $Q \times (P - C_v) \times (1 - \tau) = EAC + C_T \times (1 - \tau) - f \times \tau$ 得到产品定价和产量的具体数值。

其中，C_v 为变动成本，C_T 为固定成本，τ 为税率，f 为折旧，EAC 为摊派计算得到的成本，称为约当平均成本，也就是初始投入总额，通过年金系数折现后，得到的值约等于年度的平均投入额。

图 3 – 12 中，AB 为利润，BC 为变动成本，CD 为固定成本。代表销售额的线 AO 与代表总成本的线 EF 相交于 F 点，当成本线高于销售额时，处于亏损状态，即图中的亏损区 OEF；同理，可得利润区 $ABF/$。

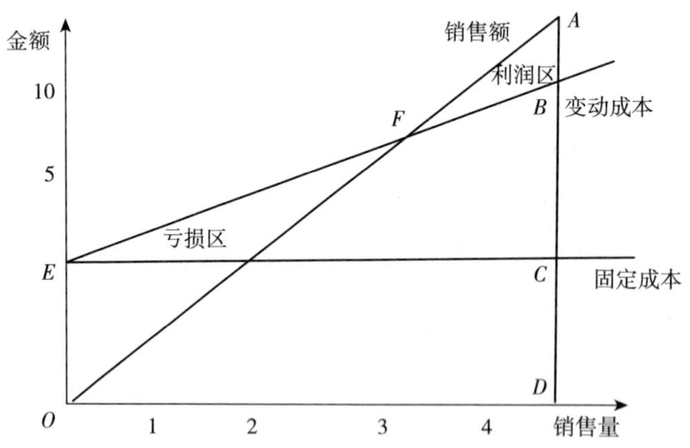

图 3 – 12　企业盈亏平衡点

在此基础上，考虑各种条件下，利润对每种因素的敏感性变化，可以用图 3－13 图形观察：

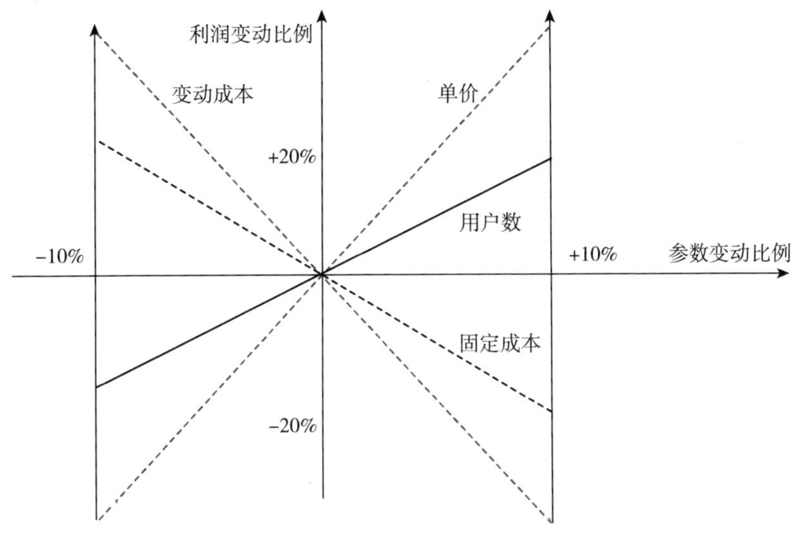

图 3－13　企业利润的影响参数

图 3－13 中，当固定成本、变动成本、产品单价、产品数量的用户数发生任何变化时，可以看出其作为参数，是如何影响利润变化的。每种参数，对利润影响的斜率不同，也就是对利润变化速度的影响不一致。

73. 企业家为什么需要用金融期权思维洞见业务的“机会和债务”？

企业的设立和发起需要启动资金。这部分资金若全部源于外部，则是正式借款，若全部是自有资金，则相当于自己向自己借钱，若来自风险投资金融家或他人的股权资金，基本是优先股，相当于借入可以全部亏损、不还的钱。最典型的是一些项目公司，最开始 100% 通过募集债券项目资金，项目结束后将会解散，那么在项目结束、企业解散前，债权人会根据项目企业的发展情况，得到不同的收益。如果项目企业很成功或较成功，则债权人将得到全部本息，额外的归股东；如果项目企业不成功或完全失败，那么债权人将不能全额收回本息，股东更不能得到任何收益。

企业家作为股东，往往看重的是企业未来成长的爆发力和盈利可能性，有时就算暂时不挣钱，但存在盈利可能性，企业家的冒险精神也会促使选择这样的机会。如果一个业务或方向的波动率大，那么对应着期权的价值也大，股权价值就是一种期权价值，因此股权价值就大。当波动不足的时候，也就是一单位的产品波动不能带来一单位的权益价值时，任何新增的价值都会有一部分进入债权人手中，企业家有较强的动力来增加企业资产收益的波动性，寻找新的盈利可能。

思维模型：

图 3-14 中，企业家最开始借入了 100 万元本金设立企业，当企业的投资回报低于 100 万元时，股东收益为 0，当大于 100 万元以后，全部归股东，这时股东收益与企业收益保持一比一（45 度角），实线为股东收益走势。

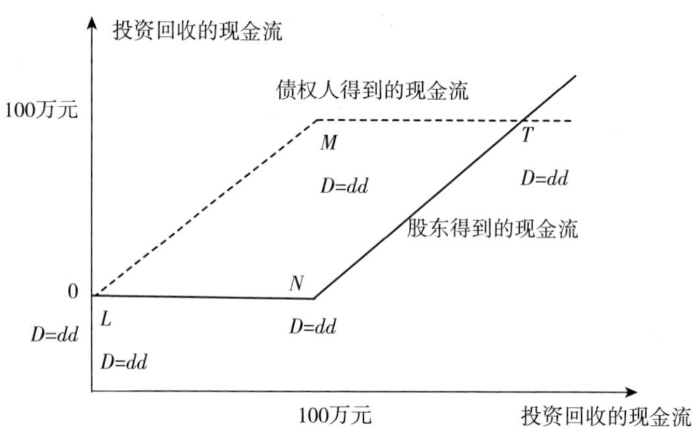

图 3-14 债权人与股东的收益关系

同时将图中债权人的收益也画出来，如虚线 *LMT* 所示，可以发现，企业现金流收入 100 万元以前，债权人的收益与企业收益保持一比一变化，当达到 100 万元以后，债权人的价值不动，就保持在 100 万元本息的水平。

可以发现，股东的价值，即 *LNT* 走势，是以企业为标的的看涨期权。

企业家作为企业的责任人，其在企业的权益，可以看成是企业总价的看涨期权。从这个角度上讲，债权人才是企业的拥有者，股东只是拥有企业的看涨期权，只不过有一个履约价。只要超过履约价，股东就可以行权，企业的拥有者将变为股东。

反之，也可以从看跌期权角度分析，即债权人的 *LMT* - 走势，这个期权的卖方为债权人，这里的债权属于按期还本，中间不付息。企业家作为股东，已经将企业出售给债权人，并签订以特定价格买回的期权合约。期权的履约价格为债券面值，到期日为债券到期日。

期权在到期日时的价值就是股票的价值，即：$V_{op} = \max(V - D,0)$ ，V 是到期日企业的整体价值，D 是债券面值，也是期权的履约价格。

而债券的到期价值是 $V_D = \min(V,D)$ ，若 V 大于 D，债权人只可以有债券面值 D，股东来履行期权合约；若 V 小于 D，则债权人成为公司全部价值的所有人，股东一无所有。当然，股东对企业债务负有的是有限责任，因此，期权价值到期不为负。当期权暂时还不具备权利时，称为虚值，金融家对此的表述是 $Delta < 1$。

如图 3－15 所示，B 为负债的本金和利息，只要企业的总价值 V 小于企业所欠的债务 D，则企业价值 $= V_D$ ，此时企业家的期权价值V_{op}就为 0，当超过 D 以后，则债券面值 D = 本金及利息的 B，此时股权价值 E 等于总价值扣除本息之后剩余的部分，即 $E = V - B$ 。

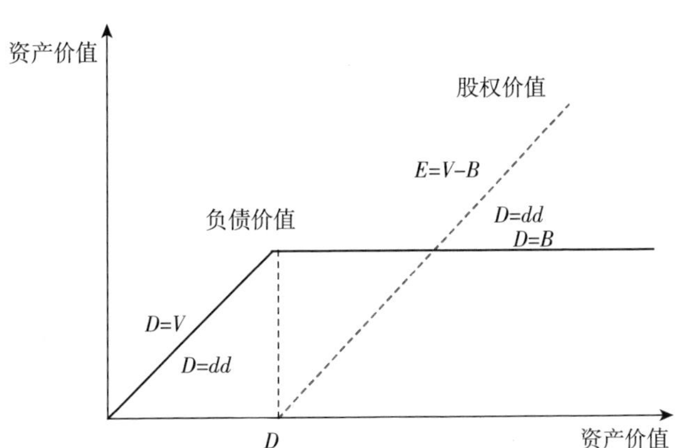

图 3－15　期权价值思维下的负债价值与股权价值

74. 如何定量化评估企业家与金融家协议中的权责?

企业家常常与金融家签署各类协议，约定某一方未来具有什么样的权利。例如融资到期后，有没有续期的权利，或者提前还款的权利。又如最开始通过借贷，发行债券募集的资金，企业家后面可否将这部分债权资金转化为股权资金，不再偿还这部分债务。

这些场景隐含了一种期望的权利，也就是未来的权利，即期权。一旦拥有这项权利，那么未来就是实施这项权利；反之，一旦出卖了这份权利，未来将有履行的义务。如果总是从买入或者卖出的角度看，未来的这份权利可以分为未来买入的权利或卖出的权利，称为买权和卖权。

当然，今天就拥有未来的权利，是需要成本和代价的，今天可以花费一定的成本买入这份权利，也可以先出售这份权利，获得权利金，未来如果要履行时，需要履行自己的义务。也就是说，企业家今天将面临两个动作，买入权利或者卖出权利。

如果结合权利的内容分为买入和卖出两项，那么将得到四种结果，即买买权，买卖权或者卖买权、卖卖权。当然，未来的买权和卖权里面会确定一个到期执行价格，以什么样的价格来买入或卖出。因此，如果企业家拥有一个未来的买权，当未来约定情况中的标的物价格变得很贵时，企业家将有利可图，因为可以用一个很低的现在约定价去买入，中间的价差将是企业家现在拥有买权的好处。如果到时候标的物的价格，等于或者低于现在市场的价格，那么企业家可以主动选择不执行这项权利，最大的损失就是购买这项权利的权利费。反之，如果企业家拥有一项卖权，当未来标的物的价格变低时，还能以约定的高价卖出，中间有价差可得，未来如果价格还上涨，则不执行这项权利。

这项权利的现价通常受到五个因素的影响：

一是这项权利约定的标的物的波动性，因为变动的可能性越大，权利未来大涨的可能性越大，那么有利可图的机会和空间将很大；

二是到期时间，到期时间越长，未来的权利可实现的机会就越多，触碰权利生效的空间就大；

三是外部市场的无风险利息率，如果外部无风险利息率越高，购买权利的机会成本很高，那么权利的费用也会水涨船高；

四是标的物本身的价格，依附于一个昂贵事物的权利的费用一般在同等情况下也会高于一个便宜的标的物；

五是合同中约定的未来执行价，如果是一个买权，那么未来的执行价越低，买权越容易达成，且买入后的价差空间越大。

因此，当谈判一项未来的权利时，需要从这几个角度出发详细思考。很多对赌协议导致企业控制权转移，或者保障协议沦为一纸空文，企业家忽视了背后的这些因素。例如购买一份保险，就可以从期权思维出发，思考被保障对象的变动情况，保障的期限，未来加息还是减息走势，以及履约保险时的执行价的高低。

期权用得好，会给企业带来杠杆效应，会更好地保护企业，也会对企业的资产和负债更有洞见性。可见，重视期权思维，使用期权价格的影响因素进行定量分析，就可以评估未来权责的影响。

思维模型：

企业家与金融家签署的协议或合约中的期权权益可以表示为：买权价值 $= \max(X-S,0)$，卖权价值 $= \max(S-X,0)$。

如果企业家要保护自己的权益，需要估算这项未来期待的权利会受什么因素影响。以一个买权为例，可以从金融学推演的精确公式中发现：$C = X \times N(d_1) - S \times N(d_2) \times e^{-T \times R_f}$，其中 $d_1 = \{ln(X/S) + T \times [R_f + (1/2) \times \sigma^2]\}/(\sigma \times \sqrt{T})$，$d_2 = d_1 - \sigma \times \sqrt{T}$。其中，$X$ 为执行履约价、N 为一种用分布函数表示的可能性、S 为资产价、T 为权利期限、R_f 为市场无风险利率、σ^2 为资产的波动幅度。$N(d_1)$ 和 $N(d_2)$ 分别表示取值小于或等于 d_1、d_2 时的正态函数可能性取值。从表达式可以看出，一项未来的权利的现价，确实受多个因素的影响。

75. 企业家实施股票期权为什么需要设定行权时间?

实施股票期权的目的在于激励管理层保持与企业价值最大化的目标一致性，减少代理成本和监督成本。理论上，股票期权中约定了履约价格，当股票价格小于期权的履约价格时，期权的价值将变为0，期权者不会行权，当股票的价格大于或等于履约价后，期权的价值保持与股票同价。

由于企业家授予期权以后，期权的获得者有购买股票的灵活性。只要距离期权的到期日还有一定的距离，那么期权就充满了希望，获得期权的管理层得到的期权价值就有可能大于理论价值。例如，A公司的股票价格现在是100元，期权的履约执行价格也是100元，则执行了在理论上没有价值的期权。但是如果这个期权还有几个月甚至几年才到期，那么这中间不排除股票价格超过100元的时候，只要这样的机会存在，则期权的获得者就有可能获得收益。

因此，企业家有必要设立虚值期权，即期权中的履约价大于目前股票价或等于股票价，只要保证还有相当一段时间才到期失效。因为期权高出理论价值的这部分价格，部分地决定于距离行权的到期日。企业家可以激励期权获得者，在一段时间内，博取企业股票波动性成长的收益。

思维模型:

管理层作为企业的运营者，与企业家既存在利益共荣性，也存在利益分歧点，需要企业家采取激励和约束手段，设定期权有利于减少委托代理的监督成本，促进管理层和企业利益趋同。

一般的期权价格与到期日的关系如图3－16所示。

由图3－16可以发现，随着到期日从近至远的A到C，时间机会越多，所构成的时间价值越大，期权的实际价值越逐渐升高，走势如同曲棍球杆。球杆的斜率＝期权的价格变化/股票的价格变化，被称为Delta，即希腊字母δ。

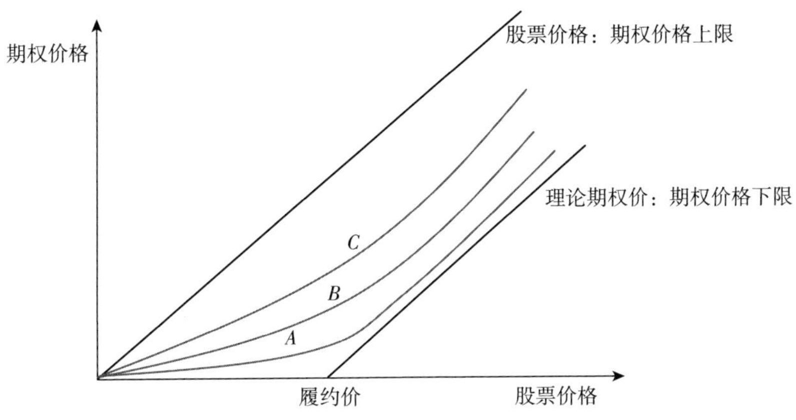

图 3－16　期权价格区间的股票价格曲线

期权价格超过理论的最大溢价部分，发生在履约价格点附近。而且，随着到期日的临近，期权价值和股票价值之间的非线性凸性变化越强，价格曲线的弯曲程度越厉害。因此，对于期权获得者，提前履约总不是最优选择，伴随着企业成长，可以获取更大收益的机会价值。

76. 企业家在长期看好业务的情况下如何借鉴金融套期保值工具保护企业？

有时候企业家对自己的资产看好，对其长期的表现非常有信心，但如果短期内遇到较大的波动，资产价格会下跌，那么为了对抗这种市场风险，是否会将该项资产卖出，等到合适的时机再买回来？这样做有一个很大的问题，就是交易成本较高。

面对市场的价格变化冲击，例如航空公司企业家防止油价大涨，农业企业防止农产品价格下跌，出口商企业防止本地货币严重贬值，企业家为了保值，都可通过签署未来的金融合约来保护企业免受冲击。

当企业家未来准备卖出某项产品，担心产品下跌时，那么现在可以找到交易对手，签署一份协议，约定未来卖出这份产品的价格。这样做的好处是，当未来产品价格真的下跌很惨的时候，企业家手上的产品也会跟着跌得很惨，即现货会亏钱。但手上的这份合约里面约定的价格，会比跌过后的价格高出很多，同时这份协议里约定了卖出行为，此时按照合同中约定的价格卖出，企业家又可以盈利。一边是亏钱，一边是赚钱，一亏一赚相抵消以后，企业家相当于保护了手上产品。

反之，当企业家准备买入某项原料产品，担心原料产品上涨时，现在可以找到交易对手，签署一份协议，约定未来买入这份原料产品。这样做的好处是，当未来原料产品价格上涨很剧烈时，去市场采购的价格将会很高，也就是采购会亏钱，不划算。但手上的合约里面约定的采购价格，会比涨过的价格低出很多，而企业家在这份协议里约定是买入方，那么按照合同中约定的价格买入时，企业家不受涨价的干扰。同理，一边是赚钱，一边是亏钱，一赚一亏抵消以后，企业家保护了原料采购成本的平稳。

企业家之所以可以用这种原理保护自己的销售或采购，就在于通过合约成功地锁价，即用今天的合约锁住了未来的价格。

如果该产品市场上对应的还有金融期权产品，那么同样可以找到套期保值比率，即对冲比率 Delta 值，即期权“曲棍球杆斜率”，利用金融期权来实现对冲。

企业家在收到客户的定制型产品、预收账款业务、提前布局采购价、赊销时，都使用了远期合约思想。如果不想一对一找交易对手来签署远期合约，也可以去金融市场，参与标准的远期合约，直接买入卖出，即大家所称的期货市场。

当然，参与远期市场或期货市场时，需要特别注意交易的细节，例如结算的方法，可能需要每日结清的无负债，也可能需要不同的保证金比例，以及买卖平仓开仓的时间及最后交付交割的标准等。这里的细节如果参与不当，或者认为甜头过大，单独以此为盈利来源，脱钩了企业本来的业务风险保护需求，违背了 $(P_{t+1}-P_t)=A+B\times(F_{t+1}-F_t)$ 中的 B 系数大小，不但不能控制风险反而会放大风险，容易成为炒期货的失败者或破产者。公式中，P_t 为第 t 期的现货价格，F_t 为期货价格，B 为避险比例。

思维模型：

企业想要利用金融工具做好套期保值工作，需要明晰产品未来价格和当前价格的关系。

假设一项产品未来的价格总是与现在的价格保持关联，这种关联即是：$F = X \times e^{T\times(c-y)}$。其中，$F$ 是未来的价格，简称远期价；X 是现在的价格，简称现货价；T 为合约约定的未来到现在的时间区间，c 代表持有成本，y 代表持有收益。

持有成本是持有资产的成本，例如储存成本、保险成本、运输成本、融资成本等。持有收益是持有资产的好处，例如餐饮企业持有原料，保证餐饮店的正常运转。持有收益取决于未来产品的稀缺性，如果产品未来越有可能稀缺变贵，那么持有的好处越大。一般地，由于持有成本的存在，持有物品不划算，例如一项物资加上持有的储存费以后，会变得更贵，也就是远期价大于现货价，$F > X$，出现升水。

但如果持有成本被持有收益抵消，因为现在物品缺货，现在持有就会很划算，$y > c$，进而现在的持有需求会超过未来的持有需求，现在物品价格会高于未来价，即 $X > F$，出现贴水。

77. 为什么企业家管理存货与管理现金有相通之处？

企业家在存货管理中，不管是采购端、生产端还是销售端，都涉及储存成本，储存成本随着物资的存在而持续存在。同时，每采购一批物资，每一批次也总有批次成本，例如运输成本或谈判成本。

那么，要降低存货的总成本，最好能够找到每批货物的最优量，这样使储存量保持合理，不短缺又不至于堆积如山，同时使批次也保持合理，不过于频繁又不过于稀少。

这与持有现金一样，仅仅持有而不去投资，具有很大的机会成本，如果不持有又会面临一次次的流动性冲击。

与外部融资一样，很多借贷融资是等额本金或等额本息偿付，企业家需要持续支付类似储存成本的利息成本，如果融资量很大，持续付息的成本就较高。每融资一次，都有对应的融资成本发生。如果融资过于频繁，不仅不一定能得到金融家的支持，还会推高融资总费用；如果过于稀疏，则缺乏信贷记录，与金融家的合作深度不足，也不利于持续融资。

因此，把现金持有和融资看成是一种已有存货和未来存货，如果能够确定存货的每批容量或融资的量，则能较好地管理相关成本。

思维模型：

现金和融资成本都是企业的资源，同样需要优化配置，让资产流动起来才能产生价值，提升企业的运营能力。企业的存货也是一种资产，如果不加利用和有效管理就会造成资源浪费。

设每批量为 Q，储存成本或利息成本为 C_1，每批次的成本为 C_2，全年的总需要量是 Z，则有平均储存或利息成本为 $\frac{Q}{2} \times C_1$，全年的批次成本为 $\frac{Z}{Q} \times C_2$，可得总成本 $C = \frac{Q}{2} \times C_1 + \frac{Z}{Q} \times C_2$。

若对其优化可得最优量 $Q = (2 \times \frac{C_2}{C_1} \times Z)^{1/2}$。也就是说每一批次的最优量，依赖全年的总需求量，以及两类成本的比值关系。

当然，如果更为严谨地考虑通货膨胀等因素的影响，可以在各自成本上充分加入这些参数。因此上式可以变为：$C = \frac{Q}{2} \times [C_1(1+\varepsilon) - \lambda \times \gamma] + \frac{Z}{Q} \times C_2(1+\zeta)$。其中，$\varepsilon$ 是储存成本或融资成本上涨率，λ 为原料单价，γ 为原料价格上涨率，ζ 为批次成本上涨率，则可以得到最优量 $Q = (2 \times \frac{C_2(1+\zeta)}{C_1(1+\varepsilon) - \lambda\gamma} \times Z)^{1/2}$。由图 3－17 可见，最优量 Q 点对应的是总成本曲线的最低处，也将对应企业利润的最大值，而超过 Q 值的企业总成本，随产品数量增加而增加。

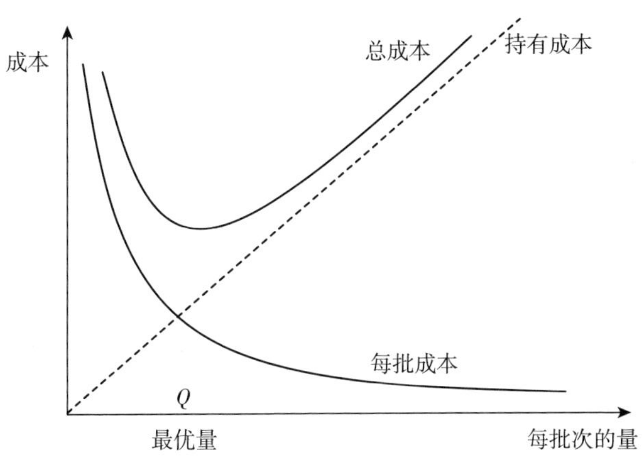

图 3－17　企业的生产成本曲线

78. 为什么很多企业家在管理应付账款时容易忽视其中的现金折扣?

一个企业对外存在应付账款时，往往说明其上游企业在采用赊销的方法拓展市场，也说明本企业在产业的供应链上属于更强势的一方。强势一方的企业采用应付账款，可以更好地管理自己的营运资金周期，以便缓冲自己对下游的应收账款账期和自己的存货周期。

赊销的企业家为了能够加快周转，常常提供现金折扣，例如早还款多久，则可以享受百分之多少的折扣。一般采用“2/10，n/60”的方式，在 10 天之内付款，则可以享受 2% 的折扣；若不享受现金折扣，则应在 60 日之内付清。

产生应付账款的企业家，容易忽视这一部分折扣，因为这部分折扣的好处比较隐蔽，这部分折扣对应了机会成本的概念，如果企业不提前支付这部分应付账款，那么隐含的假设是企业家能将手上的资金创造出更高的回报率，超过现金折扣的回报率。

思维模型：

企业家在应付账款中，从现金折扣获得的回报率 $R=\frac{r}{1-r}\times\frac{360}{T}$，其中，$r$ 为折扣率，T 为没有现金折扣时的天数与有现金折扣时的天数之差。

如“2/10，n/60”例子所示，$r=2\%$，$T=60-10=50$ 日，则现金折扣回报率 $R=14.69\%$。可以发现，企业家如果忽视这部分折扣，要么是没有从机会成本角度计算，要么是在应付账款的付款这一事件之外，还有其他的诸如持续销售、商务谈判或控制权实施等方面的考虑。如果条件允许，企业家应重视这一供应链上的金融回报率。一般地，企业的应付账款好处，会随应付账款的天数增加而降低（见图 3－18）。

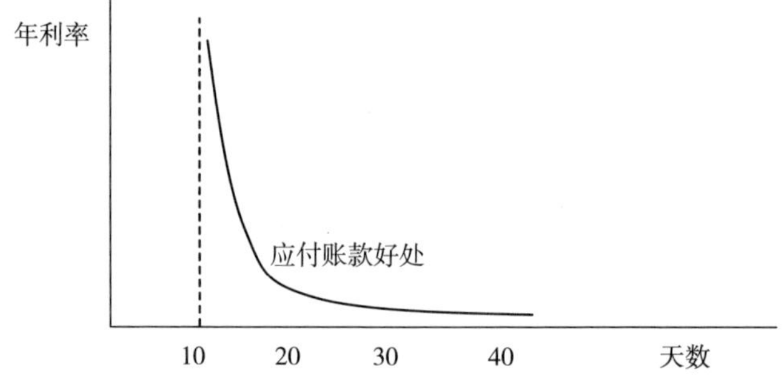

图 3－18　应付账款的现金折扣利益

79. 为什么企业家决策投融资方案要充分考虑后悔程度？

企业家实施一项投资决策，但该项决策存在很大的不确定性时，除了根据直觉来作判断，还需要抽丝剥茧从各个思维角度和流程角度来做综合评估。由于做决策总是先在会议上进行，而会议上需要投票机制，从备选选项中挑选出对应的选项。因此，思考罗列可选的选项是会议决策开始的前提，否则会议得出的结论将过于随意或者不够深入。

首先，根据假设条件得出产品的收益，但由于宏观环境过于复杂，不同的假设条件下，会得出不同的收益和成本。尽管科学意义上，找出每一个点的数值及其对应的概率值是较佳的，但由于现实世界的非连续性，要找到连续的每个点和每一个概率值，实现难度较大。因此至少需要假设两种或三种情形，例如好的时候、中规中矩的时候、不好的时候分别考虑。

其次，需要考虑不同的互斥方案，每种方案可代表一种选择，同样不可能穷举所有的方案时，至少列出两种或三种，例如方案 A、B、C。

如上述例子，即可形成三种方案和三种情形下的 3×3 矩阵，9 种收益值可供选择。这时，结合外部的宏观金融环境，可以按照好中取好、差中取好两种思路来做出直观的激进或保守的决策，因为其分别代表了最高收益的天花板和最差收益的底线。

这些结果分别从不同角度给出了可供选择的思路。但容易忽视一点，就是机会成本。社会的资源是按照机会成本来配置的，例如企业 A 在食品饮料行业，拥有高素质团队，比起餐饮行业的一般性弱小企业，在管理流程、文化建设上都更优秀，能够更好地把餐饮做好。但为什么企业 A 不应该去做餐饮呢？因为企业 A 一旦去做餐饮后，后悔的可能性很大，也就是如果不去做餐饮还可以做别的更有价值的产品，一旦选择了餐饮，就会失去一个更大更好的机会，我们称为机会成本。

思维模型：

企业家拟进行投融资而采取不同方案时，所获得的收益值不尽相同，如表 3－2 所示。

表 3－2　　不同方案情形下的收益值

收益区间 / 方案情形	好	中	差
A	46	30	14
B	36	28	18
C	60	22	－2

可以发现，三个方案在好的情形下，分别可以得到46、36、60的收益值，那么最好的是60，按照好中取好的原则，则60对应的方案C是可以选择的。同时，三个方案在差的情形下，分别可以得到14、18、-2的收益值，那么最好的是18，按照差中取好，则18对应的方案B是可以选择的。这两种方案可以分别用于最乐观和最悲观的预期。

除此之外，如果从方案ABC的均值看，分别为30、27.3、26.6，那么可以选择方案A。如果从波动性看，三个方案分别为16、9、31，可以选择B；如果考虑单位风险的“收益/风险”比值，则可得三个方案分别为1.87、3.03、0.85，那么可以选择B。

前文已分析，不同方案选择的背后具有机会成本，也即企业家的后悔程度。按照上述例子，企业家可以求出各个方案的后悔值，然后再来比较后悔值，这个后悔值就是机会成本（见表3-3）。

表3-3　　不同方案情形下的后悔值

情形 方案	好	中	差
A	14	0	4
B	24	2	0
C	0	8	20

从表3-3中可以发现，如果选A方案，最多可能造成14的后悔值，选B则是24，选C则是20。比较发现，选B的后悔程度最大，选A最小，那么让企业最不后悔的决策是选择方案A。总之，企业家应该在不同的宏观环境和金融约束下，从各个角度思考，比较后作出决策选择。市场一致认为，选择比努力重要，但容易被忽视的一点是，选择比努力更难。

80. 未来10年利息率的变化，为什么是企业家战略方向研判的好工具?

一般谈利息率，总是谈1年期，但有时候也会遇到3年、5年的利息率，更有甚者，有长达10年、30年、50年的利息率。这么长的利息率，能反映什么吗？是由什么决定的？

利息率来自利润率，也就是回报。如果整个国家或地区都没有回报，即利润为零的情况下，利息应该也是接近0，甚至为负。短期的利息率是当期平均回报，长期的利息率大体上是多个短期的叠加，但却受到很多因素的影响，比如流动性、政府政策、买卖持有者类别等，但最重要的，正是因为其是未来多个短期的叠加，例如持有两个1年期的总收益小于持有一个2年期的总收益，这其中叠加了时间和预期，如 $(1+R_{n-1})(1+f_n)=(1+R)_n$，这里的 f_n 是远期利率。通过叠加，可以充分反映人们对未来一个国家宏观经济走势的整体预期。

除了物价的影响，长期利率由人均资本变动率决定，而人均资本由人口、资金、投资等因素决定。这也是为什么古典经济学时期，人们认为利率取决于投资与储蓄的供求，或者准确地说，是贷款需求与储蓄的供求关系决定的。后来很多金融学家研究逐步深入，认为也是供求决定了利率，只是这时的供给，不仅是储蓄，还是货币发行的供给；这时的需求，不仅是投资，也是人们的意愿，包括宏观经济、心理预期等。

因此，把一国长期利率放到一个足够大的时间和空间来看：

首先是受全球经济的影响。在全球“发达经济体—新兴经济体”的二元结构下，全球风险偏好在发达经济体和新兴经济体之间转移时，任何国家都难以独善其身。

其次是受自身经济基本面的影响。利率由资本回报决定，资本回报的表现形式即利润率，而利润率由经济增长决定。经济增长受人口变化、物价水平、技术进步、制度变更等因素影响。人口因素如就业人口比重、新劳动力数量、抚养率、老龄化人口占比等劳动力成本的变化。投资如固定资产投资、基建投资、房地产投资等。物价既包含如生产资料中的铜、钢、铁矿石等大宗商品，也包括生活资料的服装、食品饮料、房租、交通及教育医疗等。

最后是受政府的直接调控。通过调控短期利率间接影响长期利率，或者直接购买长期利率对应的债券资产，从而改变长期利率。例如政府在货币政策上影响借贷成本，而借贷成本的边际变化影响长期利率。又如政府在财政政策上引起投资和税收的变动，或者影响公众的经济活动预期，在乘数效应下引起经济变动，继而引起利率的变化。

因此，用一个范式来表示：长期利率 = 函数（人口，资本，技术进步）。但由于人口因素部分受技术进步和资本的影响，例如教育的质量和技能的提高，资本因素又受人口红利和技术进步的推动，技术进步受资本和人口的双重制约，所以长期利率的三个因子之间相互决定，有强烈内生性，难以清晰单独定量界定。因此企业家观察利率的最终结果，是战略方向研判的一个好办法。

思维模型：

利率作为资本价格的风向标和指示器，贯穿于经济发展的各个时期，企业家瞄准长期利率，即可前瞻性地把握经济走势。在长期经济发展的表达式中 $Q = A \times L^a K^b$，Q 为经济产出，A 为全要素，L 为人口劳动量，K 为资本量，a，b 分别为增长系数。而 $R = K/M$，$K = \Delta M$，M 为市场存量资金，R 为长期利率，ΔM 为增量资金，即资本。可以发现，长期利率决定了资本、产出等，但反过来也受产出、劳动、技术进步等的影响。

81. 制造业企业家如何从金融工具上观察到物价趋势？

金融市场中有一个特别市场，就是商品市场。商品为了在金融交易所中交易，必须金融化，而不能拿现货买卖。这个金融化就是合约化，表现为将商品未来的价格形成协议约定，然后对这种约定进行交易定价，表现为期货市场或期权市场。

因此，当企业要判断自己所处的上下游价格变化时，可以观察金融市场上期货或期权的变化。例如，目前我国已经上市的期货品种很多，涉及工业品、农业品、金属品、能源品等（见表3－4）。

表 3-4　　现货与期货交易的对应品类

大类	小类	对应金融上的商品期货	大类	小类	对应金融上的商品期货
食品	1. 粮食	玉米	非食品	1. 烟酒	
		强麦		2. 衣着	棉花、棉纱
	2. 淀粉	玉米		3. 居住	螺纹钢
	3. 干豆类及豆制品	黄豆			线材钢
	4. 油脂	豆油、菜籽油			PVC
	5. 肉禽及其制品				胶合板
	6. 蛋	鸡蛋			阴极铜
	7. 水产品				玻璃
	8. 菜				铁矿石
	9. 调味品	黄豆		4. 生活用品及服务	
	10. 糖	白糖		5. 交通和通信	燃油、原油
	11. 干鲜瓜果				沥青
	12. 糕点饼干	强麦			橡胶
	13. 液体乳及乳制品			6. 教育文化和娱乐	
	14. 其他食品			7. 医疗保健	橡胶

如表 3-4 所示，利用生产资料 PPI 与生活资料 CPI 的传导关系，可以先计算 PPI 与商品期货的价格关系，再利用生产资料和生活资料的比例关系计算生活物价水平。

思维模型：

在期货市场上，期货或期权合约作为一种标的资产的一种衍生品，也能反映物价水平的趋势。设 $CPI = PPI + c_1 \times$（ΔPPI 与 CPI 剪刀差）计算生活物价水平，$PPI = A + b_1 \times$（食品原材料期货价格变化）$+ b_2 \times$（房地产基建原材料期货价格变化）$+ b_3 \times$（医疗工业原材料期货价格变化）$+ b_4 \times$（生活用品原材料相关期货价格变化）；则可得，$CPI = PPI + c_1 \times$（ΔPPI 与 CPI 剪刀差）$= A + b_1 \times$（玉米期货 + 强麦期货 + 黄豆期货 + 豆油期货 + 豆粕期货 + 菜粕期货 + 鸡蛋期货 + 白糖期货）$+ b_2 \times$（螺纹钢期

货 + 线材钢期货 + PVC 期货 + 胶合板期货 + 阴极铜期货 + 玻璃期货 + 铁矿石期货） + b_3 ×（橡胶期货） + b_4 ×（燃油期货 + 沥青期货） + c_1 ×（ΔPPI 与 CPI 剪刀差）。

同时，观察各种物料期货的基差，即现货价格与期货价格之差。例如，期货合约的基差为正值，则说明此商品的远期合约处于贴水状态，从整体上反映出物价进一步上涨的可持续性预期不强。

82. 为什么金融家越来越喜欢用科技来实现对企业家的服务？

金融业务的链条较长，可以按照多个角度划分成不同的类型。如果按照金融市场资产风险属性的不同，可以分为股性风险资产、债性风险资产和商品风险资产三类。股性风险主要是市场风险，债性风险主要是信用风险，商品风险主要是供需风险。三大类资产在一级市场和二级市场对应不同的业务（见表 3 – 5）。

表 3 – 5　　资本市场的资产类别

市场分类	股性金融资产	债性金融资产	大宗商品或另类金融资产
一级市场	股权类众筹	债权类借贷	实物或合约标的
二级市场	股票类投资	债券类投资（利率或信用）	期货、期权类资产

如表 3 – 5 所示，金融业务按照资产端风险属性的分类，除了资产端，金融业务还有重要的负债端，以及连接资产与负债的中间业务端。负债端一般是资金募集上的产品销售、财富管理等，中间业务一般是负债业务与资产业务相关的基础保障设施，如支付、保险咨询、客户 KYC 及 CRM 管理、大数据画像或风控、数据安全及加密等。

三个方面的业务对应企业的不同需求，目前金融家正在利用科技手段，尤其是移动互联网提供服务。此外，人工智能于 2016 年在三方面突飞猛进，促进了传统金融机构的转型升级。一是计算能力的大幅提高，硬件从 CPU 到 GPU 和 TPU，在分布式网络和云服务器助力下，计算能力大幅提升；二是算法的延伸，有监督学习和无监督学习，ML 与 DL，CNN、RRN 和 DDN，正向增层和反向算法的拓展，大大提高了机器学习的精准度和智能度；三是大数据在各个场景的巨大沉淀，从结构性数据到非结构性，从数字数据到声音、文字、图片数据，从截面精细数据到时序动态数据，大数据从量变升华至质变。

将金融与人工智能技术结合形成的金融科技能够发挥有效作用，最重要的根基是企业大数据的自我生成。金融科技让大数据自发形成循环沉淀，使企业的数据以螺旋式上升的方式成长起来，当企业的数据是非线性增长，表现为“消费者即是生产者”时，金融服务就会再上一个台阶。

思维模型：

科技颠覆传统运营模式，能够节省成本并提升工作效率，使企业原有的服务更加方便快捷。强大的复用能力，能够让更多使用者享受更优质的客户体验。如果 v_0 为初始使用者，其中 t 为传播的时间，λ 为业务中涉及的关系数量，v_t 为在 t 时间的使用者。则有：$v_t = v_0 \times e^{\lambda t}/(1 - v_0 + v_0 \times e^{\lambda t})$。

可见，t 时间的使用者数量是指数变化的，而且只要 t 足够大，企业的数据就会足够多。人工智能结合金融业务后，就可以打破传统的点对点服务机制，走向现代的金融科技。

83. 企业家在累计投票制中如何控制董事的选举？

董事的选举，一般采用多数投票制与累积投票制，在多数投票制下，每股股票拥有一个投票权，并且必须对每个待选董事职位分别投票。这时，一个拥有 100 股的股东能够给每个待选董事职位投 100 票。该投票制度下，由于每个在董事会中有确定职位的人必须赢得投向该职位的大多数票数，只要企业家能够获得 50% 以上的股权，就能控制整个董事会。

而累计投票制允许股东将投票权累计起来，将其投向其中少数的几个董事职位，而不必要向每个董事职位都投票。总的投票数 = 该股东拥有的

投票数 × 待选举的董事个数。同理，如果一个股东拥有 100 股，要选举的董事为 12 位，则能将 100 个投票权投向这 12 个董事职位中的任何职位，这个股东此时最多能将 1200 个投票权投向同一个董事职位。

思维模型：

与多数投票制相比，累积投票能使少数股权持有者，在弱势下突出一点，选举出一定数量的董事。选举出的董事的最低票数 T 可以为

$T = \frac{Q \times N}{M + 1} + 1$，其中 Q 为流通在外的总股数，N 为期待能选出的董事个数，M 为待选举的董事个数。例如，在外流通股为 30 万股，待选举董事为 14 名，则少数股东想选举出两名董事，则最低股票数量为（300000 × 2）/（14 + 1）+ 1 = 400001 股。

反之，为了防止从少数股东中选出董事，这时企业家的一个可行做法是减少董事个数。假如少数股东方拥有 400001 股，企业家决定董事会减少至 6 名，则少数股东方就不能选出 1 名董事，因为选出 1 名董事的最低股票数为 300000 × 1/（6 + 1）+ 1 = 428578 股。

除此之外，也可以采用董事会轮流制，每年只选举部分董事，例如一个企业有 12 名董事，任期 3 年，则每年只需要选举出 4 名董事。这时候的少数股东要想选举出自己的董事，所需要拥有的股票数量远远多于每年选举 12 名董事情况下的股票数。

84. 为什么金融家尤其看重企业家的用户增长数据？

从金融角度看，企业的增长就是总资产的增长。总资产由两部分构成，一部分是负债，另一部分是股东权益，两者保持紧密关联。负债一般保持适度增长，主要是股东权益的巨大增长引起资产增长，但又不能破坏相应的结构和速度。

这两部分要保持高速增长，只有一个来源，就是销售收入的增长。销

售收入的增长能带来利润的增长，才能带来股东权益的增长，继而是负债的增长。

销售收入增长通常与成本、价格和用户数量相关。要实现利润大幅增长，第一个选择是降低成本，最典型的例子是日本生产的电脑储存器成本是美国 Intel 的 1/10，那么必然有巨大的竞争能力，实现快速增长。但在互联网时代，往往成本已经降到很低，如软件企业已经将很多产品的边际成本降低为 0，降无可降。第二个选择是提高价格，如果不是垄断企业，提高价格也很难盈利，同时互联网时代下企业往往是走近免费一侧，而不是提价一侧。那么剩下的选择，就是提升用户数 Q，所以金融家尤其看重企业家的用户增长数据。

思维模型：

一个企业能否持续经营，在市场上站稳脚跟，需要考查销售收入和盈利能力，而这又与企业拥有的客户群体密切相关，客户对企业的忠诚支持和认可依赖是企业盈利的强心剂。

设企业销售增长率为 S%，股权回报率为 ROE，保留盈利不分红的比例为 b，则有：$S\% = 1/[1/b \times ROE - 1]$，即企业的销售与企业的 ROE 和保留盈余比例紧密相关。

而销售的增长来源于什么？

回到增长的最简单数学表达式，大致的销售增长（V）= 用户数（Q）× 产品价格（P）－ 企业成本（C），如果从一个深刻的二阶角度来看，则是 $\Delta V = Q \times \Delta P + P \times \Delta Q - \Delta C$。

由图 3－19 可见，影响利润的三大因素，在互联网时代下，继续改变公司成本和产品价格的操作性都不大，在图中表示为虚线 Y 轴和 Z 轴。X 轴代表的用户数量是金融家和企业家尤为关心的部分。那么数量 Q 如何实现增加？对 Q 更聚焦细致地分析，可以拆分为两大块，即存量用户“Q 存”和新增用户“Q 新”。

对于新增用户，“Q 新”如何实现？主要来源于“Q 存”的推介，一个

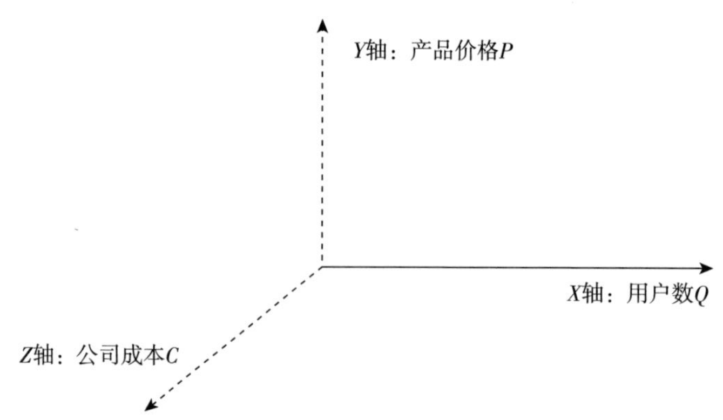

图 3－19　企业盈利空间的构成要素

人推介到 G 个人，则从 $1 \times Q$ 到 $G \times Q$。用户推介需要形成自发式的 AARRR 传播特征，具备较强的自传播性和复制成长特征。如下式所示

$$A(t) = A(0) \times \frac{k^{(t/ct+1)} - 1}{k - 1}$$

其中，$A(0)$ 是种子用户数量，$A(t)$ 是过了一个时间周期后，增加的新用户人数。t 则是时间周期，K 为一个使用者成功推荐的新使用者系数，ct 为产品被推介的周期。

对于存量用户，尽管“Q 存”有限，但可以一分为二，按照重复频度与交叉力度，分别提高复购和增加应用场景，也就是说，即使是一个存量用户，也可以 N 次购买变为 $N \times Q$，M 个场景叠加变为 $M \times Q$，甚至是多个场景的多次购买的 $M \times N \times Q$ 非线性变化，实现单用户的最大化次数，从而实现从 $1 \times 1 \times Q$ 到 $M \times N \times Q$ 的陡增，如 Netflix 就是典型的例子。

因此，只要保持了用户从 $1 \times 1 \times 1 \times Q$ 到 $M \times N \times G \times Q$ 的变化，即复购率、场景率、推介率三者提高，则销售收入自然出现非线性的爆发式增长。

85. 企业家能从递延税款中得出自己缴税多少的信息吗?

递延税款常常出现在企业家的资产负债表中，从所在的位置看，有点

像是一项长期负债，但有时候更像一种权益，那么究竟是负债还是权益？或者两者都不是？金融家们也没有一致的意见。

递延税款对于折旧费这个事项，是企业家自己制作报表和根据政府的所得税申报计算时的差异。企业可以自己选择直线折旧得到报表的折旧费，然后用于自己的利润表，在去税务部门纳税时，可以采用另一种折旧法，如加速折旧中的双倍余额法。

这就会导致去税务部门纳税时递交的利润表上的利润，小于自己对外披露利润表中的利润。因为利润少，所以当期缴纳的税就少，这样一来相当于暂时推迟了税款的支付。通过加速折旧提前使用了税收的减免能力，现在不交，未来会交，因而取名叫递延税款。

如果企业账面缴纳的税高于实际缴纳的税，企业的账面报表就显得不合理。因此，金融家们创造了一个差异额，放在资产负债表的长期负债下面，尽管是一部分资产，但却是未来将流出企业的资产。

如果企业家未来没有新资产需要计提折旧，这时在给政府税务部门的利润表中，已经没有可以拿来扣除的折旧费，费后的利润量增加，缴纳的税随之增加，进而使得递延税款账户上的钱自然开始减少，此时递延税款将变成真正的负债。

如果企业总是处于成长扩张中，那么递延税款账户上的钱可能持续增加，当计算纳税额的折旧费大于披露的会计报表上的折旧费时，可以看成是资产的价值下降或者真的负债开始新增。

因此，企业家可以通过递延税款的变化，观察企业缴纳税的多少以及进程。

思维模型：

企业对固定资产进行折旧时采用不同计算方法，得出当年的纳税数额是不相同的。设 N 是折旧年限，A_0 是初始资产，T 是比例倍数，则双倍余额折旧额 = $(A_0/N) \times T$。一个初始为 10 万元的资产用 5 年，预计净残值为 0。

如果按照直线折旧法，也即年限平均法是指将固定资产的可折旧价值平均分摊于其可折旧年限内的一种方法。其计算公式为

固定资产年折旧额 =［原值 -（预计残值收入 - 预计清理费用）］÷预计使用年限 =（原值 - 预计净残值）÷预计使用年限

可得第一年的折旧额为 10 ÷5 =2 万元。

双倍余额法，是加速折旧法的一种，是按直线法折旧率的两倍，乘以固定资产在每个会计期间的期初账面净值计算折旧的方法。其计算公式为

年折旧率（双倍直线折旧率） =（2 ÷预计使用年限） ×100%

年折旧额 =期初固定资产账面净值×双倍直线折旧率

应注意的是，在固定资产预计使用年限到期前两年应转换成直线法。

该方法计算下的第一年折旧额为 10 ÷5 ×2 =4 万元。

这两种折旧方法导致企业当年的资产折旧额不同，而导致利润数额不同，造成企业存在递延税款。

86. 企业家如何“以终为始”防止最开始方向的错误?

企业家是企业运营的决策者，决策时需要考虑各类可能性，尤其是那些可能给企业带来灾难性后果的重大决策。

针对重大决策，需要反复推敲和比较，使用各类科学的方法倒逼自己进入思考的深水区。尤其是在互联网大数据时代，用数据说话的科学思维方式，利用数据背后层层递进的关系，来厘清自己的决策思路是必要的。

因此，参考决策树的思维路径是一种有效选择。决策树中，当期是树的根部，从树根出发，选择树的分枝，分枝是要选择的结果以及各类结果的可能性。然后按照推演的路径层层分解到达每片树叶。这些树叶可能是决策事物的总原因的子原因，也可能是决策时间点的下一期的下一期。

在此基础上，企业家站在树叶末端逆序向回看，如同站在十年后，再

一步步回到今天，从而实现“以终为始”，根据终局的可能性，决定今天的选择。

思维模型：

企业家处在决策分叉点时，可以大致预估决策后不同行动路径下的结果及其可能性（见图 3－20）。

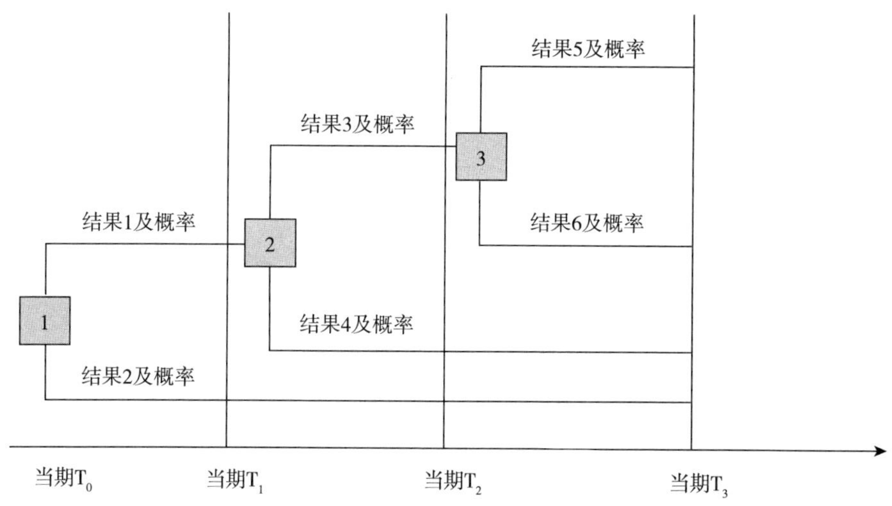

图 3－20　不同时期的决策二叉树

如图 3－22 所示，先计算结果 5、结果 6 的可能性平均值，$\sum_{i=1,t=1}^{N,T} P_{t,i} \times R_{t,i}$ 得到末期的可能性平均值后，通过比较 T 期决策点上的大小，取最大值，然后到达 $T-1$ 期决策点，再逆序取最大值，直到回到原点 T_0处。

当然，这里的每个决策点上的结果值，应该使用折现的方法将其折现为当期的值，才能拿来比较，好比不能拿未来的 100 元和当期的 100 元直接比较。这个折现率的选择也需要企业家精心思考和选择，否则会大大影响当期的决策。

因此，通过这种决策树的逆向思维方式，可以促进企业家反向思考，在做战略规划时，站在远处看近处，站在未来看现在。

87. 企业家在投资的风险决策中尤其需要关注哪三个重要因素?

一项收益率的获得，意味着企业家承担了一定的风险。企业家主要面临经营风险，尽管市场整体会认可一份收益一份风险，但不代表一份风险就有一份收益。

风险就是不确定性，可以细分为事件本身出现的可能性大小，即概率值，还包括事件出现以后损失的程度和回报的程度。因此期望获得收益率时，需要关注这三个因素：一是目标事件出现的概率值 P，二是事件能达到的最大好处值 A，三是事件能达到的最大坏处值 Z。

思维模型：

设一项资产上行的概率为 P，下行的概率为 $1-P$，则有期望收益率 $R=P\times A+(1-P)\times Z$。$R$ 的最低取值可以是社会的无风险利息率，当然也可以加上通货膨胀率或不同行业的基础值，例如股票市场需要加上股票投资最低回报率。

这里尤其重要的是，$A\neq Z$，很多时候，容易默认 $A=Z$ 或 $Z=0$，认为只要 P 足够大或极好。例如金融家在股票交易的金融市场中，一只股票经过连续一段时间的跌停以后，在短期内向上反弹的概率极大，可能超过 90%，但这时就值得交易吗？不一定。

还要考虑这个大概率下的上行空间 A 值有多大，下行的 Z 值有多大，如果 A 不是 Z 的数倍，例如涨幅大约是 3%，但可能跌幅是 10%，那么这时的期望收益率 $R=90\%\times3\%+10\%\times(-10\%)=7.3\%$。

同时，如果令 ω 为参与比例，那么 $\omega=[P\times(A/Z)-(1-P)]/(A/Z)$，可以发现，参与程度最依赖的是 A/Z 的比值。

从这个公式可以看出，如果一个机会只有 50% 把握，那么只有当可以赚 2 倍时，才值得拿 25% 的钱去实施。只有当机会的发生概率是 100% 时，

才可以不考虑 A/Z 值。

除此之外，还需要将单次的风险评估放到产品和项目上通盘考虑，也就是从全局来分析。全局上控制了，整体风险才相对可控。

88. 为什么企业内部市场化比企业外部市场化更重要？

企业家接受金融家的严苛挑剔，才能获得融资；反之，也正是这种适应严苛的能力，让优秀的企业能够与普通企业区分开来。企业家的供给能力适应金融家需求的能力，是一种外部的市场化。具体的结果性指标如市场占有率、客户推荐率、差评率、投诉率、专利实现率、人员入职率、人员淘汰率、公司估值增长率、毛利率、净利率、ROE 等，都是企业能否适应市场的写照。

企业家在企业内部，也需要有供需逻辑的市场化能力。内部的财务金融市场化是企业价值创造能力的反映，是实现外部市场化的有力武器，决定着企业在市场中的竞争能力。

企业内部可以分为利润中心和成本中心，部分企业还可以增加收入中心和投资中心，从而形成 2 个或 4 个中心。

没有收入的就是成本中心，成本中心可以按照生产和非生产，细分为生产成本中心和费用中心。其中，生产成本可以分为变动成本和固定成本，与产量无直接关系的都是固定成本。当然，成本中心也可以分为直接成本和间接成本，直接成本是与某个产量直接相关的，间接成本是多个责任人共担。

费用中心的费用，包括非财务金融费用与财务金融费用。非财务金融费用如行政、人事、计划、研究、宣传、仓储、会计、风控、法务费用等，尤其是人力费用占比较大。

其中，最难按照产品分担和分解的是非财务费用和共担成本，因此，这时可以按照人员进行分担，尤其是按照权利责任进行划分，称为责任成本，主要是反映权利的范围。如果说生产成本是为了经营，盯住物，那么责任成本就是为了考核，盯住人。如果能清晰分解，会发现企业的这两部分成本的变化是相反的。

思维模型：

企业注重内部财务金融管理，从成本和费用上牢牢把握企业的发展节奏，也能极大地提升企业整体的竞争力（见图 3－21）。

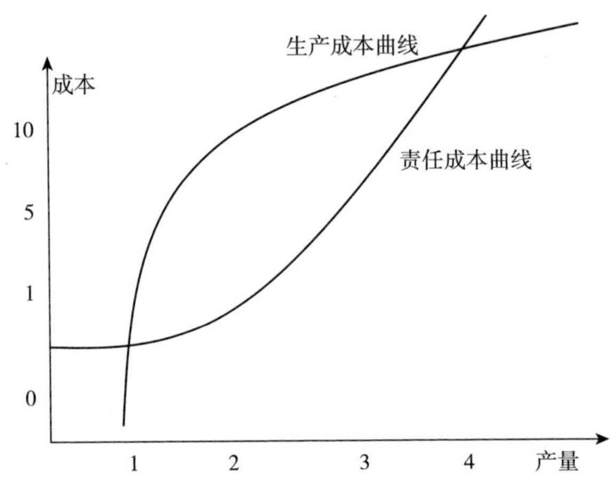

图 3－21 企业的生产成本与责任成本曲线

如图 3－21 所示，企业的生产成本曲线因为技术进步或规模效应等，致使成本变化率递减，尽管生产成本在增加，但成本变高的速度越来越慢。

而责任成本曲线是变化率递增的成本，随着产品增加而增加，而且比产品产量增加还快。责任成本在没有产量时也客观存在，责任成本不是直线增长的，而是非线性增长，可以把责任成本看作企业的一种内耗和影响企业变大的阻碍。

责任成本的分担最难，如果责任成本不能计算清楚，相当于企业内部失去了市场化的机会。

因此，应采用内部转移价，这种转移价是市场价，或者协商价，或者成本加成价，按照“谁受益、谁分担，谁控制、谁分担”的原则进行，同时纳入差错、质量、口碑、互评、人员升职率、机会成本占比率等隐性参考指标，降低内部的不透明程度。

在成本清晰计算的基础上，再使用 EVA、MVA、投资报酬率等计算利润中心和投资中心的价值，即 $EVA=(ROC-WACC)\times$ 总资产，$MVA=EVA/(WACC-g)$，由于 EVA 已经是一个差值，考虑了资本的机会成本，则可以从更细节的层面看出企业价值创造的因素构成。最终，对外给出经过企业内部市场化以后的结果。

89. 企业家实施股权期权计划，有哪些做法?

以股权和股票代替年终奖现金，是减少企业家激励措施有偏差的方法。由于工资和奖金总是与当期收入相关，一是容易引起短视近利，偏离企业的使命和价值观；二是容易被操纵，例如当期不能完成目标，则延缓收益认定、加速费用使得下一期可以达到水准，提高奖金获得概率；三是不能让优秀的人才得到企业完整的剩余索取权比例，只能获得部分收益，那么便创造了不利于优秀人才发挥工作潜力的环境。

企业家实施股权股票计划，具体可以分为以下三点：

一是可以实施股票认购权计划，在未来特定时间以特定的价格认购特定数额股票。

二是实施“虚股”的股票增值权或红利计划。这时不需要实际购买股票，只是给予报酬，要么享受资本利得，要么享受红利。这样的好处是不会稀释股权，且防止被激励者首年认购股票后，为了防止自己持有的股价下跌，反而第二年开始变得保守。这时需要确认享受虚股的人数以及虚股的股数。

三是将两者结合，实施受限的股票计划。将股票授予被激励者，但不按企业的业绩，而是按工作时间。被激励者享有选举权和红利权，但在一定期间内，例如 3～10 年，不能出售、转移、抵押，如果被激励者违背契约，则只能以极低价格回售给企业。当被激励者退休或离职时，限制自动消失。当然，如果在这个时间维度上，还增加业绩维度的考核，双重受限，则被称为受限股票绩效计划。

在红利激励或股票认购的业绩激励中，业绩的设置需要充分考虑两个方面，一是绩效期间一定不是一个评估期而是数个评估期，二是报酬的支付不是一个评估期而需要递延数个评估期。

思维模型：

企业实施股票股权，无论是对员工还是原有股东都能起到一定的激励作用。企业实施股票认购权计划时，激励额 R = 认购数量 N ×（期末股价 P_t - 认购价格P_0），主要是来自资本利得。此时需要考虑享受认购的人数、认购的股数、已经流通在外的股数，既不能被过度稀释，又要达到激励效果。

90. 为什么金融家对企业的控制权有利于企业家管理内部的管理层？

控制权粗看起来等于所有权，但企业的所有权往往是分散的，且所有权不等于决策权，具体决策的实施者是公司的管理经办层，也就是俗话说的“县官不如现管”。这是因为，非控股的管理层与缺乏信息的金融家和企业家相比，他们拥有更多的信息。

因此一般将控制权分为形式控制权与实质控制权。公司的管理层手中可能并没有足够的投票权，但是通常控制着本应该由董事会或其他股东行使的决策，也就是说，没有形式控制权的管理者，往往会对决策的制定产生很大的作用。

企业家对管理层的信任程度如何，是形式控制权和实际控制权分开，也就是常说的所有权和控制权分离的主要原因。

那么如何建立信任？取决于企业家对管理层的激励是否到位，管理层和企业家之间的目标是否吻合。也就是说，有信息的一方所受到的激励和缺乏信息的一方的利益是否一致。因为“现管”的一方总是比“县官”的一方更能透彻知晓长期投资、利润留存、防范并购等方面信息。

金融家能够信任企业家，企业家能够信任管理层，是外部人对内部人，内部人对更内部人的利益层层机制。

当金融家对企业家设置好了激励的机制后，得到“控制权”，会倒逼企业家对管理层设置激励机制，构建信任体系，设置控制权机制。这种控制权机制的建立，就是企业家提高对内部管理层管理的过程。

思维模型：

管理层也属于企业的利益相关者，企业家管理内部管理层时需要采取激励和约束统筹兼顾的手段，最大限度发挥管理者的能力，减小其控制权私利。

如果说内部人的激励条件是 $(\tau R_1 - \gamma) \geqslant 0$，即提高产品盈利成功的概率 τ 产生的内部收益 τR_1 大于牺牲的控制权私利 γ。

那么外部人，如管理层外部的企业家，或企业家外部的金融家，他们心中的预期也是觉得此激励条件是有利时，能提高成功概率，则有利可图，即 $E(\tau \mid (\tau R_1 - \gamma) \geqslant 0) \geqslant 0$。

外部人总是要不停地收集内部人的信息信号，在信号 σ 中，最重要的就是关于产品能够更成功和控制权私利的信息，因此企业家可以借用金融家在市场上对自己传递的这种监督机制和信号发现机制，层层传给自己下属的管理层，尽可能实现企业内部的市场化，建立类似 $E(\tau \mid (\tau R_1 - \gamma) \geqslant 0, \sigma(\tau, \gamma)) \geqslant 0$ 的理论思维管理模型。

91. 如果说金融家是企业家的外部人，那么企业家对内执行层来讲也是外部人?

在企业中，企业家下属的执行层，知道的经营信息和潜在问题往往比企业家多，因此，就像金融家对于企业家是外部人一样，企业家对于执行层而言也是外部人。那么，企业家如何才能从下属部门得到经营成本和生产潜力的准确信息呢？不同部门的执行层之间，往往需要企业家来为中央大脑做决策，提高整体效率，应对外部用户和竞争者。

一个做法是持续通过会议等方式询问执行层，或者利用信息传递机制监控一些细节信息，但这样企业家作为中央大脑，一是很累，二是难以区分这些信息背后的动机。因此，很多企业家只能采用放弃知道中间信息的做法，以总产出或经营利润为基础，进行结果奖励的模式。

进行结果奖励时，一般的做法是按照完成额，实施工作人员的佣金与完成额成比例的方式，但这样并不能使执行层有确定的目标，更不可能使执行层愿意给出自己能够完成的较为精准的信息。

为此，企业家常常与执行层讨价还价确定目标，然后根据执行层回复的目标，设定奖金模式。

思维模型：

假设企业家准备拿出 A 金额作为奖金基数总额，从执行层回复得知，他们可以完成 $\hat{Q}$ 目标，那么可以将奖金 R 设置为：$R = A - \theta \times (\hat{Q} - Q)$ ，其中 Q 为实际完成额。

例如 $A = 10$ ，$\theta = 0.5$ 为奖金系数，$\hat{Q}$ 为 10，实际 Q 为 20 时，超额完成，则奖金达到 15；如果实际 Q 为 5 时，没有完成目标时，奖金 $R = 7.5$ 。

这看起来是一个不错的激励方式，但有一个问题是执行层可能会事先给出一个低估的目标出来，即使没有效率经营，也能较容易得到大笔奖金。例如执行层知道企业为应对市场的合理目标应该是产出 20，但自己报给企业家的事先完成目标是 18，这样，当实际产出为 16 时，执行层反而能将奖金从 8 提高至 9。

因此，科学的做法是，企业家给执行层一个计算公式，说明奖金是完成目标 $\hat{Q}$ 和实际产出 Q 的表达式，由执行层自己选择 $\hat{Q}$ 。

那么，执行层会选择对自己最有利的方案。企业家也知道了执行层的实际产出能力。例如计算公式可以设置如下：

$$\begin{cases} R = 0.3\theta \hat{Q} + 0.2\theta \times (Q - \hat{Q}), Q > \hat{Q} \\ R = 0.3\theta \hat{Q} - 0.5\theta \times (\hat{Q} - Q), Q \leqslant \hat{Q} \end{cases}$$

如图 3－22 所示，当执行层设置的完成目标越低时，拿到的奖金越多，如点线所示。

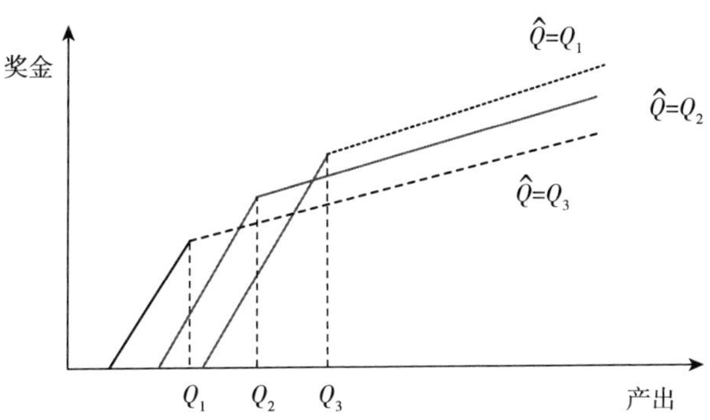

图 3－22　执行层完成不同设置目标后的奖励

92. 金融家同时投资好几家企业股票比投资一家好?

如果只是投资一家企业的股票，好处是可以获得该企业的全部收益，坏处是可能跟随该企业的波动而波动。也就是说，金融家获得每份收益对应着每份风险，收益和风险是一比一的对应关系。

如果金融家能够找到一种机会，收益和风险不是一比一的关系，也就是说，一份收益对应小于一份的风险，或者多份收益对应少份风险，或者说一份风险对应多于一份的收益，那么金融家将得到更大的甜头。

那么如何才能实现?

金融家发现，如果在市场中总是能够找到走势相反的两家企业，那么就会出现你涨我跌、我涨你跌的互补情形，也就是相关性较低，甚至为负，这样金融家的投资回报就不会那么不确定，整体投资风险降低。

这其中的奥秘是，投资多家企业，整体的收益回报率是按照资金的权重比例加起来的，但整体的风险量却不是按照资金权重比例直接相加的，而是要在各自的波动程度上考虑双方同向或反向的影响。如果双方是同向的，也就是同涨同跌，那么整体的波动风险会加剧，如果两者相反或者即使不完全相反，只要不是完全同时同向同涨同跌，那么整体的波动风险也会减弱。这就是金融家考虑不把鸡蛋放在同一个篮子的原因，从而降低了风险，提高了经过风险调整的回报率。

这种风险的减少量，是一种免费的午餐，也就是说在没有牺牲收益回报率的情况下，风险量减少，实现了收益与风险之比大于 1 的高性价比。或者说，在金融家可以接受的水平上，在降低风险的同时获得了较高的回报。

思维模型：

金融家投资多个企业家的股票也是一种风险分散思维。当两家企业不完全是同涨同跌的时候，金融家会根据两家企业的同向和反向程度，确定总的资金量在两家企业的资金分配，分配后的组合，往往被称为最优组合或者最小方差组合 MVP。

对应的总资金的回报计算公式是：$r = \omega_1 r_1 + \omega_2 r_2 + \cdots + \omega_n r_n$；

总风险量是：$\sigma = \sqrt{\sum_{i=1}^{n}\sum_{j=1}^{n} \omega_i \times \omega_j \times \mathrm{Cov}_{ij}}$。

当然，理论上，金融家的这一免费午饭是有天花板的，当投资的企业越来越多的时候，风险总量会聚拢汇集成全市场整体的系统风险，个体的风险占比已经很低了（见图 3－23）。

整体的总风险 $\sigma^2 = 1/N \times \sum + (1 - 1/N) \times \Omega$，当投资的企业个数 N 增加为非常大的时候，每个企业的个体风险部分 $\sum$ 已经对总风险的影响很少了，只剩下每个企业两两之间协同程度的协方差 Ω 了，这个协方差的总和就是市场的系统风险。

有时候，金融家为了继续降低系统风险，会将资金投资在更广泛的地方，比如不同的国家和地区，或者不同的品种，从股票到债券、从衍生品到房地产等，但不能牺牲整体的回报水平。

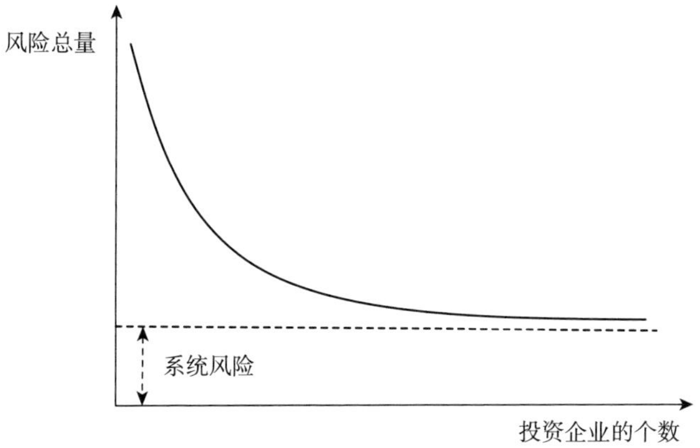

图 3－23　金融家投资企业的风险与企业数量的关系

93. 为什么企业家应该战术性地给金融家释放利好和利空信息?

当企业家在企业经营过程中，需要发布业绩时，往往有好的业绩或差的业绩，那么企业如何发布？是同时发布还是零散发布？是集中一起发布还是依事件随机发布？

很容易想象，如果一个利好和一个利空，利好小于利空，但当两者的差距绝对值很大的时候，应该将两个消息分开发放，因为很惨的情况下，总还有那么一点希望，从绝望中找到安慰；如果当两者的差距绝对值不太大的时候，也就是说利空和利好接近抵消，但利空略多，这时候应该将两种消息一起释放，虽然整体感觉微亏，但没有单独承受一个巨亏时那么令人难受。

除此之外，人们对一件事情好坏的评价，不是判断预期结果本身变化的价值，而是判断与参照物、尤其是与意外部分的变化带来的差额价值。即当参照物存在损失或者收益时，若把参照物单独看待，则心理上处于分割状态；若把参照物合起来看待，则心理上处于合并状态。

因此，金融家在做决策投资时，心理上会把投资失败的痛苦放大，对参照和比较看得很重。可见，讲究有策略战术地释放传递信息将有利于企业家，可以避免或是减少来自市场不利的冲击危害。

思维模型：

如果企业家有两个消息准备对外公布时，可能是利空或者利好，那么可以有四种情况：

情况一：两大利好时，即当消息 $x>0$ 和消息 $y>0$ 时，在金融投资者的价值函数都是正收益时，函数 $V(X)$ 的走势是递增的，但变化很缓慢，这被称为凹形。那么，有 $V(X)+V(Y)>V(X+Y)$ 。所以，当企业家有两个好消息时，最好是分开发布，不要把所有的好信息都一次性释放（见图 3－24）。

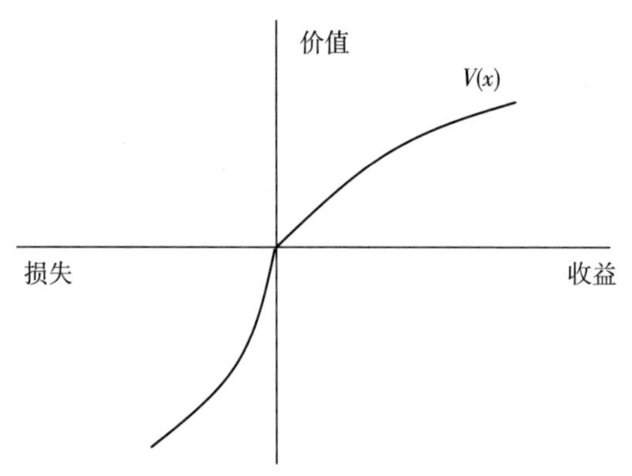

图 3－24　企业释放信息的效果

情况二：两大利空，当 $-x$ 和 $-y$ 存在，且 x 和 y 都是正值。则有 $V(-X)+V(-Y)<V[-(X+Y)]$ ，所以当企业有两个坏绩效，也就是利空信息时，合并释放信号是有利的。

情况三：混合效果 $(x,-y)$ ，其中 $x>y$ ，即净差额收益是正。这时候，$V(X)+V(-Y)<V(X-Y)$ ，因为利空的占主导，这时候集中释放信号是较优的。因为价值函数曲线在损失的时候更陡峭，因此 $x>y$ ，$V(X)+$

$V(-Y)$ 可能小于零，而 $V(X-Y)$ 只会大于零。因此，对于混合效果，即使有一个看起来的利好，但如果这个利好消息不是足够大，还有一个力度一般的利空消息，企业家将其合并起来对外宣布，好于分开宣布。

情况四：混合效果的另一种情况，也是 $(x, -y)$，但 $x < y$，这时候收益为净损失。在这种情况下，如果没有进一步的信息，无法确定 $V(X)+V(-Y)$ 和 $V(X-Y)$ 谁大（见图 3－25 和图 3－26）。

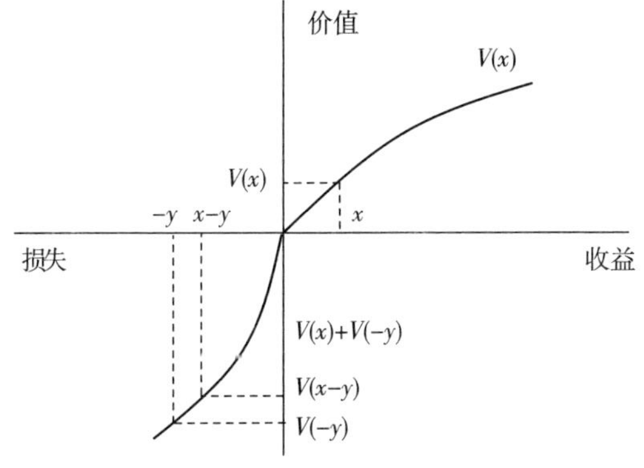

图 3－25　情况四下的效果情形 1

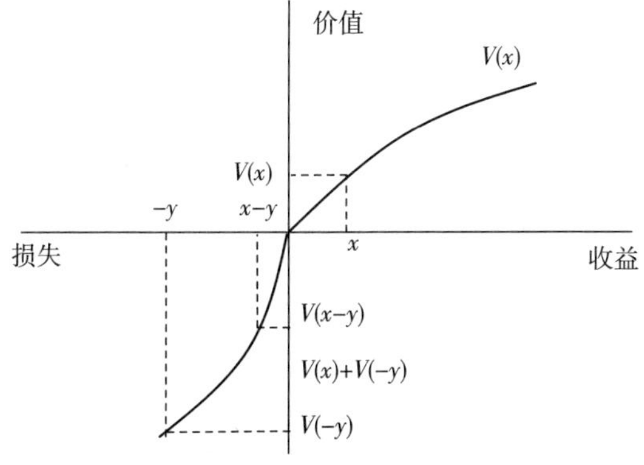

图 3－26　情况四下的效果情形 2

94. 没有金融家介入时能否更易与另外的企业家实现金融合作?

企业作为整体经济活动的一个基本单元，创造了财富和流动性，推动经济发展。但不是每个企业时刻都处于健康状态，企业界整体是一个生态系统，每天都有新的企业诞生，旧的企业死亡。也就是说，总有企业处于健康状态或危机状态，这种健康可能是现金不足或过剩，但可以抵御流动性冲击，危机也可能是现金不足或过剩，例如为了加快市场拓展、渴求大力融资。整体而言，需要抵御危机的企业是那些抵御流动性冲击能力较差的企业。

那么，可否直接让健康的企业去支持危机的企业？这面临着一系列的流动性识别以及竞争意愿的问题，例如同一个行业里的竞争对手，企业很大可能不愿意给其竞争对手提供流动性支持。市场中流动性越高的负债，尽管成本较低，但风险会较高，尤其是按日计算的高流动性，企业之间无法承受，需要金融机构来承接这种流动性带来的融资风险。可见，金融家的中介作用不可或缺。

思维模型：

在没有金融中介的市场中，一般而言，企业付出的融资成本越高就越容易从别的企业获得资金，因而抵御流动性冲击的能力越强，融资风险越低。随着经营运转对资金的需求增加，企业虽以较低成本的融资利率获得资金，但面临较大的流动性冲击。因而需要金融家的介入以甄别企业的健康状态，利用期限错配提供融资支持，更好地促进市场的良性发展（见图 3－27）。

如果市场中，危机型的企业占比为 λ ，健康型则为 $1-\lambda$ ，设市场平均流动性冲击水平为 ρ_0 ，健康型企业面临的流动性冲击较低，设为 ρ_L ，危机型企业面临的流动性冲击较高，设为 ρ_H ，则有 $\rho_L < \rho_0 < \rho_H$ 。

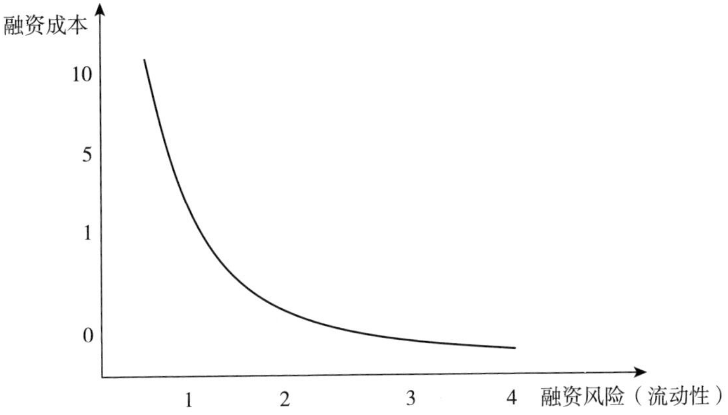

图 3－27　融资成本与流动性冲击的关系

金融家会根据企业的流动性，在市场中进行风险分配，使得健康的企业在短期度过危机冲击，不健康的企业被市场淘汰（见图 3－28）。

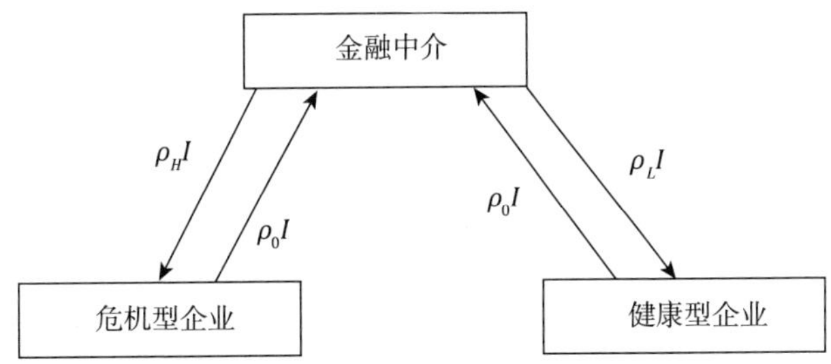

图 3－28　金融中介的熨平作用

由图 3－28 可以看出，λ 比例的危机型企业，只要满足 $(1-\lambda)(\rho_0-\rho_L)I>\lambda(\rho_H-\rho_0)I$，则金融机构会熨平流动性冲击，其中 $\rho_H I$ 为最高的流动性支持额度。

95. 企业家让渡多少控制权给金融家会觉得自己不亏？

企业家与金融家签署合约时，金融家一般会在事中增加一些防范措施，例如影响经营战略、管理层优化、企业家福利水平控制等，这是双方利益的博弈。

在企业家提出融资需求到完成产品的整个过程中，中间需要经过多个链条环节，企业家需要发出事中信号，化解企业家与金融家之间的信任风险，金融家还需要进行事中监督来打破信息壁垒，此外金融家还会积极争取控制权，企图干预企业的经营管理，只有确保融资项目的风险和回报在可接受范围之内，才会供给金融资金，进而支持企业家完成产品。这期间企业家需要权衡利弊和自己的得失，有时候为了获得资金，维持现金流，不得不牺牲一定的控制权。

当然在这个过程中，应该让渡多少控制权给金融家，使得一方面不破坏企业家的积极性，另一方面又让金融家觉得可信，这是一个非常抽象和模糊的定量。企业家的资金实力越雄厚，例如有安全的现金流、有较强的担保等，让渡给金融家的控制权就可以越少（见图 3-29）。

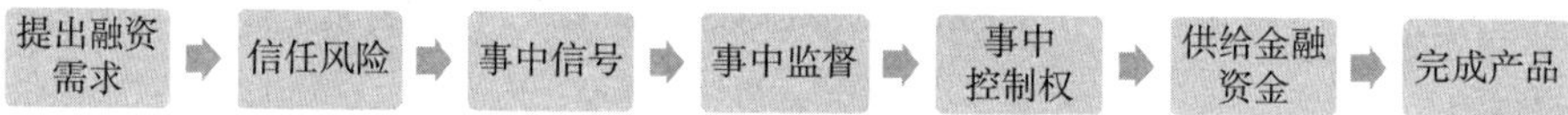

图 3-29　企业家在融资合作中让渡控制权的节点

思维模型：

如果企业家把控制权给金融家一部分，那么可能使得产品成功的概率提高 τ，但同时企业家也会从 N 中减少一部分私利权 γ，因此应该满足 $\tau \times R > (N-\gamma)$。这时候有助于增强金融家的信心，融资容易发生，如果融资发生后，企业家的效用也会增加。与企业家牺牲控制权后带来的损失相比，金融家可以给企业家带来更多的收益。一个典型的例子是企业家选择上市 IPO，发行带有投票权的新股，可能会丧失自己在企业内的绝对控股地位。

相反，如果控制权给金融家以后，企业家发现 $\tau \times R < (N-\gamma)$，那么企业家可能就不会选择努力改善经营的动作。企业家宁愿牺牲企业的发展，以保住自己对企业投资、运营、人事的控制。例如，保持私有企业不上市，那么可以很轻松选择自己的孩子作为企业的继承人，不付出私利成本 γ，这时候 γ 相当于子承父业的私利权。

96. 为什么越是高科技公司的企业家越主动需要被金融家控制?

高科技公司的一大特点是起步时投入的资金和收入不成正比，不同于很多普通公司一开始生产运营就能产生现金流，实现盈亏平衡后逐步壮大。高科技公司前期可能是零收入或者微收入，而前期的投入却很大。

但高科技公司具有的特点就是产品一旦建立，就有杠杆性，就像一部被发动起来的机器，能够源源不断地产生很长久的现金流。不同于短期项目模式，人力成本投入一批就产生一批收入，不投入或者不新增第二批项目时，收入容易枯竭。这类似于猎人（hunter）和农民（farmer）的区别，猎人总是一枪一枪打游击式地获得猎物，好处是可以吃到肉，但也会断食挨饿。而农民一旦精耕细作一片土地后，大概率总会旱涝保收，收入的稳定性和增长性相对可控。高科技公司企业家的目标就是要创造出农民式的产品，稳定持续地为企业产生收入。

因此，高科技公司企业家，应通过与金融家在控制权上合作的方式，让金融家前期投入，后期得到高收益补偿。最典型的互联网或生物制药公司，往往是企业家在控制权方面牺牲的写照。例如生物科技公司，一开始对天使投资金融家不仅让渡股权控制权，还牺牲临床试验的管理权给金融家指定的医药公司，对初始实验生产过程的控制权也让金融家“监控”起来，即使产品被监管部门正式批准之后，生产的控制权依然牺牲给外部人。在产品的销售上，金融家及医药商依然有一定的营销保留权，可以将生物研发企业家排除在营销过程之外。

反过来想，如果没有这一系列安排，金融家觉得会失控，则不会给予融资。企业家想清楚这些控制权的牺牲是值得的时候，就可以安心做自己的资源组织和产品创新了。这时候，不管自己是否努力，显示给金融家的信号总是比较积极努力的。

思维模型：

高科技的企业家通过让渡自己的控制权，表现出一个清晰的信心信号给金融家，设该强烈的信号为 σ_{hh} ，表示高度努力下还让渡控制权的信号，这种高信号是促使产品成功的高概率。反之，如果企业家内在很努力，产品也容易成功，但不愿意让渡控制权，这时候产生的是低控制权的信号 σ_{hl} 。当企业家判断自己让渡控制权后，促使产品成功的概率大幅提高，在自己在产品中的部分为 Y_1 ，不参与创业和不努力的好处为 N 时，有利于增加自己的私利，即满足（$\sigma_{hh}-\sigma_{hl}$）$Y_1 \geqslant N$ ，则企业家更愿意让渡控制权。如果企业家对产品只要努力了，成功的概率就相等，即概率 $\sigma_{hh}=\sigma_{hl}=1$ ，则企业家没有必要让渡控制权，例如传统的现金流充裕、不确定性小的行业。

97. 从金融家角度看企业家参加 EMBA 等教育培训有什么用？

有一些企业家在企业工作时，会抽空坚持参加再教育，包括 EMBA 等证书考试。这可能使企业家更加忙碌，甚至会挤占企业家在其他决策中的时间。那么这一行为除了可以扩充人脉、增进见识、提升眼界、获取商机等之外，还有什么作用吗？

金融家在给企业提供融资服务的时候，通常要考量多方面的因素，其中最难以观察的是企业家的个人努力程度，或者说是企业家对企业战略和管理的认知水平。不同企业家的生产能力具有差异，如果能被金融家发现其优势或潜力，尤其是在同一个行业的企业家，就更加容易从竞争激烈的融资需求者中胜出。也就是说，企业家需要主动向金融家发出信号，证明自己是一个思考者，不断进取并努力前行的学习者，有较大的雄心壮志和较高的学习效率，能够把企业做得更好更大。

如果企业家不太愿意学习，或者说学习的痛苦成本很高，那么获得同一个教育水平或教育学位的成本就较高。反之，学习能力和思考能力很强的企业家，学习的兴致可能较高，付出的成本可能较低。对于企业家来说，要向金融家发出自己值得被信赖被投资的信号，才容易获得资金支持，进取企业家的付出成本更低，发出信号的难度更小。但对于懒惰型企业家而言，发出自己是进取型企业家的信号难度较大。通过参加 EMBA 等教育培训活动，进取型企业家能从中获益，更能够向金融家证明自己学习效率高且不易被模仿，进而容易获得融资机会，何乐而不为呢。

思维模型：

因此，如果 R 是企业家去学习获得的收益，那么懒惰型企业家的成本 $C_H = \theta \times R$，进取型企业家的成本 $C_L = \gamma \times R$，成本系数 $\theta > \gamma$。

当相同的收益 R 减去各自付出的成本后，进取型企业家的最终价值明显会大于懒惰型企业家，则在图 3－30 中可以看到，进取型企业家的价值线斜率高于懒惰型企业家。

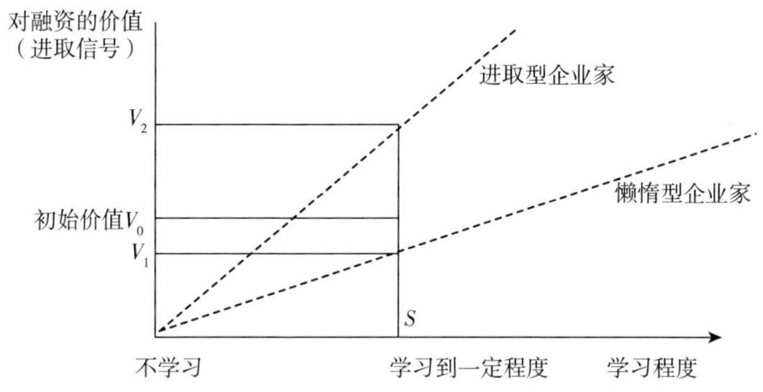

图 3－30　进取型与懒惰型企业家的学习效果

进一步分析，两种类型的企业家如果不学习，默认都能得到初始价值 V_0。

懒惰型企业家开始学习后，痛苦程度增加，成本随之增加，但学习量不够多，收获的价值有限，达到一定的学习程度时，如图 3－30 中的 S 点，只能获得 V_1 价值，显然没有超过初始价值。这样看来，所受教育的收获是得不偿失的。只有学习程度突破一定临界点后，懒惰型企业家的价值才能超过初始价值。

进取型企业家开始学习后，付出较少的学习成本，就能获得超过初始价值的学习价值，图3－30中显示进取型企业家学习程度达到S点时，即付出与懒惰型企业家同等程度的学习却能获得明显高于初始价值的价值V_2，在正相关的线性关系下，随学习程度加深，进取型企业家获得的价值将更多。

98. 企业家为什么总是喜欢风险但又要减少风险？

风险意味着成功或收益的可能性，但凡有雄心壮志的企业家是不会轻易放过任何一个盈利的机会的，追逐风险的实质是在追逐收益，但市场千变万化，高风险不一定对应高收益。减少风险也是在保护自己的利益，即“省下就是赚到”。在没有足够的保障和较好的退路之时，最稳妥的做法是规避风险，即不赚也不亏。当然，不同的人承担风险的意愿不同。通常来看，一个确定收益和两个不确定收益的均值相比，即使后面这两个不确定收益的平均值与前一个确定的收益相等，人们还是会选择这个确定的收益，因为这样保持了风险的规避。

当然，企业家不能完全规避风险的存在，而是在追逐风险的同时，充分考虑风险规避的影响，以此去承担不确定性。当然，为了减少风险的伤害，充分利用好不确定性带来的巨大机会，企业家需要在实施之前收集更多信息、做出更多逻辑思考。这种思考相当于做思想实验，做思想实验的时间成本远远低于实施以后的成本，但做思想实验的难度较大，需要总结、举出反例、层层推导、沙盘模拟等。

思维模型：

如果有确定性收入X_1，在不同人的眼中X_1产生的价值不同。因为不同的人有不同的理解，在一部分人眼中，用1份X_1换取的价值，与0份X_2和

1 份 X_2 这两种情况均值收入的 0.5 份 X_2 相等价。因为 1 份 X_1 得到的价值是 Y_2，0.5 份 X_2 得到的是 $0.5Y_4$，即 $Y_4 = 2 \times Y_2$。

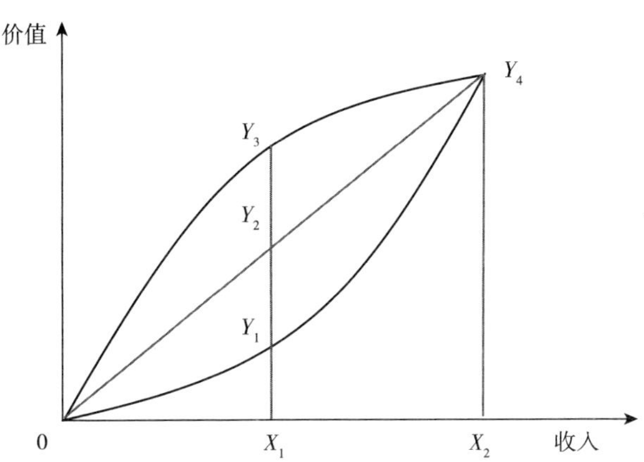

图 3－31　对相同确定性收入产生的效益价值的不同解读

而在另一部分人的眼中，这 1 份确定的 X_1 收入，对应的价值仅仅是 Y_1，而 0.5 份的 X_2 对应的 $0.5Y_4 > Y_1$，也就是 $Y_4 > 2 \times Y_1$。

在第三部分人的眼中，这 1 份确定的 X_1 收入，对应的价值是 Y_3，而 0.5 份的 X_2 对应的 $0.5Y_4 < Y_3$，也就是 $Y_4 < 2 \times Y_3$。

大部分人都会选择 $Y_4 < 2 \times Y_3$，因为这种不确定性的 Y_4，需要打折扣，不能等于 2 倍的 Y_3，对这种不确定性的不认可被称为风险规避。

但对于企业家而言，总是要寻找好的产品和项目，这些产品和项目能不能成功，是不能 100% 确定的，因此需要企业家来承担这种不确定性。只是承担这种不确定性，需要尽最大努力提高收入 X_2，寻找足够好的新产品和新项目，当 X_2 的收入足够大，它对应的价值即使被风险规避系数打折后，还是超过确定性收入对应的价值时，才愿意承担这种不确定性的好处。具体风险惩罚的程度，也就是规避系数 γ 的大小，可以用心理价值 V、实际不确定性 σ^2 大小程度、确定的收入 X，这三个之间的关系来定量分析，三者的关系如下：

$V = X - \sigma^2/\gamma$，从而可以得出 $\gamma = \sigma^2/(X - V)$，一旦认为不确定性的平均收入与确定性收入相等，那就是不惩罚，即规避系数 $\gamma = 0$。

99. 企业家如何将自己的冒险精神尽可能地定量化？

企业家不仅需要勤奋的付出，技术的创新，准确的市场认知，熟练的管理技能，更需要一定程度的冒险精神和勇气。

冒险精神一般落地到业务中，就是做战略选择。很多要在战略上做创新的产品，初期是没有任何现金流的，这时候想通过现金流折现的方式来评估产品，将很难获得新的市场机会，或者将错失潜在的新市场。例如一块土地或者专利产权可能并没有立即被用来建设新项目或新产品，但很多企业家会考虑花钱投入进去，或者花费时间和精力来详细研究这样的机会。

这里隐含的思想是未来的权利，也就是未来企业家可能有一种实施、展期、放弃或择时的期权。因此，可以用金融家的期权思路来定量化自己的冒险精神。

思维模型：

以现在为初始出发点，企业家总是根据乐观或悲观两种状态，将结果设定为二项选择，以可能的结果和对应的概率，做出决策树分枝（见图3－32）。

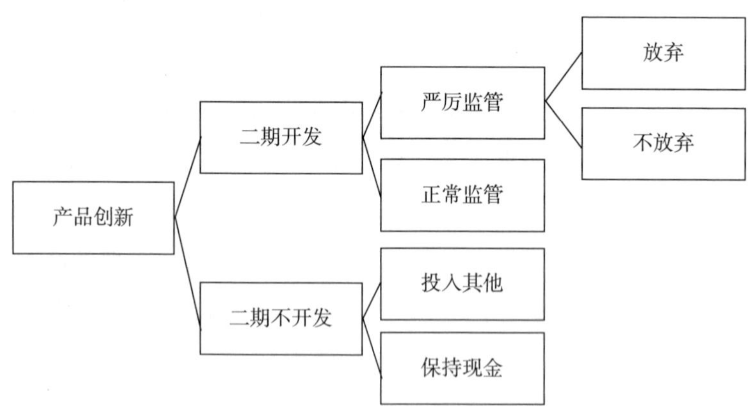

图3－32　产品创新的后期决策树

企业的产品创新项目启动一期之后，在第二期有两个选择，既可以选择继续开发也可以选择不开发。在开发情况下，考虑到监管环境的约束程度，严厉监管之下可能会放弃开发也可能不放弃而继续开发。第二期不开发情况下，企业可以选择持有这部分现金也可选择投入其他项目。这种二叉的思路在于，任何时候的结果都有向两个相反方向变化的可能。

同理，可以设企业价值变好的概率为 P，则变差的概率为 $1-P$。如果初始状态为 S，则期末变好的结果为向上（up）的 S_u，变差的结果为向下（down）的 S_d（见图 3－33）。

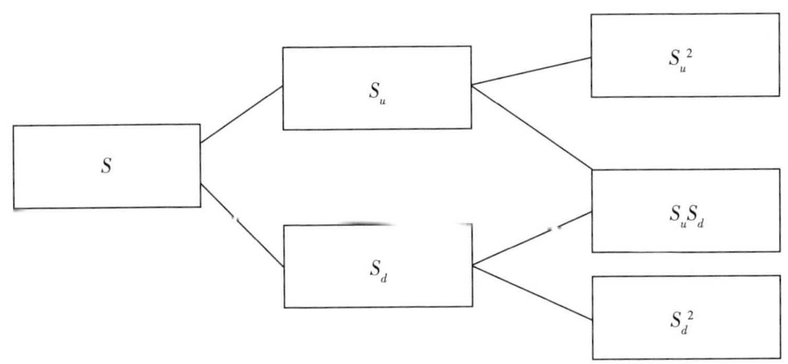

图 3－33　企业价值发展的可能性

当S在第一种可能性时变为 S_u，则下一期的选择性权利 $C_u = \max(S_u - k, 0)$；

当S在第二种可能性时变为 S_d，则下一期的选择性权利 $C_d = \max(S_d - k, 0)$。

其中，K 代表执行价。从最后时期往前推，那么前一期的 $C = [P \times C_u + (1-P) \times C_d] / (1+r)^t$，这样直到当前的时点为止。

通过二叉树的计算公式，可以得出企业家如果选择冒险，损失底线在何处，好处在何处。两者之间的差距有多大。

通过从后往前推，冒险的想法不是一闪而过，而是经过企业家的层层推导，接近定量化的决策。

100. 不在企业内部的金融家如何监督企业家？

企业家与金融家一合作就存在监督，最容易的监督方式是事后会计的收入确认，但这也给金融家带来了严峻的挑战，到时候可能收入为零，当初的资金供给就打水漂儿了。因此，金融家在早期就希望能看到相关信号。

信号虽然特别抽象，却是金融家事先监督企业家的唯一路径。如图 3－34 所示，在企业家提出融资需求到完成产品并实现盈利的链条环节之中，需要一个漫长的磋商过程，企业家需要发出事中信号，打破企业家与金融家之间因信任风险形成的壁垒，金融家才能供给金融资金，进而支持企业家完成产品。

图 3－34　事中信号在合作环节发挥的作用

因此，金融家对企业家的监督，是通过观察信号来实现的。通过信号强度，化解信任风险，从而实现金融的供给，继而实现产品创新。与此同时，企业家会在融资前事先提供自己会努力的信号，不管是自然流露还是刻意提供，以便让金融家监督。

思维模型：

金融家一般会事先通过一些信号判断企业家的可靠程度，衡量自身的监督成本。假设企业家的努力与发出的信号之间有对应关系，那么数学上有一个精致的表达是条件概率，信号 $\sigma = P($信号 | 努力$)$，也就是在很努力的条件下发出信号的概率。

当然，企业家很努力，发出的信号是很努力，也可能被误认为是不努力。

所以，企业家在努力 h 的时候，发出的信号分两种：σ_{hh} 和 σ_{hl}。这表

示努力 h 时，发出的信号可能分别是努力和不努力，$\Delta\sigma$ 表示企业家很努力与不努力时在信号展示输出上的概率差值。

发出信号后，再根据信号事前估算，企业家把产品做成功的条件概率 $\nu = P$(成功 | 信号)，也可以分为两类 ν_h 和 ν_l。

那么，企业家事前看起来成功的概率就是两种条件的集合，所以事前看起来，估计能成功的概率 $P_h = \sigma_{hl} \times \nu_h + \sigma_{hh} \times \nu_l$。

也就是说，如果金融家不仅等到尘埃落定，看企业家满足 $\Delta P \times Y_1 \geqslant N$ 时才能判断企业家是否愿意努力使得产品成功。更会事先根据信号，而不是事后概率来判断企业家的行为，看的是 $\Delta\sigma \times Y_1 \geqslant N$ 这个条件。

101. 企业家为什么需要发出信号让金融家更懂自己？

有了信号机制，企业家的努力就容易表达出来，企业家的融资能力就会增强。那么，企业家要如何做才能让金融家更懂自己呢？

企业家发出的信号中可能包括噪声，也可能放大。金融家接收到的信息也很多，一般不仅包括企业家的绩效和努力程度，也包括媒体以讹传讹、各类外生的冲击信息，甚至各类错误的信息。有认知的企业家，会特别注意这一点，利用公共关系和媒体保护好信号通道和机制。比如建立科学规范的信息披露机制，尽管可能需要付出一定的显性成本，比如成立信息披露部门，招聘相关人员，甚至带来隐性的成本，如让竞争者获得了企业家的战略信息。但为了让金融家知道自己的利好信号，需要这么做。

思维模型：

金融家和企业家没有合作之前，对彼此都不熟悉，没有建立一定的信任机制，这时需要一定的力量推动二者加深合作意向。如果企业家能够发出很强的高概率成功信号，相当于有一个信号放大器，那么可能会出现 $\nu_h > P_h$，ν_h 是发出的信号值，P_h 是实际能够成功的概率值，当发出的信号强于实际概率时，也就是金融家受到企业家很大的信心鼓励。那这个企业家就会得到融资奖赏，比如短期上，企业家自己的股票金融资产的奖赏量就是（$\nu_h - P_h$）$\times Y$。

102. 金融家在融资中持续监督企业家有什么好处吗?

金融家可能会不停地收集企业家的信息，并且可能会把收集的信息披露给其他金融家。比如证券分析师就在不停地收集信息，尽管客观上发挥了监督作用，但收集信息是有成本的，也就是说监督是有成本的（见图3－35）。

图3－35　金融家的事中监督作用

对于金融家而言，监督企业家，对自己有什么好处吗？很明显这种监督能够有效全面地了解企业的一些详细信息，对判断企业家的综合能力和资质以及是否值得投资有很大的帮助。此外这种监督对企业家产生一定约束作用，致使企业家合规经营，积极努力工作，提高企业内部绩效管理和营运能力，进一步释放出企业家值得信赖、产品成功概率较大等利好信号。同时也有激励作用，促使企业家参与市场竞争，不断提升企业的品牌价值和声誉。企业家和企业的进步意味着金融家未来的回报可靠。

当然，也有可能有金融家和企业家合谋起来，金融家选择取悦企业家而不是监督企业家。这时候，企业家选择不努力，获得私利，金融家可能面临损失。双方艰难地谈判，企业家给金融家一定的补偿，这种补偿可能是友情，也可能通过有关联的一方来实现，如竞争者、采购商、顾问甚至会计师等。

思维模型:

如果金融家不收集不监督，那么监督成本为零，由于不看企业家发出的信号，金融家得到的收益就是正常的 $P_h \times Y$；但如果看到信号，则可能得到（$\nu_h - P_h$）$\times Y$，其中 ν_h 是发出的信号值，P_h 是实际能够成功的概率值。

当然，也可能得到反向的负面信号，那么将得到（$\nu_l - P_h$）$\times Y$，这是小于零的。但得到这个负值，是否值得？对于金融家的这些资产的未来保护而言，是值得的，因为提前发现病症，可以提前做好防范措施，避免资产后期损失。

103. 为什么企业家要避免给金融家带来赢者的诅咒？

企业家相对于金融家而言，是企业内部事物的信息知情者，金融家最多算是外部陪跑者和监督者。很多时候，金融家也对企业内部事物的信息了解较少。

市场上的金融家可以分为两部分，一部分对企业家信息了解较多，另一部分信息拥有较少。信息少的金融家，可能对企业家的好坏难以区分，对不同企业家提出的融资需求难以辨别，那么相对安全的做法，就是对所有的企业家都提供同等平均的融资或都不提供融资。

但对于信息量多的金融家而言，他们青睐自己特别了解信任的企业家。知道确实是好的融资需求时，就全力支持这个企业家的融资，而且因为知道更多信息，往往会大手笔提供资金。

那么，如果只是按照融资资金量的大小，企业家按比例把融资额度分配给这些金融家时，比如新股上市或者配股时，信息少的金融家对每家企业平均提供融资，则在这个企业上，获得占比也就约为平均数，不会太高。相对于信息多的金融家，这类信息少的金融家成不了赢者，因为提供融资的比例比信息多的金融家少。

而当企业家遇到适度困难的时候，信息多的金融家，知道本次融资后的收益可能不太好，可能就会选择回避企业家，减少投资额度，因为融资额度此时还有很多，使得信息少的金融家的投资占比可以增加，这时信息少的金融家就无意中成了赢者，但得到的都是不好的投资品种，投资项目失败的风险极大，因此吃亏的金融家便不会与企业家保持长期的合作关系。信息少的金融家成了赢者却如同被诅咒一般的这种情形，原因就在于金融家之间的信息量差异太大。

因此，企业家在面对不同的金融家时，应提供相同的信息，除非有的金融家在尽职调查时不愿意了解更多信息或了解信息的能力太差。企业家应主动避免让金融家陷入赢者的诅咒，这样才能获得更多金融家的信赖支持并维持长期的、全面的、多方位的合作。

思维模型：

设融资的真实价值为 X^*，信息量不同，认知的价值在 X_L 和 X_H 之间，每个人只能知道的价值 $X = X^* + e$，其中 e 为变动幅度。

尽管参与者 N 的数量理论上不影响融资的价值，但实际上统计发现，融资价格 X 严重依赖参与者的数量 N，而数量 N 又受制于信息量的均匀程度 S。也就是说 $e = e(N)$，$N = N(S)$。如果 S 不通过数量 N 传导，则导致 e 的大小变化较为理性，但人数一多，则会放大整体的偏离度，以及 N 内部的差异程度不同，部分 N 成为赢者，但可能往往却是亏损的。

104. 是否有好的定量指标判断企业家和金融家的强弱关系变化？

企业处于动态变化之中，金融服务也处于变化之中，常常面临“客大欺店”或“店大欺客”，买方市场或卖方市场总是在动态转换，并不是一成不变的。

强势的一方，产品的量少且价高，具有市场势力。当然，即使强势的一方，对价格也不是为所欲为，有可能价格被管制，那么则可能供给短缺。如果没有价格管制，越是强势的一方，越是按照自己的总体收入来规划经营整体的布局，当然不只是考虑提供产品的数量 Q 及几个 P 以后的总收入 $P \times Q$，还会考虑每多服务一个产品，可以带来多少收入，也就是 $\Delta(P \times$

$Q)/\Delta Q$ 的变化。

事实上，“店大欺客”来自刚需的力量。这种刚需既是对产品和服务本身的需要，更重要的是对企业在所有供给者中的特殊需要，只有两者都刚需的时候，用户的灵活度才能被企业掌控抑制，企业的定价才会更高。

因此，一般分析对手方的市场强势程度，主要是考虑市场弹性，市场弹性由产品本身的吸引力决定，也和提供产品的供给者数量或者隐藏在供给者背后的共谋程度有关。企业家和金融家也可以借助这个市场弹性判断彼此的强弱关系。如果一个企业家不聚焦于产品质量本身的提高，而是聚焦于供给者共谋等非生产行为，则被称为寻租，即自己不生产，但收生产者的租金。

思维模型：

如图 3－36 所示，当企业生产量为 Q 时，收入曲线对应金额与成本曲线对应的金额相交重合，即此时的利润为 0，随着企业产出量的增加，收入逐渐上升，成本缓慢上升，收入与成本的差额扩大，利润曲线处于上升趋势，直到企业达到最优产量，即 Q^*，此时的收入减去成本后得到利润最大值。可见利润的变化趋势取决于成本和销售收入，而销售收入很大程度上取决于产品单价。

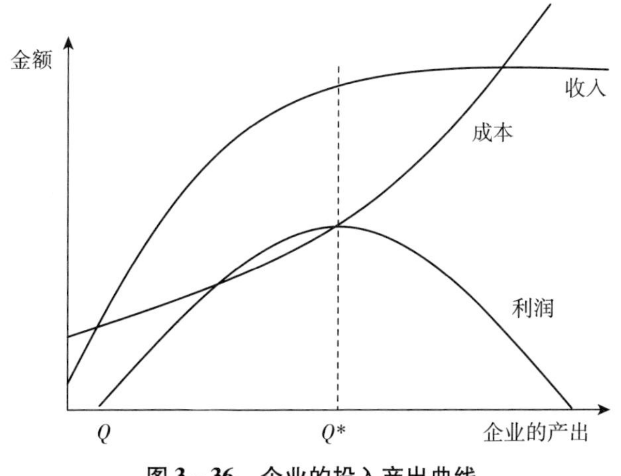

图 3－36　企业的投入产出曲线

经过计算以后发现，强势的一方会考虑两方面因素，一是单位动态成本，如果成本高，就要加价；二是对方用户的需求灵活度方面，如果用户的需求灵活度很差，对企业的依赖度很高，那么企业的定价就可以高一点。

因此，强势一方的定价 $P = C_m/[1+(1/E_d)]$，其中 C_m 是动态变动点的成本，E_d 是用户的需求灵活度。

更加简化地，可以将这种定价转变为市场强势度指数 L，则有 $L = (P - C_m)/P = -1/E_d$，也就是金融家或企业家的强势程度，主要来源于用户的需求敏感度。

例如第三方理财超市，一般可选的灵活度表示为 10 的话，那么服务价格 $P = 1.1 \times C$ 左右，也就是理财超市的加价价格大约为成本的 10%；如果让用户的可选灵活度降低至 5，则可以加价到 20% 以上。

当然，并不一定代表用户对产品越刚需，利润就一定越高，如果销售面不是足够广，市场份额不是足够大的话，且企业背负较多的固定成本，则赚取的利润也不会太多。

105. 为什么金融家总是将自己的募资业务与融资业务捆绑给企业家？

当企业家去银行融资贷款时，银行总是要求企业家做出存款动作，将存款业务与这种贷款业务结合起来，或者保险金融家总是喜欢提供保险套餐计划，这种捆绑和搭售的方式，是金融家实施捆绑销售和服务定价的表现。

将什么样的产品捆绑，以及捆绑以后的综合定价是需要重点考虑的。挑选两个产品进行捆绑的依据是两个产品的负相关程度，也就是对一种产品具有较高的心理底价，对另一种产品具有较低的心理底价，当两者相加占了便宜或能够忍受的时候，捆绑才能有效果。如果两个产品的保留价格完全正相关，也就是心理底价认为其中一个贵、另一个也贵，或者认为一个便宜、另一个也便宜的时候，就会出现捆绑与不捆绑的效果相同，即两种产品的卖方标价之和与买方的心理价格之和相等。

当金融家制定的捆绑策略能够低于企业家的心理底线价格时，金融家总是乐于将募资业务与融资业务捆绑推销给企业家。

思维模型：

如果两个产品的价格分别为 P_1 和 P_2 ，企业家的心理底线价格分别为 Y_1 和 Y_2 ，那么心理上的总价格是 $Y_1 + Y_2$ 。捆绑销售时需要判断心理底价与产品标价的关系，会形成四种判断：

一是 $Y_1 < P_1, Y_2 < P_2$ ，且 $(Y_1 + Y_2) < (P_1 + P_2)$ ；

二是 $(Y_1 + Y_2) > (P_1 + P_2)$ ；

三是 $Y_2 > P_2$ ，但 $Y_1 < P_1$ ；

四是 $Y_2 < P_2$ ，但 $Y_1 > P_1$ 。

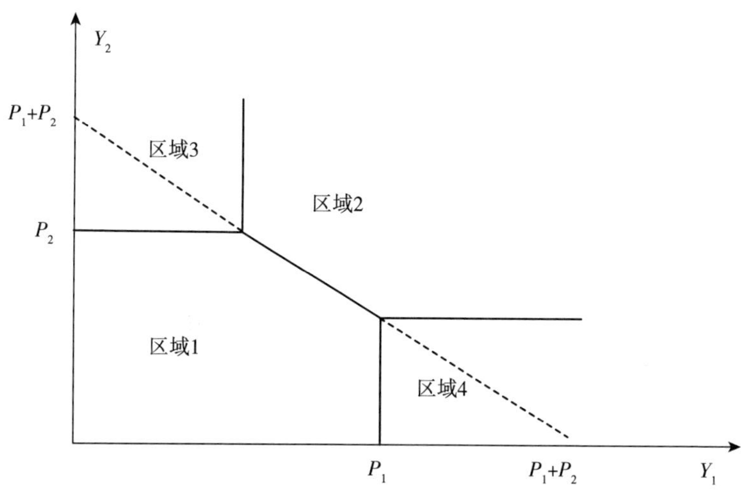

图 3－37　捆绑销售的选择区域

由图 3－37 所得，若产品或服务在区域 1，企业家全都不会买，因为 $(Y_1 + Y_2) < (P_1 + P_2)$ ，即产品捆绑之后的价位大于企业家的心理底价；在区域 2 时，企业家会购买捆绑产品和服务，因为 $Y_1 > P_1, Y_2 > P_2, (Y_1 + Y_2) > (P_1 + P_2)$ ，产品或服务捆绑之后的售价低于企业家的心理底价；区域3中 $P_2 < Y_2$ ，$P_1 > Y_1$ ，只有产品2的价格小于心理底价，故只会购买产品2；同理，企业家在区域4内只会购买产品1。

106. 金融家到企业套利投机的原理何在?

金融家注重投资过程中每一分钱得到的回报水平。其实质与企业家一样，企业家是每投资一分钱，不管是购买原材料还是给不同的人发工资，也注重花钱的值得性。只不过企业家这一动作是在企业内部完成为主，金融家受到限制，只能把钱投给企业家，让企业家代替自己去完成这一分配。当然，金融家没有企业家那么清楚事情的来龙去脉，也未必有能力和动力去完成这些专业的做法。

但金融家每时每刻都在比较自己所投资的企业在哪些方面发生了变化，整体反映企业表现的股价是否会因为某些微小的变化发生大幅波动。如果企业家的细节操作或受影响程度会产生大的变化，那么一部分敏感的金融家会选择事先逃离或事先进入股权投资。

一旦金融家发现两个企业家的股权回报价值整体面临相同大小的风险因素，但提供了不同的收益回报，或者有同等的股权回报收益，但风险因素的大小不同，对应地，金融家就会购买相同风险下收益更高的那个企业家的股权股票，或调整不同风险因素的比例。通过这一不断调整的过程，直至两个企业家的风险因素和收益因素之间符合对等性。在这个调整过程中，每一次得到的无风险且正收益的好处，称为套利，也就是套取的利益。当金融家过于频繁地调整，不停地买卖，或者“空手套白狼”，往往被戏称为投机。

思维模型:

市场上广泛存在的投机型金融家，无疑是在风险承受能力之下，希望在短时间内快速寻求可观的利润空间。市场洞见深邃和思维敏锐的金融家，往往会把企业家的股权回报拆分得更加细致，如果一般的金融家是将企业家的股东价值回报拆分成阿尔法和贝塔两部分的话，这类敏感的金融家会拆分成多个部分，$E(R) = R_f + \beta_1[E(R_1) - R_f] + \beta_2[E(R_2) - R_f] + \cdots + \beta_n[E(R_n) - R_f]$。

把每一项看成影响企业家股权价值的一个风险因素，每一个 β 就是这个风险溢价的系数，比如有的是与国家的经济生产总值 GDP 相关的，有的是与物价水平 CPI 相关的，有的是与企业的市场占有率相关的。

107. 为什么企业家和金融家对风险的描述常常莫衷一是？

在企业经营中，企业家一般认为有损失就有风险，没有损失就没有风险。而金融家往往认为，只要有不确定性，就有风险。那么关于风险的认知，二者有哪些差异呢？

看一项投融资决策风险具体有多大，最简单的做法是将回报率结果画在一张图上，看结果的分散程度，也叫波动程度或变动程度。

一旦回报率有了变动性，那么企业家希望的持续稳健复利增长将变得困难重重，也就是说，波动性是持续复利回报的杀手。

更进一步，只考虑这种会伤害复利的波动，而不考虑超额正向回报太多变化的这种情形，那么可以对一般的标准差进行再修改。不再认为高于平均值和低于平均值的待遇是相同的，也就是只衡量低于平均值的波动性，因为高于平均值的波动，并不是风险而是惊喜，不应该被惩罚。

另一个角度，金融家常常从可能性来描述风险。如果说一个企业家今年的回报率有 68% 的可能性在（15%，25%）之间，95% 的可能性落在（10%，30%）之间。那么大致可以推断，企业家平均回报水平为 20%，一个变动区间是 5%。一般情况下，68% 的可能性对应的是 1 倍的变动区间，95% 的可能性对应 2 倍的变动区间，这个变动区间称为正态分布里面的一个标准差。如果说风险是一件坏事，那么考虑了事情不确定性和变动性的标准差是衡量这件坏事的一个好方法，标准差衡量了波动性，也度量了风险。

不仅是考虑正常情况下的可能性分布，在金融市场上，企业家的业绩表现往往并不是像自然界的正态分布那样，而是落入小概率事情的情况比较多，黑天鹅事件也比较容易发生，这种情形被统计学家称为肥尾。这时，金融家常使用具体的分布图来确定可能性大小，这被称为 VaR 值法。把所有的事情按照频率可能性排序，得到分布图后，根据分布图的取值和其对应的面积关系，可以得到事物的可能性大小。

思维模型：

如果企业家和金融家想要量化描述风险，达成对风险的一致共识，可以衡量回报率的变动程度，计算的方法是先找到平均值，然后把每一点与平均值的差距找出来。当然，因为是多个点，所以就有多个差距值，进而求出这个差距的平均数，即 $\sqrt{(1/T)\sum_{t=1}^{t=T}(r_t-\bar{r}_t)^2}$，或者根据每个点的可能性概率 P_i 大小求出 $P_i\times\sqrt{\sum_{i=1}^{n}(r_i-\bar{r}_i)^2}$。可以看出，这个数字越大，说明其与平均值的差距越大，越不能紧靠平均值，则风险越大。如果时间区间不一致，则可以进行折算，例如企业的日回报率的变动很小，那么计算年度变动时，应在日波动率上乘以时间的平方根系数，例如 $\sigma_y=\sigma_d\times\sqrt{T}$。又如几十年的波动率过大，那么对这几十年中的一部分年份开平方根，例如其中的 T 年的波动率 $\sigma_y=\sigma_{NY}/\sqrt{T}$。

复利增长率也受到波动性的影响，因 $r=e^{[\ln(1+\bar{r})-(1/2)\times\sigma^2/(1+\bar{r})^2]}-1$，可以近似地 $r\doteq\bar{r}-(1/2)\times\sigma^2$，复利回报率就是几何回报率，比算数平均数的回报率小，尤其是回报率波动较大的时候。

另外，可使用 $[\min(r_i-\bar{r},0)]^2$ 得到 $\sqrt{(1/T)\sum_{t=1}^{t=T}[\min(r_i-\bar{r},0)]^2}$，当 $\bar{r}$ 本身为负数的时候，还可以把 $\bar{r}$ 替换为 0 或无风险利率，相当于只衡量低于平均值的波动性。

如图 3－38 所示，$\mathrm{VaR}_c = x, P(X \leqslant x) = 1 - c$，其取值 X 时，X 左侧的面积代表了可能性大小，这个可能性＝（$1 - c$）%。

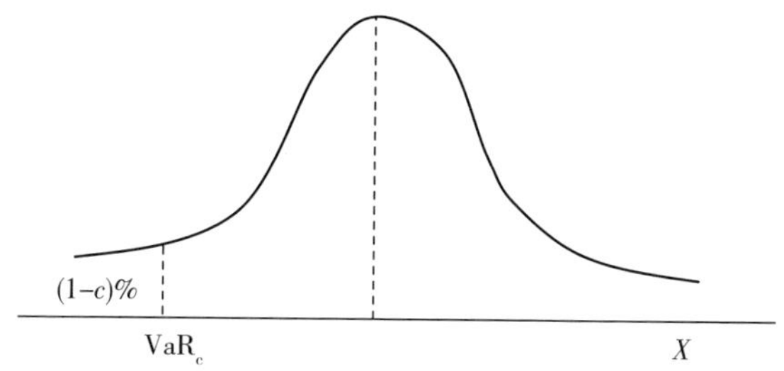

图 3－38　正态分布下的 VaR

按照分布图的原理，c 就是置信度，例如 95% 可能性的这个置信度。正态分布下，则有 $\mathrm{VaR}_c = \mu + k \times \sigma$，$\mu$ 代表均值，σ 代表标准差，k 代表正态分布时标准差的倍数。可以查表发现，在标准正态 95% 的可能性和 99% 的可能性下，k 的取值分别为 －1.64 和 －2.33。

第四篇

服务企业家个人的金融思维

108. 企业家购买财富管理产品时为什么需要辨别净值型或非净值型?

将资金投资到一个金融产品，类似于把钱投入企业，但资金运作模式不同。资金运作模式是将资金运用在投资中所采用的组织形式与运作方式。资金一般是以股性或债性的形式进入企业，其中债性资金通常可以发放贷款或购买债券，股性资金常常用来购买股权或股票。如果是债券和股票，每日可以看到估值的变化；如果是贷款或者股权，则很难在每日这样高的频率中得到资金回报率对应的净值。

资金进入金融产品，金融产品一般必须再投资债券、股票、股权、贷款四类资产，当然也可以包括衍生的品种。如果金融产品里的投资品，在一个高频率上可以得到扣除费用后的价值，即净值的话，则称这种产品为净值型产品。如果资金投入金融产品后，并不能高频率得到公允价值，甚至在产品结束前都不能得到净值，则为非净值产品。

与此同时，如果按照对退出和新入的约定，可以根据是否允许购买者随时申购赎回来定义为开放型和封闭型。开放型的特点是高频率，可以申赎。封闭型则在金融产品期内，可以不设赎回机制。因此，按照对资金运作后价值披露的不同约定，资金运作模式在金融产品中，可以分为开放式净值型、开放式非净值型、封闭式净值型、封闭式非净值型四种模式。

对于其中的封闭非净值型，容易被庞氏骗局模式所利用。因此，企业家要避免庞氏骗局，就需要拆开产品，观察其中的净值和开放封闭运行方式。

思维模型:

企业家辨别净值型和非净值型的财富管理产品，能够更好地评估自己的理财风险。在图 4－1 中，四种产品运作模式形成四个区域，不同的运作模式会使产品形成不同的交易结构，从而满足不同的投资需求，进而影响投资者的不同习惯，也会影响金融产品管理人的管理难度和管理风格。

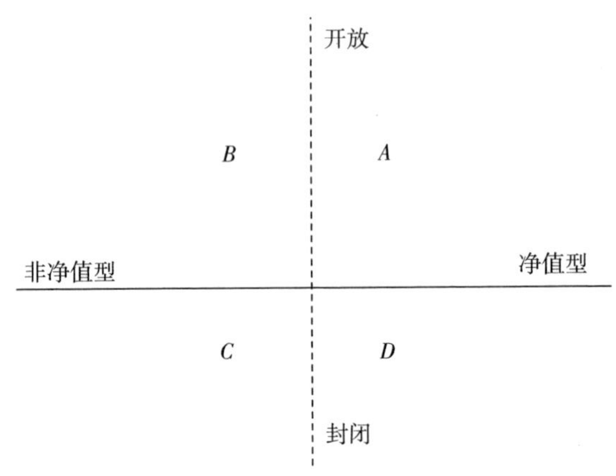

图4－1　净值型与非净值型金融产品

值得一提的是，这四种运作模式中，封闭式非净值型模式即C区域，因投入后不可赎回，是封闭持有直至到期，且中间不告诉投资者该产品价值变化。故而C区域容易被批评怀疑存在庞氏骗局的可能。庞氏骗局是意大利人庞兹（Ponzi）1919年利用新投资人的资金向旧投资人支付回报的模式，以制造投资获利的假象进而骗取更多新的投资。在这一骗局中，投资运作成为一个黑箱，资金运行时对外封闭，且不公布净值，这使得发行人可能存在欺骗行为，发行人可能运用后进入的资金为先进入的资金进行兑付，但并未进行实质优良的投资运作。投资者选择理财产品时，需要警惕庞氏骗局存在的风险。

109. 为什么提供给企业家的私人银行服务总是分级分类的？

企业家大部分时间聚焦于企业的战略与内部管理，承担巨大的资金风险、时间风险和健康风险，远胜于一个普通工作者的低风险、低成本。也就是说，企业家的时间机会成本较高，当面对消费或者私人生活要做出选择的时候，与创造企业的回报机会成本相比，个人消费的筛选时间占比相对较低。

这一约束，使得企业家的私人需求弹性较低，也就是进入一项私人选择或退出一项私人决策的灵活性降低。例如乘坐飞机时，头等舱和公务舱不需要花费太多的抢票时间和比较成本，使得企业家对高价机票的弹性较弱。

金融家向企业家提供这类私人银行服务，例如家庭财富的管理、银行卡等级、保险保障种类、会员等级、信托计划、孩子上学交费等方面，总是提供明显的等级和类别，以便于企业家清晰区分自己所需要的服务。同时，金融家自己在这一过程中也会得到更高的金融回报。

思维模型：

如图 4－2 所示，当金融家设定分级产品和服务内容时，企业家当然可以在较低的价格 P_L 处得到金融服务，但是会夹杂在 Q^* 数量的所有被服务者中，如果想要节约成本，将自己从众多被服务者中间区分出来，那么只需要选择更高的价格 P_h。

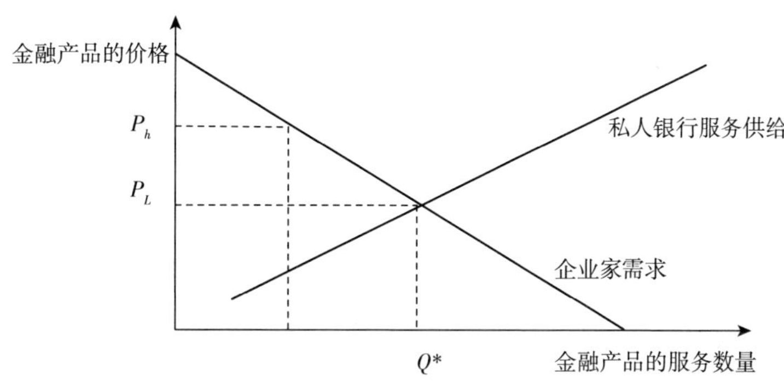

图 4－2　金融产品市场的供需曲线

此时，私人银行家也会得到更多的利润，设利润 $\pi = P_H \times Q_1 + P_L \times Q_2 - C$，可以得到 $\frac{P_H}{P_L} = \frac{1 + 1/E_2}{1 + 1/E_1}$，其中 $E = \Delta P \times Q/\Delta Q \times P$，当 $E_1 = E_2$ 时，则是金融家利润最大的时候。

也就是说，只要企业家应对生活中价格的灵活性与一般人相同时，那就是私人金融家对企业家的金融服务分等分级消失的时候。

110. 企业家购买金融理财产品时为什么无法做到事前验货？

投资金融理财产品，不同于消费其他非金融产品。大多数非金融产品，购买前就能知道质量，但金融产品是购买之后，且必须在“消费之后”，才知道质量如何，是否会违约，回报率的高低。

当然，对于部分金融产品，可以通过加强担保来保证质量，例如信贷类的资产，这时产品的质量不是由自己决定，而是由担保力度决定，因为购买者可以得到完全赔偿，则产品质量将不再重要。如果金融家不愿意提供完全的担保，那么企业家可以怀疑猜测不被担保的产品质量可能有问题，因为低担保等于低质量。反之，完全担保会吸引甄别能力不足的用户或高风险买者，而对于有甄别能力的买者，他们会去买低担保产品。所以金融家提供的产品中一般是有担保的，但也有不完全担保的，以供不同的人挑选。

市场上的产品按质量确定性程度的高低可分为搜寻品、经验品、信任品三类，对应消费者的决策、购买、消费和反馈等一系列环节，消费者对产品的青睐偏好会有所不同。

对于信任品，产品的信息无法确定，一般只有消费者购买之后才能知晓质量如何。例如金融产品中的基金经理，自己也不清楚这个产品的回报率和损失到底会有多大，为了防止欺骗发生，常常需要第三方或政府的强力监管介入。这也是为什么庞氏骗局最容易出现在金融产品上，政府也总是对金融产品加强监管，如发放牌照、最低信息披露、履职经历、执行编号等。

因此金融产品属于信任品，不仅购买前不确定，消费之前也不确定，只有消费之后，也就是产品持有一定期限或到期了，才能确定知晓回报高低或损失大小。

思维模型：

由于搜寻品的质量比较确定，消费者购买之前只需要搜寻产品，直接做产品选择即可。

图 4－3　不同产品性质对应的购买消费环节

经验品的质量确定性弱于搜寻品，需要了解产品的内在信息，尤其是通过重复购买来掌握信息，消费时即可验证质量如何。例如一个餐厅的风味能否长期受欢迎，也需要生产者能够积极主动提供信息，让消费者反复到店光顾。而金融产品，不属于搜寻品和经验品，而是信任品。

111. 为什么金融家提供的保险金融服务总是保全额但费用高?

在保险金融服务上，保险公司的保单总是有两类情景，要么是容易发生赔付，要么不容易赔付。与此对应的是两类买者，一类是高风险买者，另一类是低风险买者。

买者相对于保险金融公司，更了解自己一些基础信息，更容易推测自己可能发生灾难的概率，例如自己企业里的财产情况、安全程度以及个人健康程度等，而保险金融公司通常对这些信息的真实情况不太知晓。买者认为自己发生灾难的可能性越大，则买保险的概率相对越高，希望通过花费保险费，在发生损失后可以得到保险赔偿来保障利益或减少损失，这种购买决策的可能性与灾难的可能性大小是成正比的。

金融家知晓这种情况会发生，担心来买保险的都是风险易发群体，面临大批量的赔付保单，自己最后会亏得血本无归。那么较好应对的方法是推出全额赔偿的保险产品和服务，宁可把价格制定得高一点，因为高风险者通常不会来买非全额赔偿的保单。但制定高额保费的全额赔付保单的坏处是，保险金融公司因此减少了向低风险买者提供的服务。

金融家通过向高风险买者提供全额保险，赔偿额等于损失额；向低风险买者提供非全额保险，也就是赔偿额小于损失额，实现了对不同风险者的区分。按理说，低风险的人应该是保险公司比较欢迎的客户群体，因为这类保单需要赔付的小，盈利会提高。但保险公司在高风险买者的倒逼之下，不得不扭曲定价，采取非线性定价模式，牺牲低风险人的利益，总是倾向于制定出高保险费的全额保险。

思维模型：

假设一个买者拥有的收入为 I，预期出现 L 损失的概率为 θ，自然损失为 0 的概率就为 $1-\theta$，保险公司提供的赔偿是 S 的话，只有当买者发现自己购买保险以后的价值 V 大于不买的时候，才会购买价格为 P 的保险。

因此，购买的条件是，$[V(I-P+S-L)\times\theta+V(I-P)\times(1-\theta)]\geqslant[V(I-L)\times\theta+V(I)\times(1-\theta)]$。其中，$V(I-P+S-L)$ 代表买者以价格 P 购买保险后，出现了损失 L，并获得了保险公司赔偿 S 的情形；$V(I-P)$ 代表买者购买保险后没有发生损失的情形，这两种情况乘以各自发生的概率，加起来就是买者购买保险后的总价值。

$V(I-P)$ 指买者没有购买保险却发生损失 L 的情形，$V(I)$ 指没有购买保险也没有发生损失的情形，这两种事件或情况乘以各自发生的概率，加起来就是买者没有购买保险后的总价值。

保险购买与否，取决于当事人发生了灾难后得到赔偿的价值大于不发生灾难也不被赔偿的价值。而保险金融公司的利润是 $P-S\times\theta$，要使得买者利润最大，那么 $S=L$ 是应该的。

如果用买保险得到赔账的变化值和付出保费的变化值的比值表示为利益 G，即 $G=\left(\frac{\Delta V}{\Delta S}\right)/\left(\frac{\Delta V}{\Delta P}\right)$，那么发现 $\Delta G/\Delta\theta>0$，也就是利益的大小与灾

难发生概率值成正比，即风险事故发生的可能性越高，购买保险的欲望越迫切强烈。

保险金融公司对这两类风险概率不同的服务群体区分如图 4 -4 所示。

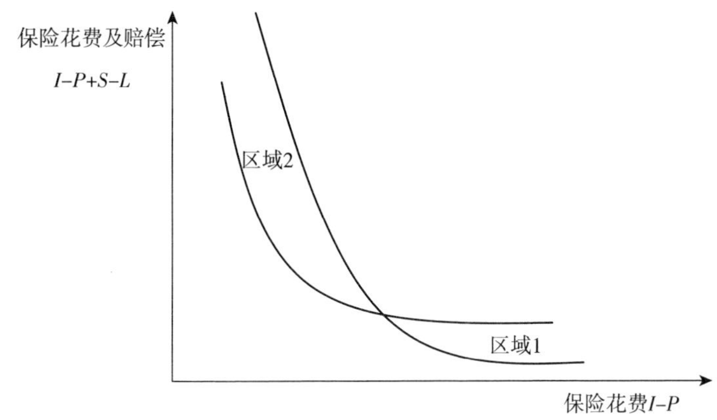

图 4　4　高低风险投保者的区域划分

由图 4 -4 可见，保险金融公司对买者们进行了风险筛选，假设前提如前所述。区域 1 是低风险者，由于发生损失的概率很小，保险公司几乎不需要赔付，所以购买保险后的价值剩余为 $I-P$，但低风险者也可能不买保险，保险公司就毫无盈利可言。

区域 2 是高风险者，在风险发生后得到赔偿的价值剩余为 $I-P+S-L$。可见，高风险者区域大于低风险者区域，这部分群体更愿意购买保险，保险公司为避免亏损，且想获得更多收益，就只能提高保费。

112. 金融在企业的家族传承中如何发挥作用?

当一个普通的年轻人不能从父辈那里继承到财富时，要想成为企业家，往往只有寻找风险投资金融家，但风险投资家如果向该年轻人投资也是因为该年轻人有资本，只不过是无形的人力资本。

如果不具备优势的人力资本，可能就需要先为企业打工，积累财富之后，再用于后期创立自己的公司。当积累了足够的启动资金时，自己才有可能成为企业家。

反之，一个已经发展很好的企业家，如何将自己的企业传承下去？在家庭成员生命期有限的情况下，希望家族企业永存。如果有足够的资金，父辈会以遗产方式留给后代，后代基于此启动资金，进行续业或创业。

从金融家角度看，企业家的传承问题本质是一个能不能获得长期融资的问题，只不过这个长期融资是由多个短期融资构成的，每个短期的融资又依赖企业家这时的自有资金 A 的情况和努力程度。反之，如果下一代的传承资金因为努力逐步增加，总是超过融资需要的自有资金量，则可以继续维持创业创新。

思维模型：

设企业家的资金分为自己消费投资、传承给后代的遗产两部分，$Y = I + \ell$，其中 ℓ 为遗产的资金，遗产比例为 a，有 $\ell = aY$，则自己消费投资为 $(1-a) \times Y$，企业家目前的福利表达式为 $(\frac{I}{1-a})^{1-a} \times (\frac{\ell}{a})^{a}$，每一代遗产是上一代遗产的一个比例时，即 $\ell_t = a \times \ell_{t-1}$，当遗产值 $\ell_t < A$，A 是产品创业所需的自有资金，即遗产值不足以作为启动时的自有资金，则只能用于低回报率的储蓄时，将开始进入世代贫困。

尤其是当 $(R - N/\Delta P) = (I - A)$，其中，$R$ 代表企业获得融资后，创新生产成功后的盈利，N 为企业家私利，I 是企业需要的总投资额，A_{t+1} 则是 $t+1$ 期所需的自有资金。因为不努力使得 ΔP 变得很小，那么同样的投资需求下需要的自有资金量就比较大。

因此，如图 4－5 所示，下一期的自有资金，依赖本期资金和遗产系数，如果本期不能实现投资，财富不能增加，则下一期自有资金将逐步减少，如减值曲线所示；如果能够保值增值，那么自有资金的财富将会逐步增加，如增值曲线所示。

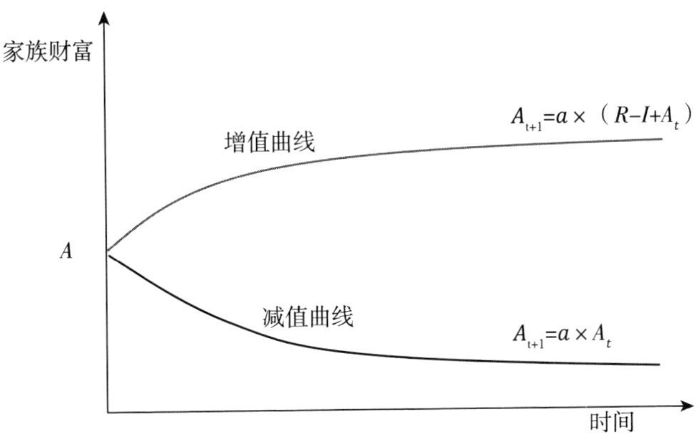

图4－5　家族财富传承的价值变化趋势

113. 如果说企业家生产产品或服务，那么金融家具体生产什么？

企业作为一种组织，从事的活动主要包含输入、加工、输出三部分。具体可以表现为采购原材料，经过加工之后做成产成品或提供服务内容，对外输出触达到家庭或其他企业或政府部门。企业家作为企业的发起者和组织者，需要对资金流、物资流、信息流、人员流进行有效的组合和加工，尤其需要意识到物资流和信息流与新的技术紧密相关，重视利用新技术，利用其产生新的价值，创造新的财富。

金融企业与一般性企业相比，剔除了物资流。可以说，企业家涉及的工作内容在一定程度上可能比金融家更多，因此企业家应该懂金融知识，才更有利于组织企业生产。金融企业或机构往往剔除了有形的物资流，看起来更抽象。金融企业主要是对信息流的组织，这是一个复杂的系统和过程，只要是市场中涉及资金的融通，不论是吸收资金还是发放资金，都可以看成是金融中介，从事金融中介的人是金融从业者，可以看成广义的金融家。那么在没有物资流的情况下，这种中介究竟发挥什么样的作用？

金融家主要是做资金的分配工作，其突出功能在于提升资金配置的效率，就是将资金配置到最能有效利用它的企业家手中，继而发现资产的价格和调解宏观经济的矛盾，可以简单表示为：金融 = 资金融通 + 风险分配。

思维模型：

金融家的资金通常可均衡分为三部分，如图 4 – 6 左图所示，即保留为现金的资金，借贷出去的现金，入股出去的资金。表面看似多元化均衡的产品、项目、资产、资本配置，并无太多风险差异，实际上股权性风险压倒了其他两类资金面临的风险，如图 4 – 6 右图所示：入股出去的资金面临的风险最大，超过了全部风险的四分之三，借贷出去的资金面临的风险较小，保留现金的资金风险最小，几乎可以不计。

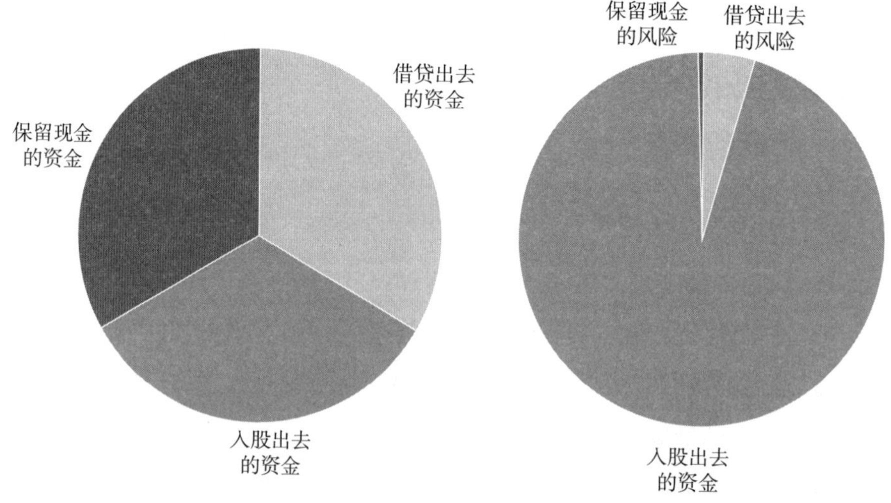

图 4 – 6　金融家的资金构成和对应的风险比例

因此，金融家总是跳出看得见的运营管理思维，转向风险分摊的逻辑分析，聚焦于亏损的分担和风险分散，洞见业务背后的风险权重，基于风险防控实施资金分配和运作。

金融家的风险分配方式和目光关注重点可谓风格各异，有的偏微观，有的偏宏观，有的注重整体，有的注重结构，有的通过债权性借贷方式，有的通过股权性资产入股方式，有的聚焦于发行和募集资金市场，有的聚焦于后期的转手交易市场，有的聚焦于某类金融资产价格的变化，有的聚焦于某种金融工具的创新。总之，围绕资金配置的吸收和运用，金融家聚焦于资金资源配置的动作，分配的最大原则是根据风险的高低变化和市场参与各方的矛盾强弱来进行协调。

在市场体系中，资金供给和需求者包括国内外的居民、企业、政府，金融机构或是金融家充当了媒介，连接了资金流、信息流、物资流、人员流。金融市场根据不同性质划分，包括货币市场、资本市场、债务市场、股权市场、一级市场和二级市场等（见图4－7）。

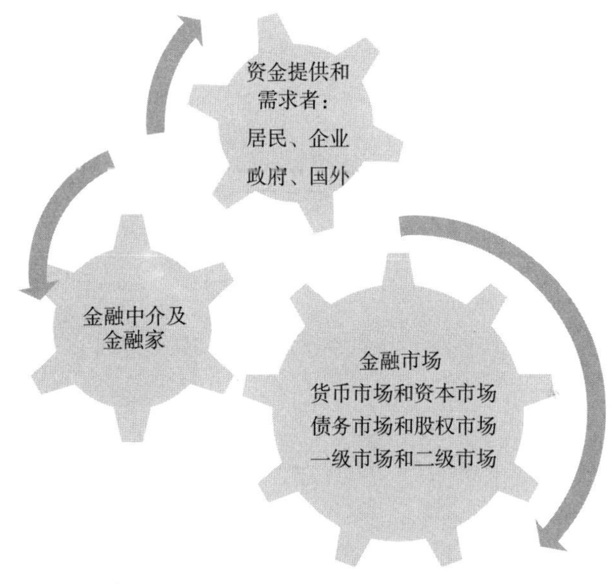

图4－7　金融市场体系的组成要素

从我国金融机构的发展历史来看，目前已经形成存款性和非存款性两大类，存款性主要为银行业机构与中央银行，其中银行业可以细分为商业银行、储蓄银行、政策性银行、财务公司等，非存款性主要分为证券类、保险类、资产管理类、贷款类、中介服务类。证券类主要提供金融经纪服务，如投资银行、财务顾问、期货公司；保险类如保险公司、再保险、社保、保险代理等；资产管理类如信托、基金、养老金；贷款类如消费金融、汽车金融、金融租赁公司、保理、小贷、典当行等，中介服务类如监管机构、证券交易所、登记结算、场外交易所、增信评级公司、支付公司、第三方理财、行业服务协会、会计师事务所及律师事务所等。

不难发现，人员、组织团体、金融家以及金融市场就像齿轮一样相互咬合，贯通协作，各自运转的同时，也在支撑推动整个市场体系运转，进而实现了资源的优化配置，金融家在其中发挥了功不可没的配置作用。

第五篇
制定政策给企业的金融思维

114. 宏观上的紧缩金融政策如何传递到企业家手中?

宏观紧缩政策是各国对付通货膨胀的传统政策调节手段，主要是指紧缩性财政政策和紧缩性货币政策，具体来看包括央行提高利息率，或者银行减少放贷额度，或者提升放款的严苛程度。

企业家离不开金融家的融资支持，尤其是缺乏资金的小公司的企业家，他们必须要经过金融家，尤其是银行金融家和保险金融家的监督、辨别和认证，才能获得资金。当这些金融家自己的资金能力和偿付能力下降时，便会“城门失火，殃及池鱼”，最先跟着受损的是小公司的企业家。

企业家的需求原本可能并没有变，但由于宏观紧缩政策调控减少了国家的货币资金供给，导致金融家的投资能力和筹资能力不得不被动降低，这个时候就会影响企业家的价值剩余。

因为企业家融资金额受限，要还钱的难度加大，额度变相加大，相当于财富从企业家转移到了债权金融家手里。

思维模型:

宏观上实行紧缩金融政策，通常会控制利率水平，进而影响到银行类金融机构的信贷供给，对企业家形成融资约束。如图 5 - 1 所示，货币市场最开始的均衡点在 A 点，此时的市场融资额供给为 Q_3，融资价格即利息率为 D；当受宏观紧缩政策冲击后，金融家的供给线从 AE 移至 CF，此时的市场可供融资额降低至 Q_2，融资价格变为 B。但往往市场还存在管制时，价格并没有随着市场提高，而是依然处于 D 的水平，则此时的可供融资额仅仅为 Q_1 水平。

当正常的融资额从 Q_3 降低至 Q_1 时，企业的正常经营被打乱，则可能出现资产负债不匹配、资不抵债的情形，那么当企业家的企业价值低于应偿还金融家的债务价值时，则企业的控制权可能面临转移。

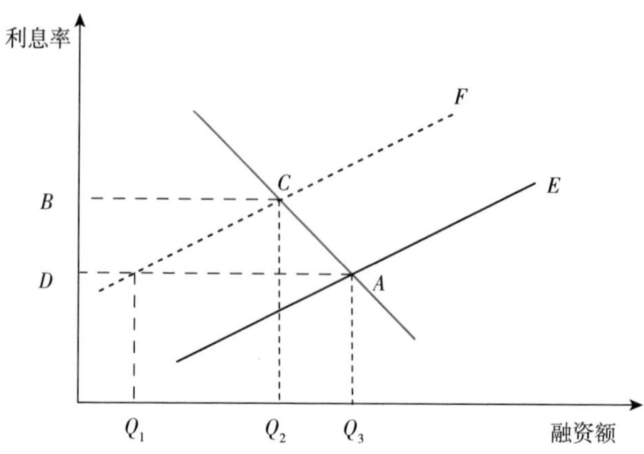

图5－1　紧缩金融政策对企业融资的影响

115. 宏观金融利率的一点变动会导致企业家的融资寒冷吗?

市场上企业家的融资需求量，总是用总的投资需要额减去自有资金后的缺口。而金融家总是考虑扣除企业家私利后的产品收益，以及在企业家努力后产品成功的概率。

一边是金融家的融资供给，另一边是企业家的融资需求，很明显宏观金融利率影响金融家融资供给时，企业的资金缺口会受到影响。因为金融家在自己的判断上，会充分考虑宏观利息率的影响，一旦利息率提高，可供给的资金就变少，导致“融资难、融资贵”。

与此同时，利息率上升一般代表的是社会资金紧缺。这种宏观货币资金紧缩，使得企业家的现金流下降，更严重的是，企业家自有资金中的担保品和抵押物价值也会下降。所以企业家的自有资金 A 的量，会受利息率的影响，成为 $A(r)$ 。

因此，一旦社会宏观货币供给下降，不只是企业家某一方面的资产下降，而是供需两端遭受冲击，是有杠杆效应的全面下降。

思维模型：

假设企业家的回报在 $\Delta P \times Y_1 = N$ 的情况下，$Y_1 = N / \Delta P$，在企业家和金融家分享总回报为 R 这块蛋糕的情况下，金融家的回报 $Y_2 = Y - N / \Delta P$。所以面对一个产品的总投资额需求是 I、自有资金是 A 的情况下有 $P_s \times (Y - N / \Delta P) \geqslant (I - A)$。

但是这里没有考虑宏观金融情况，如果考虑宏观上金融利息率 r 的话，实际上应该是 $[P_s \times (Y - N / \Delta P)] / (1 + r) \geqslant (I - A(r))$。

如图 5－2 所示，最开始企业家的需求线 AC 和金融家的供给线 AE 在 A 点相遇，这时的融资额在 4 处，额度较大，利息率较低，当宏观紧缩导致金融家的供给变到 BF 线时，并没有停下来，融资额降低到 3 的位置后还在下降。此时，企业家自有资金所反映的担保、抵押、现金等能力下降，导致利率移动到了 C 点，也就是这时候的融资额仅能到 2 的位置，到不了 3 的位置。如果企业家这时候遭受内外打击，市场受损或信心遭受打击，自己的需求线也移动到 DE 线，那么这时候的市场融资额将暴降到 1 的位置。这一连串的变化，并不是一个线性的改变，而是宏观上利率的微小变化，引起企业家在融资上的较大变化。

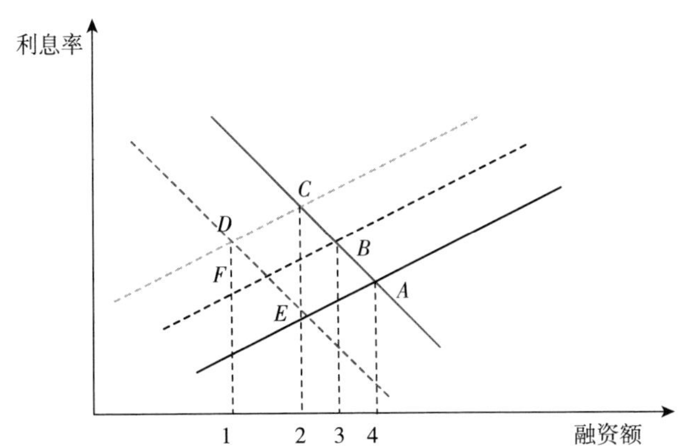

图 5－2　企业融资对利率变化的反应

116. 为什么宏观货币政策和财政政策的减息减税对企业家很重要？

货币政策的实施方，主要是发现家庭和企业如下的问题，并用它力所能及的措施予以应对。

一是稳定物价。如果物价剧烈波动，暴涨至严重的通货膨胀或者暴跌至惨烈的通货紧缩，那么家庭的衣食住行和企业的运转都将受到巨大冲击，只有保持稳定和温和的物价水平，才是经济运行的根基。

二是发现物价与充分就业之间的矛盾。物价上涨或下行会导致企业的盈利变化，企业的盈利不稳定，大面积产生剧烈亏损，则企业家将解聘员工，致使家庭面临失业。如果大面积失业，社会各方面将受到不稳定冲击。

三是减少物价与经济增长之间的矛盾。经济增长是由企业家的利润贡献的，如果采购的原料和销售的产品价格大幅变化，企业家失去做决策的依据，则企业利润难以产生，宏观上的经济增长将不复存在。

四是稳定物价与国际收支平衡。也就是站在一个国家总量视角，在全球来看待整体国家市场对其他国家的收入和支出之间的平衡程度，如果严重收不抵支，或者过度收入，都会给物价和就业带来畸形影响。因此，物价水平的稳定是宏观经济目标的重中之重。

物价与金融的桥梁是央行公布的利息率。央行在物价上涨时，一般会提高利息率，在物价下跌时，会降低利息率，否则利息率和物价水平之间的差距严重扩大脱节，会带来市场各行业的非正常变化。

与此同时，财政税收部门会在税率上调整，通过降低现在的税率，提高企业家的盈利动力和水平，从而扩大税基。一个大的税基乘以一个较低的税率，所带来的效果可能胜过一个较小的税基乘以一个较高的税率。

思维模型：

家庭在作决策时，会扣除通货膨胀的影响，也就是家庭的实际利率 i =

$R-\pi$，企业家在做决策时，尤其是有借贷的企业家会考虑贷款利息的影响，因此企业的实际利率 $i=R-\pi-R\times\tau$，其中 R 为央行货币政策利率，r 为实际利率，π 为旧的通货膨胀水平，τ 为税率，也就是要考虑税率的影响。

宏观货币政策和财政政策，如果说对有的企业家影响较间接，对有的企业家影响较直接。较直接受影响的就是已经借贷或者即将借贷的企业家，他们需要直面借贷利率的变化，$R=(r+\pi)/(1-\tau)$。

当货币政策调整利息，同时财政政策调整税率时，$\Delta r=\Delta R-\Delta\pi-R_1\times\tau_1+R_2\times\tau_2$，也就是代表企业家的实际利率会受到央行的货币政策直接影响，也会受到财政政策税率的影响。

117. 宏观上利率的加息降息是怎么传递到企业家手中的?

利率作为货币的价格，是全市场企业经济资源配置信号的集中反映。货币价格相互联系构成的利率传导机制，从监管层开始调整，一步步传递到企业家手中。

人类推出央行制度，将货币制度和企业实体经济结合，会对企业家产生很大的作用。这不同于历史早期，很多人认为货币只是一层面纱，对企业没有实际价值，仅仅局限于计价、交换、储备、支付手段，不对企业活动产生实质性的影响。然而，货币其实不是企业运营的一层面纱，而是会随着企业运营的变化而变化，会带来企业实际产出的改变，宏观上表现为经济增长。

一个国家的央行通过调整货币政策，进而影响金融市场利率，并最终实现对企业资金价格的影响，这是货币利息率调整的根本目的。由于市场经济不能直接下命令让企业家怎么做，必须要通过收益和成本间接影响企业家，让企业家去根据自己企业的具体情况做调整和适应。

由此可以看出，利率的传导至少需要分为两个方面，一是在金融市场内的传导，货币市场短期利率引起长期债券利率的变化，继而引起信贷利率以及汇率的变动；二是在企业实体经济的传导，利率的变动在金融市场内传导并形成力量后，对企业的产出、回款、融资等经营活动产生影响，继而影响宏观层面的总产出量、物价、就业、国际收支等。

在市场化机制下，没有指令，所有的利率全部基于市场的交易买卖形成，且总是处于动态的变化之中。交易动机的背后，是不同主体在不同资产、不同期限、不同品种之间的套利和竞争，比如影响企业家少贷资金还是不贷，增发股票债券还是不增发等决策行为。也就是说，市场企业家的逐利行为是利率传导机制的天然基因。

因此，利息率的传导链条，可以分为如下“七步曲”：

第一步：基础利率变动改变期限利差。中央银行通过降息或升息改变基础利率，则短期货币市场利率迅速变化，包括货币市场利率和短期存款利率，此时短期和长期的利差会扩大或缩小，在货币市场和债券市场的联通下，债券的收益率曲线变得更为陡峭或平坦。

第二步：期限利差改变无风险债券长期利率。当期限利差改变时，短期利率开始向长端利率传导。金融机构的趋利本能会促使其借入短期限低成本资金去购买长期限、高收益的资产，进行套息交易，或卖出长期限高收益资产以便偿还短期限的借贷资金，进行杠杆交易。当所有金融机构都采取这种“期限错配套利策略”时，期限较长的中央银行票据利率、商业银行长期存款利率、无风险的长期国债利率就会被改变。

第三步：无风险利率向有风险利率传导。当长期限的存款或国债无风险利率被交易之后，金融机构会继续寻找其他高收益的资产，此时，含有信用风险的企业信用债则会成为被交易标的。由于不同信用等级和不同期限的企业信用债对应的价格存在差异，金融家会精准分析不同企业的信用品种，寻找最佳投资品，改变对应的信用利差。

第四步：债券利率向信贷利率传导。当存款、国债、信用债的整条利率曲线都被金融家“期限套利”交易之后，若贷款利率没有变化，企业家将通过发行债券替代存量贷款，改变融资成本。银行等金融机构也会把更多资金配置到收益相对更高的贷款上，或者减少贷款，增加债券投资。由此，贷款供给和贷款需求发生相对变化，则贷款利率将被改变。

第五步：债性利率向权益市场传导。利率是货币的价格，是所有金融资产的定价因子。当各个期限、各个品种的债性利率水平改变之后，市场平均贴现利率发生改变，股票因为利率贴现因子的变化开始上涨或下跌，则企业的权益定价发生改变。凡是可以发行股票融资的企业家，就会增加或回购股票，减少或增加债权融资（债券+贷款）。由此，整个企业系统的融资成本被全面改变。

第六步：金融市场向实体经济传导。当金融市场中的债性利率和权益利率都改变以后，企业经营的资金价格、融资成本全面变动，这会引起企业家做出改变，例如增加借贷总量，改变投资额度，扩大产能设施，提高消费水平，从而引起社会经济增速、失业水平、通胀水平、国际收支发生改变。

第七步：企业实体经济向中央银行反向传导。当企业的产出缺口发生改变，国际收支不均衡带动汇率变动，通胀水平显著变动，失业率出现巨大变化时，央行会根据现有的利率水平和市场的预期再次调整短期基准利率。自此，企业实体反向传导回央行，开始新一轮的循环。

思维模型：

宏观上利率的加息降息通常会通过七步传导过程传递到企业家手中，如图5-3所示。

值得一提的是，上述七个步骤并非需要按顺序逐步经历，第一步可能越过某几步传递至下一步，在理论上，不同经济发展时期的侧重步骤也可能不同。同时，在现实中，央行也不会待所有政策目标反应之后再进一步调整，可能会随着某一项具体的指标择机临时调整利率。因此，整个传导链条是动态的、多变的。

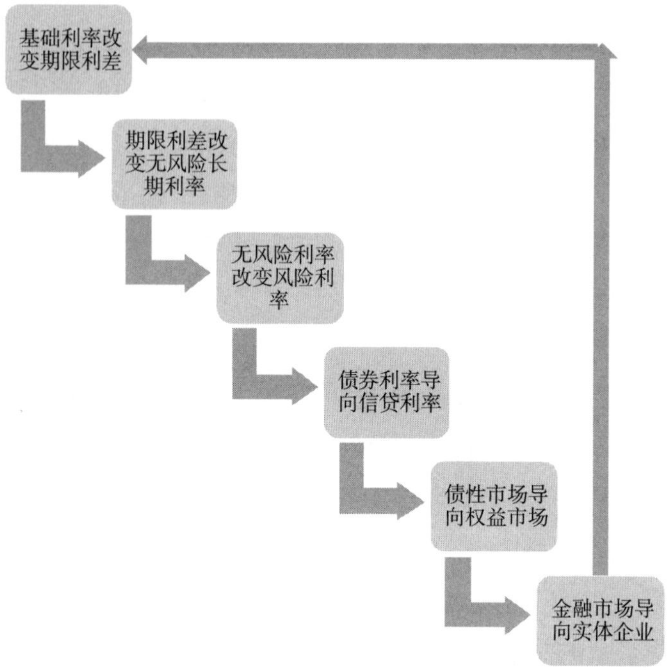

图 5－3　宏观利率对企业的传导路径

118. 为什么很多企业家往往感受不到宏观利率在自己手中的传递？

宏观上的利率调整，如果能够快速有效地传递到企业家，那么整体经济的效率会提高，企业的运营也会处于通畅之中。但很多时候，企业家总是感觉到利率价格比较僵硬、金融家不主动调整、市场利率变了但企业的利率不怎么变化。这是因为利率的传导链条受到了较多约束，市场传导的通畅度一般会受制于四个方面的约束障碍。

第一，统计指标不完全可靠。要使利率调整与经济波动保持较为一致的周期性，就需要有真实可靠的通货膨胀率、经济增长率等指标。可能不同体系的统计数据汇总后相去甚远，经济增长率与物价等指标在一定程度上还不尽真实、合理，这使得央行不能实际有效地给出调节量，从而导致利率传导根基失真。

第二，市场对央行的预期过度或不足。金融机构与央行存在合作博弈，合作的成功，依赖央行的信任度、自信度和权威度以及“说话”的艺术性。货币政策会议日期是否固定，频率是否确定，市场化的“say”机制，是影响传导机制的重要方面。较好的预期管理，使利率调整行为与公众理解同频，且引导公众对未来政策调整路径形成预期。

第三，市场管制导致行动被限制。

（1）汇率非完全浮动。例如有管理的浮动汇率制，表现为“短期固定、长期浮动”，这使得货币工具的实施不能完全盯住短期利率，还需要考虑固定汇率时的流动性、贬值预期的冲击、外汇占款的杠杆性、境内外抛补利差等平衡目标，而往往这些目标不可兼得，这使得货币工具的市场化传导受到的掣肘较多。

（2）监管分割。不同的交易主体在分业经营、分割监管的格局下，持有各类资产的相互切换难以通畅。银行间市场与交易所市场，两个债券市场的存在，使得流动性难以通畅，市场分割明显。不同债券发行所需审批和备案的行政成本不一致，使得不同企业家对利率的感知度不同。同时，在不同监管规则下，证券业机构、保险业机构、信托业和银行业机构投资债券的目标存在较大差异，配置性资产弱于交易型资产对价格的敏感性。配置性资产占据主导地位时，市场整体对利率的敏感性降低。

（3）投资机构的准入和退出门槛较高。例如中国对金融牌照发放的限制较多，对于境外机构进入债券市场投资或发行未完全放开，交易主体不能实现自由的多元化竞争，这将导致金融供需的不足或结构的失衡，尤其是寡头垄断市场下的资产定价出现持续的非均衡。

（4）金融工具不够丰富。市场缺乏多样性利率风险管理工具，例如信贷资产证券化，由于资产证券化市场介于债券市场和贷款市场之间，这导致利率传导链条失去重要一环。如中国国债期货作为利率期货，缺乏短期品种，期限结构尚不完善，且交易主体受限。再者，利率掉期和信用违约产品匮乏，国债担保品市场有待进一步发展。这些使得利率对冲需求无法实现。同时，国债税收执行有偏差、信用债券评级市场化程度不高等，也都使得利率的传导受到“摩擦”抑制。

第四，企业家和金融家未能激励相容。

（1）地方政府和国有企业预算软约束。例如中国政府的隐性担保导致政府的发债处于软约束状态，在隐性担保下，地方融资平台存在强烈融资需求，债权人也存在博弈预期，这使得地方政府融资可能过度，对利率不够敏感。同时，国企的“政府性”也使得融资预算存在软约束，国企可得到较低利率的贷款，贷款数量过度，对市场利率的变化不敏感，所发行债券的信用利差不能真实反映信用情况，对信用利差的风险溢价变动不敏感。这一行为对应至商业银行，表现在商业银行不将短期利率变动作为贷款定价的依据，不采用风险定价，甚至经营目标也可能追求非利润最大化。

（2）表外贷款市场冲击。表外贷款可以规避资本金、存款准备金、贷款拨备、扩大贷款数量，变相提高社会融资规模，这也会弱化基础利率通过“正门”金融体系实现的传导效率，实现“侧门”挤出，导致企业家刚兑博弈心理严重，金融家注重贷款规模而忽视贷款的风险价格。

（3）对贷款的数量限制。例如监管可能实施“信贷计划规模”控制、“合意贷款规模”等，对商业银行贷款数量一直进行限制管理。当贷款数量存在限制时，贷款利率就无法在供需推动下改变，基础利率对贷款利率的传导可能完全失效。

因此，宏观利率调整的传递效应与企业家所处的环境有关。不论是主动追逐市场的边际利益，还是被逼做出自救响应，都与市场的制度措施有关，好的市场制度是货币价格调整优化的关键。

思维模型：

从理论上讲，利率变动会引起企业经营决策的调整。但源于多方面因素，利率传导机制不一定会顺畅产生连锁反应。如图 5－4 所示，利率传递的阻碍，既有宏观层面的，又有微观层面的。宏观层面包括统计指标的精准度、市场管制的多维度，微观层面包括激励不相容以及预期的不足或过度。

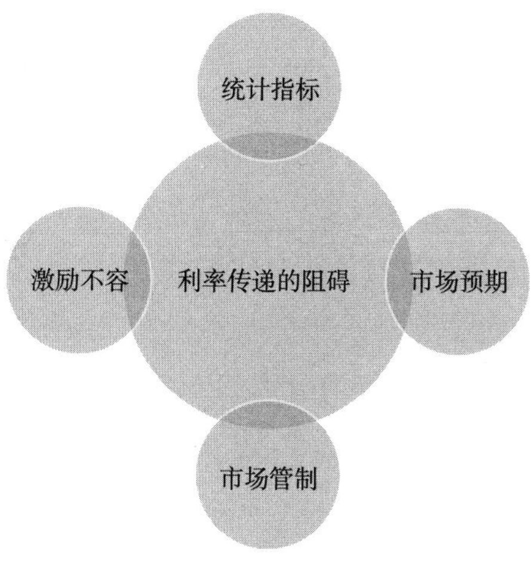

图 5-4　利率传导的阻碍因素

119. 紧缩宏观金融时为什么容易把“好”企业家“错杀”？

社会上的企业家参差不齐，有自有资金实力雄厚的，也有较为薄弱的；有非常努力勤勉尽职的，也有被动偷懒、把个人利益看得比企业利益更重的。

当宏观的利息率上升时，债务负担的加重，会降低社会上有融资申请的企业家的“普遍”质量。也就是说，企业家都将直接遭受市场冲击，金融家没有能力给予以往的融资水平。

更重要的是，这种情况还会导致企业家与企业家之间的混乱程度增加，好企业和差企业都因为变差而越来越相似。金融家会想到，资金紧缺的企业家会最先来申请融资，资金宽松的企业家可能不会急迫地来找金融家。因此，金融家的监督成本提高，在难以区分的情况下，最好选择躲避企业家，提高整体的拒绝程度。在这种情况下，即使存在好的企业家前来融资借款，也容易被金融家当成差的企业拒之门外。

思维模型：

如图 5 –5 所示，当利息率较低时，企业家努力的情况下会获得回报 2，不努力时会获得回报 1，企业家回报 1 和回报 2 的差别较大，也就是说努力是有好处的。

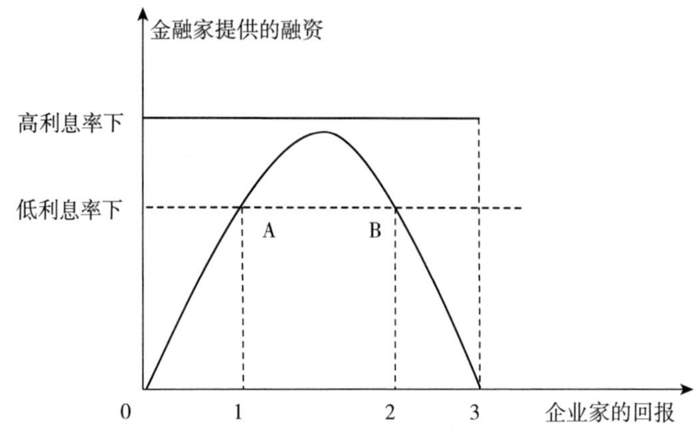

图 5 –5　企业家在高低利率下努力与否的回报

这时企业家会选择努力，或者说在这个市场环境下，企业家想努力的话，客观的环境更容易使其实现努力，因为宏观上没有紧缩，企业家总是容易获得位置 2 的回报水平。

但如果利率上升，这时努力或不努力，对企业家的回报差别已经不是很大，或者说，即使企业家很想努力，但环境给不了企业家想要的“公平”，不是努力了就一定有效果。

金融家总是只会挑选努力的企业家，当金融家发现无法区别自己挑选的企业家努力或不努力，无法区分努力能给企业家带来什么差异化时，金融家自己也无法操作。也就是说，当金融家发现努力不会给企业家带来明确好处时，金融家将选择不提供融资。利息率的递增，会让金融家难以区分“好”企业家和“坏”企业家，利息率达到一定高度时，融资市场将面临风险。

这时候，即使真的有“好”的企业家来寻找融资，金融家也可能会拒贷。

120. 企业家管理汇率风险时需要盯住哪个重要因素？

在全球越来越开放、交流越来越充分的情况下，物资的采购、产品的销售等都将越来越国际化。除了遇到运输成本的变化、关税与配额的调整、竞争对手的挤压等风险，企业家还需要面对汇率的扰动。

汇率是一个抽象而宏大的金融概念，由众多因素决定，如何从中找到关键点减小企业风险？

为了表示任意两国之间的货币关系，一般用两国货币的比值作为汇率，也就是用 E =（本国货币单位/外国货币单位）来表示。为什么常常把外国货币单位放在分母，主要是让这个比值大于1，表达更直观，例如美元对人民币的汇率为6.8、5.2 等，而不是0.477、0.791 等。

一般地，本国货币贬值时，最大的成本是去外国买东西时，购买力会下降，例如一个企业去国外采购时，发现别人的商品价格没有变化，但是自己的钱不值钱了，这对于经营业务主要是进口型的企业，伤害较大。

当然，在企业决策的时候，最重要的是未来的汇率 E_1 而不是过去的汇率 E_0，而未来的远期汇率与即期汇率的变化程度 $(E_1 - E_0)/E_0$，是企业家关注的焦点。

如果是全球标准化的产品，例如黄金等，那么按理说在全球应该是一个价。因为如果不是一个价，一定会有人总是从便宜的地方倒腾到更贵的地方。那么这个过程中，会较容易看出两个国家的货币币值，可以得到 $P_D = E \times P_F$，其中 P_D 为国内物价水平，P_F 为国外物价水平，也就是两国的汇率是由两国的物价水平决定的。

思维模型：

企业家防范汇率风险，最重要的是深刻把握引起汇率变化的决定因素。汇率的变化就可以表示为物价的变化，$(E_1 - E_0)/E_0 \doteq \pi_D - \pi_F$。其中$\pi_D$为国内通货膨胀水平，$\pi_F$ 为国外通货膨胀水平（见图 5 -6）。

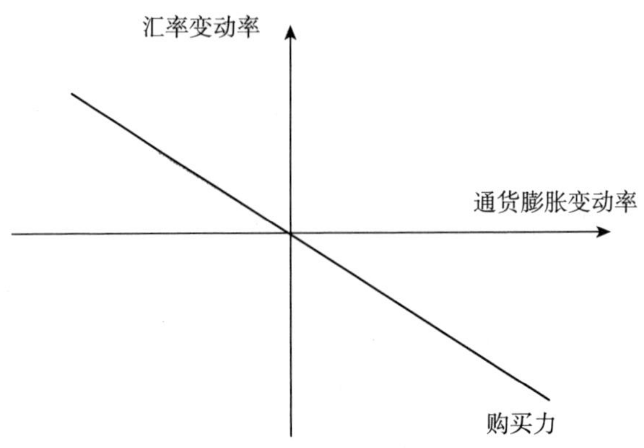

图 5 -6　汇率与物价水平变动之间反映的购买力

另一个更直观的是，如果两国利率存在差别，会有人总愿意把钱拿到高利息率国家储存，逃离低利率的国家。那么，高利率国家的货币就会变得稀缺，那么汇率就容易升值。也就是存在 $(E_1 - E_0)/E_0 \doteq R_D - R_F$（见图 5 -7）。

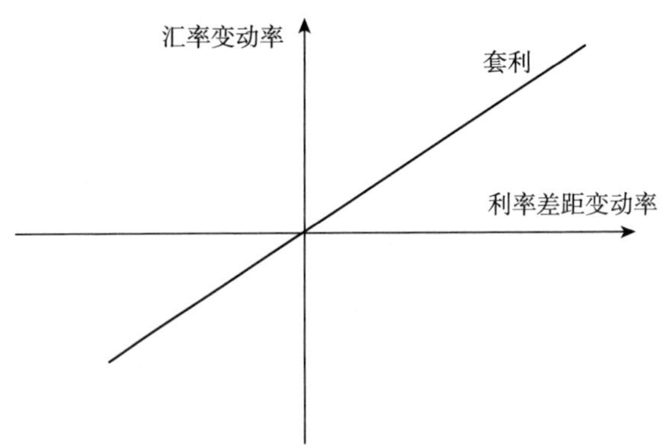

图 5 -7　汇率与利率水平变动之间产生的套利

更进一步，两国的物价水平与利率之间存在什么关系呢？大家一般称物价水平的变化为 CPI，其变化常常被称为通货膨胀变化。通货膨胀 π 受很多因素影响，除了资金短缺、战争爆发等特殊情况，主要是源于人们的需求变化，尤其是人们愿意选择现在消费还是未来消费，当两者不平衡时，物价会受到这两种力量的牵制。例如忍着不消费而去银行存款获得 R，如果还赶不上外面物价 π 的变化，那么人们就不愿意储蓄或者投资。

因此，应该满足 $(1+R)/(1+\pi)\geqslant 1$，也就是 $i=(1+R)/(1+\pi)-1\geqslant 0$，其中 i 是实际利率，R 是名义利率，$i=R-\pi$。也就是说，一国物价的变化，很重要的是受到利率的影响。

联合汇率的变化，可以得到 $(E_1-E_0)/E_0 \doteq (R_D-i_D)-(R_F-i_F)$。

也就是说，汇率的变化既可以是直接的利率差异引起的，也可以从根本上说，是由利率变化间接引起的，通过物价变化与远期预期的交织，共同引起（见图 5-8）。

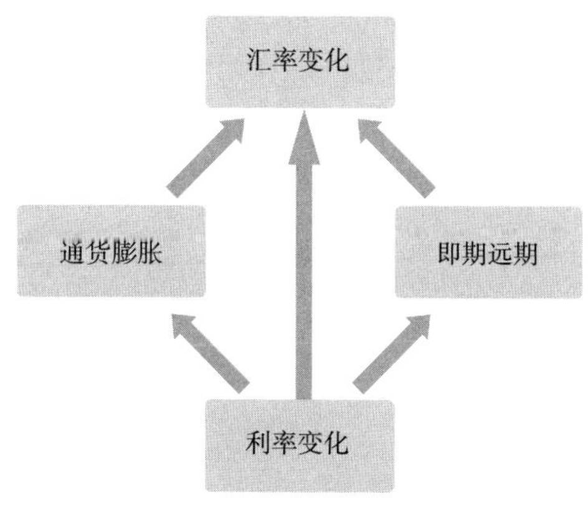

图 5-8　汇率变化的关联因素

121. 企业家适应宏观金融环境“天时地利人和”中的天时具体指什么？

天时，就像一天之中存在早中晚，一年之中存在春夏秋冬一样。中国古人在农业时期观察出 24 节气，并按照节气的变化去种植，做到不违背天时，顺时而作。

在现代金融环境下，由于经济内在的驱动力，各个企业家都处于竞争之中。如果企业计划将短期融资变为长期融资，投资重型设备，大规模招聘等，那么企业家就会增加巨额借贷资金需求。

当需求被满足，或者需求因为其他冲击发生了改变，尤其是那些后知后觉、过于冒进的企业家决策失误后，企业家的供给能力将处于过剩和闲置状态。

这在宏观上形成了企业家的供给能力和市场需求在节奏上不匹配的情形，这种不匹配总体来讲分为两个大的阶段：需求走盛或需求衰落。需求走盛，对应着供给不足；需求衰落，对应着供给过剩。需求走盛，又可以细分为两个阶段，初期的复苏和后期的繁荣；需求衰落也细分为两个阶段，初期的衰退和后期的萧条。

因此，企业家对宏观金融环境“天时地利人和”的适应，其中的适应天时具体是指适应市场经济的发展周期：繁荣、衰退、萧条、复苏等。

思维模型：

若把企业家适应“天时”的四个阶段视作春夏秋冬一样分析，用像时钟一样的图形表示出来，具体如图5－9所示。

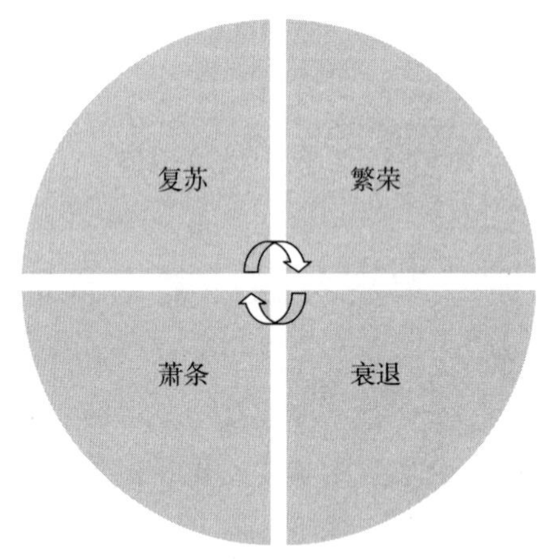

图5－9　企业适应“天时”的四大周期

企业处于这四个阶段的哪个阶段，需要企业家进行适时严谨的判断。一旦与大势的节奏不匹配，企业很容易陷入衰败破产的境地。例如在繁荣阶段做了复苏的事情，那么相当于比其他企业家走得晚，就很容易成为站最后一轮岗的被淘汰者；又如在复苏阶段后知后觉地做了萧条阶段的事情，那么赶不上市场发展速度，就容易失去先机优势。

企业家可以通过企业外部的上下游，更重要的是通过与金融家的接触，来感知和判断宏观经济处于什么阶段。在各个阶段，企业家分别做对应的事情（见表5－1）。

表5－1　　　　不同周期下的企业经营决策

衰退	萧条	复苏	繁荣
1. 停止招聘	1. 裁减雇员	1. 扩大招聘	1. 核心招聘
2. 出售设备	2. 缩减费用	2. 增加设备	2. 扩大份额
3. 削减存货	3. 削减存货	3. 建立存货	3. 提高价格
4. 停产差品	4. 修整文化	4. 引入新品	4. 深入创新

企业家一般很难准确判断自己处于什么阶段，但只要保持警惕敏锐的头脑和稳健发展的心态，以金融市场的领先性指标作为信号，宁可错失高利润点，也要避免陷入死亡之谷。

122. 为什么企业家需要考虑3～50年的长周期?

市场除了短期波动，长期来看也存在巨大波动，这被称为经济周期。

按照时间的波峰波谷，经济周期有多种划分类型，有大约三年的、十年的、二十年的、五十年的。为什么有这几个明显的区间？因为分别对应了存货、资本投资、房地产、技术进步。由于这是被四个人分别发现的，因此分别被命名为基钦周期、朱格拉周期、库兹涅茨周期、康德拉周期。其中房地产周期对应的库兹涅茨周期被称为“周期之母”，因为在人们的衣食住行需求中，住的财富影响一般是最大的。

经济周期是人们根据经验总结的，有两大属性，一是并不是定期发生，是一个事后结果；二是总量震荡，也就是不论什么因素驱动了周期发生，都会在相当广泛的程度上对经济产生全面影响。经济周期引起大家的重视，美国的 NBER 就是专门研究经济周期的机构。

人类在一个国家或地区的经济活动系统与自然界相似。自然界一般有三个特征：

一是存在正向反馈，很多物种和现象具有自我放大的倾向，宇宙本身也存在持续膨胀。

二是存在某些正态趋势演化的不正常偏差。

三是存在意外的成分，缓慢的趋势被某种外力阻断，变为跳跃现象，被称为无限方差综合征。典型的是企业的增长和盈利，会表现出企业盈利的非连续性，因此企业家要长期预测一个企业的价值是很难的。一般的预测技术都是线性计算，很难计算非线性跳跃细节。反之，如果企业没有遭遇突变和冲击，那么就不会有多样性创新，就像一个基因可以自我复制但如果不会变异也会走向消亡。

整体上，企业的盈利变化，既有一定的趋势性，即确定性，业绩稳定增长，看起来总是有自相似性。但又永远不会自我复制上一年度或上上年度，因此又有一定的随机性即不确定性，这种随机性将企业从一个稳定位置推到另一个稳定位置，这种综合效果称为混沌。企业的整体表现，不是底层各因素的简单相加，从不同的周期看，在混沌中充满了蝴蝶效应，也因此形成了不同的经济周期。企业只有充分考虑了自己所处的经济周期和外部市场环境之后，才能更好择时择机，顺势顺时而为，从而获得企业自身的持续稳定发展。

思维模型：

企业在一定的经济周期之中，通常会受到整体外部环境的发展规律和趋势的影响，呈现某些特征。对于自然系统中的正向反馈机制特征，可以假设 X_{t+1} 是下一期的值，X_t 是当期值，λ 是常数，从 $X_{t+1} = \lambda \times X_t \times (1 - X_t)$ 可以看出，当 λ 很小的时候，这种正向反馈机制会逐步收敛，实现均衡；但如果 λ 较大的话，则会造成发散。

对于某些正态趋势演化的不正常偏差，如果用一个数学公式，可表示如下：

$\Delta/\sigma = (\delta \times N)^H$，其中 N 为观测值的个数，例如天数、年数或其他；

Δ 为 N 个观测值中，最高值与最低值之间的距离，可以叫作域；

σ 为标准差，即每个观测值与所有观测值的平均值之间的平均差异；

δ 为常数系数，表示个体的特征；

H 为反馈程度。如果属于正态分布，则反馈值 $H = 0.5$；如果反馈是递减且持续的，那么 $H = 0$；如果反馈是递增且持续的，$H = 1$。

经济活动整体的 $H > 0.5$，具有正反馈效应，如果从数学上说，具有肥尾问题，总是容易走极端。以经营棉花的企业家为例，金融家研究了100多年棉花价格，发现不管是日价格还是月度数据，都存在价格极端走势现象。

123. 从英镑与欧元的历史看，企业家去欧元区投资可行吗？

美元、英镑、欧元、日元目前都是全球经济发达体的货币，欧元与其他货币相比，最主要的差异是，它是多个国家共同发行的，而不是一国的货币。

欧元区内部的国家不能通过贬值货币来解决国内赤字问题，例如希腊和西班牙就是典型代表，希腊是举债消费，其银行主要经营本土以外的业务，房地产和金融业也造成了较大的结构性问题；西班牙的酒吧数量是整个欧洲的一半，旅游业产值占全国的12%，这种产业发展结构上的不均衡问题，使得欧盟要么把希腊、西班牙开除，要么选择多发欧元。但多发欧元意味着整个欧元区的危险。

以英镑与欧元的历史为例，欧元成立之初就存在弊端。第二次世界大战后，马歇尔计划中，为了快速发展经济，防止浮动汇率的恐惧，将美元和马克汇率固定，英国和德国都属于欧洲货币区，汇率相对固定，维持蛇形浮动。而德国生产率比英国高，德国以制造业为荣，喜欢精雕细刻，蓝领工资很高，职业教育由企业承担，公民可自主建房，对房屋交易进行压制，配套单一循环的住房金融，房贷利率固定，福利上施行莱茵模式等，导致英镑被高估。当英国经济衰退时，德国马克在升值，由于蛇形浮动，英镑也被动升值。最后，马克疯狂升值时，英镑是继续跟随马克升值还是贬值让英国陷入两难境地。因此，英镑表面上的升值与内在的经济价值跟不上，形成了巨大的缺口。这种要面子不要里子的情形被索罗斯发现，他认为出于经济的压力，英镑必须贬值。索罗斯盯住英镑认为英镑要么退出欧洲货币，要么经济崩溃。当然，德国为了平衡，还宣布降低贴现率，减轻英镑升值压力，但市场依然抛空英镑，导致英国外汇储备耗尽，由此退出欧元区。又以投资美元的欧元为例，在美国遭遇次贷危机之后开始回流，卖出美元买入欧元导致欧元升值，进一步加剧欧洲经济负担。德国借助欧元汇率低估德国货币形成贸易盈余的正循环，恰好也是对欧元稳定性的偏离。

因此，企业家在欧洲开展业务是否可行，需要对欧元的币值影响力做充分的评估，尤其是欧元未来的趋势。

思维模型：

汇率的稳定依赖很多条件。欧元机制隐含了太多的不平衡，一旦这种隐藏的不平衡积累较久，则可能面临崩溃重启。或者，持续消除偏离的因素，使之始终维持在平衡状态（见图 5－10）。

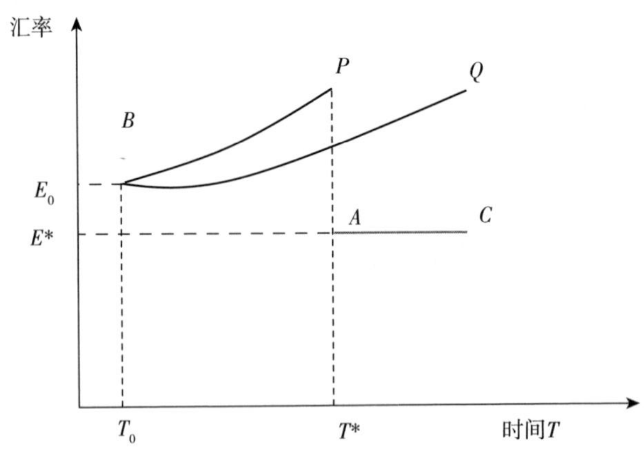

图 5－10　欧元区的汇率走势

如图 5-10 所示，随着时间的推移，汇率累计的偏离会破裂，例如汇率 E_0 从 T_0 开始偏离，在 T^* 时破裂，使得汇率从 BP 线变为 AC 线。而对于 BQ 线，则是尚未破裂的偏离线。而这种偏离，如果表面被掩盖，但实质上货币又是在被动升值或贬值，则容易积累到一定程度后剧烈调整至 E^* 点。图 5-10 中 T^* 是随机的，是事先不能确定的。

124. 企业家在国际业务中可以选择哪些国际货币?

国际货币，是全球企业家心中的“良币”，一般需要满足三个条件：一是发行国制度稳定，二是发行国财富创造力首屈一指，三是市场交易规模足够大。因此，美元、欧元、日元、黄金等，是典型的国际货币。

广义上说，国际货币体系是指对货币的可兑换、国际收支调节、国际储备货币等相关的规则和措施。从历史来看，危机、崩溃、改革、重建是国际货币演化之路。

国际货币的规律：一是货币体系始终是垄断或者寡头体系，国际货币的改变一般具有滞后性和黏性，例如从英镑衰退到美元立足的历史过程很长，国际货币是公共品，始终会出现需求过度、供给不足，且容易“搭便车”，如欧元。

二是信用扩张是人类经济体系内生的必然趋势，本质是人类财富向前积累的过程，同时也是货币崩溃的直接根源，所以内在的不稳定性是国际货币体系的基本特征。当然，信用扩张未必是货币扩张，两者的区别是：货币扩张不一定导致信用扩张，例如出现流动性陷阱时；信用扩张的渠道和内容比货币扩张更为丰富多元。

三是人类货币体系逐渐走向虚拟化，从实物货币到金汇兑本位制的半信用货币，再到美元的完全信用货币，信任和信心依赖于承诺和协调，即 3C（Confidence、Commitment、Coordination）。

四是不得不满足特里芬悖论和蒙代尔不可能三角。例如英镑，为了维持高大地位，认为提高利率会增加对全球企业家的吸引力，结果反而导致整体经济雪上加霜，这就是紧缩利率和资本外逃的内在矛盾。从“帕尔默准则”到弗里德曼的“货币供应量增长率”，从约翰·泰勒的“泰勒规则”到伯南克“灵活的通胀率”，都有自身的缺陷性。

五是总会取决于国内经济的目标和国际经济的平衡，但国内的通胀稳定、充分就业一般和国际的汇率稳定、收支平衡是矛盾的。流动性问题和信用问题不可调和，货币政策和汇率政策南辕北辙，只有当内外平衡时，才有国际货币政策的合作基础。浮动汇率是国际货币供应量无限自动增加的一个内生机制。

六是美元本位制和浮动汇率制成为国际货币体系两大支柱，美元本位制主导当代的“无锚”体系，不再有“硬约束”，这注定内生的不稳定和不对称。在这种国际货币体系下，除了特殊环境下不会刺激经济，通常都会过度刺激直到诱发资产泡沫。国际货币体系的系统性风险始终处于递增状态，类似宇宙的熵，这被称为风险递增原理。因此，面对一个不是恒定量的递增量，对冲的只能是部分风险，而系统性风险会进一步增大。

当然，成为国际货币可以享受铸币税，边际供应成本如同自然垄断一样为0，可以实现对国际收支的保护，具备全球层面更强的发债能力，同时有助于帮助国内银行在国际层面有更强的竞争优势，促进本国银行在全球的融资。但也有成本，就是遭受货币政策的约束。例如美元在全球的供给与需求不受美国本土流动性的影响，统计显示60%的美元走向与货币政策方向相反，所以美元走向不能看其国内绝对水平，而要看其与其他国的相对水平。一个典型的例子是2014年美元指数上升到100以上，但国债利率却触达1%以下。

国内货币政策对汇率的影响力降低，国内流动性和国际货币角色矛盾，因为货币的交易可以无关于国内的经济交易。一个例子是一国收紧货币政策时，该国整体的经济信心下降，导致货币贬值和通胀增加，形成恶性循环。银行业活动和国内经济脱钩、国内的信贷和货币更不稳定透明、币值容易被高估。在现有的国际货币中，除了加拿大元以外，美元的升值频率远高于贬值的频率，这被称为结构性吸引力。因为通胀容易变大，当GDP

增长过低时容易被贬值，一国经济过热时会导致外贸竞争力下降。

企业家选择哪国货币作为自己的国际货币，主要看其是否具备相符的经济实力和资源，典型的如瑞士（专注于奢侈品）和瑞典（专注于尖端技术）以及资源型的加拿大和澳大利亚等国家的货币作为国际储备货币，一般从中获得的收益较多，而英法日国家的货币作为国际货币的成本反而大于收益。所以常被用作套利交易的国际货币“美元”，可以充分反映全球交易市场的最终价格和各国经济运行方向，目前看是企业家的首选。

思维模型：

如图5－11所示，横轴为本国货币数量，纵轴为其他国家货币数量。市场总是在全球选择对应的货币，这些货币包括美元、日元、欧元、人民币等，都属于国际货币。但至于哪种货币的国际属性最强，则需要考察该货币的替代率，如果替代率是最低的，则国际属性最强，那么最容易成为国际货币。图5－11中企业愿意选择80单位的本国货币和3单位的他国货币组合A点，这个效果好于选择10单位本国货币和4单位外国货币的组合B点。这说明外国货币对本国货币的替代率较高，那么外国货币更容易成为国际货币。

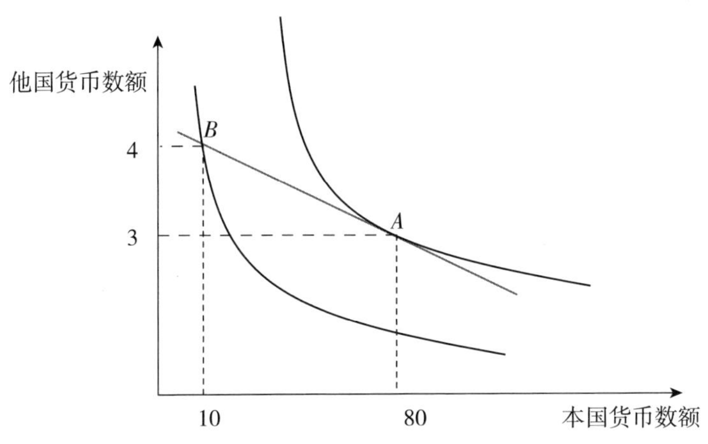

图5－11　国际货币的替代率

125. 对于企业家而言，浮动汇率好还是固定汇率好？

对于企业家而言，在浮动汇率环境中，因为汇率总在波动，而感到不稳定。固定汇率如欧元，实际暴露了最优货币区的理论缺陷，正慢性进入结构性恶化的经济大周期，说明联盟是有时效性的，属于静态思维。

如果在固定汇率环境中，短期感觉很稳定，出口的企业家和进口的企业家正享受稳定经营的利益，这是因为政府的管制或交易让其处于稳定状态。但隐藏着危机，因为政府一旦扛不住的时候，就会暴力地贬值或升值货币。对做出口的企业家而言，剧烈升值将是巨大打击；如果是突然贬值，则进口企业的业务将遭受猛烈冲击甚至停止外贸业务。

因此，浮动汇率好还是固定汇率好的争论一直悬而未决，理论逻辑和历史经验都无法证明浮动汇率可以避免债务危机和金融危机。麦金龙曾证明浮动汇率有时候不仅无法缓解通胀，反而成为通胀的根源，并加剧各国经济运行的成本。饱受浮动汇率蹂躏的国家一般都会具有汇率浮动恐惧症并乖乖地转变为固定汇率机制。但经济发展的波动性必然导致固定汇率者最终要承担调节责任和调节成本。经济波动如同达尔文进化论，本质是企业家的优胜劣汰；也如同自然生态区，不能被人为刻意破坏，如果人为地强加干预汇率，就会使得进化论的环境不复存在。

浮动汇率迫使各国参与风险对冲，从而创造巨大的美元外汇市场和衍生工具。浮动汇率容易引发竞争性贬值，因为贬值导致出口激增、旅游繁荣、黄金储备增加。各国也可能纷纷量化宽松，导致货币超发，产生货币战争的状态。浮动汇率也难以隔绝国外货币政策对本国的影响，因而新兴经济体一般会盯住美元。类似的是，资本账户开放也同样存在巨大的潜在风险，托宾税是各国管制资本的基本工具，但不一定有用。

因此，两类汇率方式对企业而言，都存在汇率危机，汇率危机容易形成银行危机，而银行危机又波及企业的各个方面。从历史来看，一个国家挽救一次金融危机花费的财政支出不算什么，但金融危机对企业家信心的打击，造成宏观上长期的经济衰退和失业动荡等后果才是主要损失。

思维模型：

各个国家或地区由于历史和现实的原因，面临内部和外部环境交叉的影响，经济发展情况比较错综复杂，实行浮动的汇率还是固定的汇率不能一概而论，必须因地因时制宜（见表5－2）。

表5－2　　浮动汇率与固定汇率在不同国情下的优势

情形	浮动汇率的优势	固定汇率的优势
国内宏观政策变动	对企业的冲击较大	对企业的冲击较小
政策的传导	更加有效	有效性差
各国政策的多样性	各国目标和政策可不一致	各国目标与政策需要协调或一致
通货膨胀控制	各国自己选择通货膨胀接受度	各国应保持相同通胀率
对国际资源的配置效率	企业的资源效率较高，反应敏感	企业的效率可能较低，反应不敏感
对汇率变动的适应性	企业家逐步采用套期保值管理企业，增强国际竞争力	企业家在汇率固定时可以放心推进业务量
长期积累风险	随供求变化，不积累风险	容易积累长期风险

126. 涉外企业家能从国际货币基金组织和世界银行的行动中观察出什么?

国际货币基金组织（IMF），作为国际经济债权和债务合作的平台，与世界银行并列，分别发挥世界央行的作用和世界商行的作用。

全球真实的央行，是诸如美联储、欧洲央行、中国人民银行之类的，而IMF像一个“央行协会”。IMF下的G20、BIS清算机构都处于发展中，尚未建立全球统一的会计准则，这也是G20发展中所需要突破的障碍。

当今世界的要素流动加快，一方面为分散风险和提高效率提供了可能，另一方面致使危机的传染性加快加深，导致IMF发展的障碍加大。从过去的历史看，世界各国考虑集体的利益，总是低于自身的国家利益，盈余国家不可能牺牲自身利益来造福全球。例如，美国国会具有较大的权力，但他们只代表本国的利益。

因此，一旦不涉及融资时，IMF 成员只是一种软合作状态，很少能够通过干预来改变大型债权国的政策，其自身也没有法律机制，只能在“互不侵犯协定”的前提下，被动地解决危机。

这也说明，人类面临自然灾害时可能采取合作，但对于社会灾害却很难共同应对。企业家通过 IMF 的行动看清楚了一个国家货币面临的尴尬，自然也能看清楚企业本身在国内和国际中的尴尬。

IMF 的特别提款权本质也是基于信用，如果一种货币脱钩国家信用，可能有助于解决特里芬难题，即美元—黄金挂钩难题，但其市场效果不一定好于主权国家信用。

与之对应的是世界银行，世界银行经常与联合国一起，对某些国家的实业项目提供必要的贷款，更多关注类似发挥财政政策、实现补贴、基础设施建设等方面的价值，企业家在国际业务发展中，可以观察世界银行在这个国家的动作，作为企业生产产品和启动项目的决策信号。

思维模型：

如图 5 - 12 所示，企业家在一定时期内，其所在国得到的国际货币基金组织和世界银行的支持保持在 D_0 水平，这些支持会影响国家的企业经营

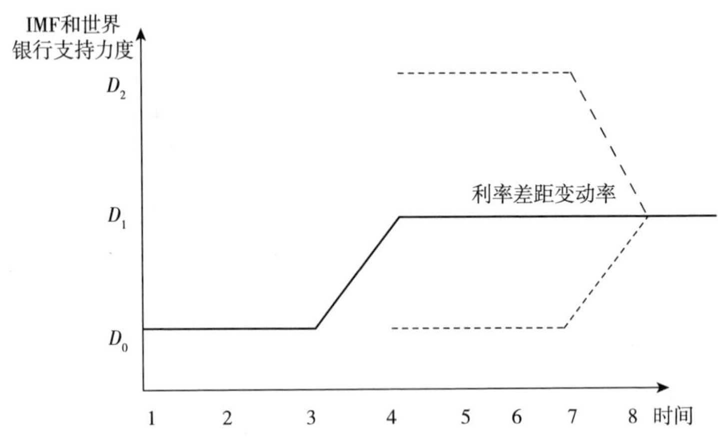

图 5 - 12　不同政治和国家主导的 IMF 和世界银行政策支持力度

环境。若本国发生宏观变动，则可能调整至 D_2 水平，设调整的概率为 P，不调整的概率为 $(1-P)$，则有，政策支持力度为 $D_1 = P \times D_2 + (1-P) \times D_1$。

对于货币提款权的多少以及是否进入 SDR、在 SDR 的比重等政策因素，受每一轮 IMF 主席和世界银行行长轮换、每一届大国总统选举，例如美国、日本、欧洲等的影响。如图 5－12 中，代表每四年一次的政策力度变化。前期的虚线将在每四年人事变动后，调整为实线所示的实际支持力度。

例如，各国都希望自己的货币成为 SDR，但如果一旦不是美元决定 SDR 的时候，美国的态度将发生巨大变化。当然，对美国不利时，可能对世界未必有利。IMF 曾采用互换协议帮助韩国稳定经济，金砖国家 BRIC 和清迈协议也曾经与 IMF 抗衡竞争。

127. 为什么不能用黄金来避免全球汇率波动对企业国际业务的冲击?

汇率波动就是货币与货币之间的价格波动，按理说，如果全球都用黄金，则开展国际业务的企业就没有这个痛苦了。但黄金没有成为通货的最大原因是：主观上是一个国家的政府不愿意，客观上是其抑制了人们财富的增长，因为黄金的开采量和交易量都不大，但企业创造的财富却在增加，当两者不匹配时，企业将面临通缩，生产的物品价格都下跌，企业就不会继续生产了。

于是不得不用“人造”汇率维持世界经济运行，但汇率出现后人们的反应一直都是：恐惧浮动。从汇率的历史看，汇率发展经历了三个阶段。

第一阶段是在英国带领下的固定汇率，有利于出口，同时进行资本管制，而且还让资本账户可转换。贸易逆差的国家获取贸易顺差国家的资金，也就是贸易顺差的国家获取的外汇资金投回贸易逆差国家，例如第二次世界大战前投回英国，这一过程也使得贸易逆差国的经常项目，能获得金融资本账户流入，实现国际收支平衡。但是当一国国内困难时，往往出现竞争性贬值，以邻为壑，导致约定的汇率稳定措施失效。

于是第二阶段开始采用“美元与黄金挂钩，其他国家货币与美元挂钩”的金汇兑制，同时还成立世界银行和IMF提供暂时援助、进行国内资本管制以及经常项目转换，同样为了稳定汇率、避免竞争贬值、增加出口，这确实导致世界财富剧增，资金投回美国。但是这一阶段并没有持续很久。

第三阶段，汇率开始自由浮动，与黄金脱钩，但是遇到了特里芬难题，也就是美国必须保持逆差才能提供美元给全球，但逆差不能保持美元稳定，尤其是货币错配时导致别国的黄金储备量已经超过美国黄金储备量。尽管各国领导人在此期间开会商量制定对策，比如，各国经济最好实现无通胀的增长，这样促使汇率波动变小；各国尽量少依赖出口；各国的汇率要反映基本面，不要人为操控；实现贸易开放如世界贸易组织，美国力争降低财政赤字等。但美国成为净债务国，财政赤字很难较快得到缩减，并且美国后来发生了金融危机，进而引发全球金融通缩。

由此说明，一个“稳定的外部价格体系”比“稳定的内部价格体系”更难达到，汇率波动是不可避免的客观事实。这也说明市场主体的不平等地位，如主导还是跟随，大国还是小国，穷国还是富国，已发达还是发展中，开放还是管制，政策方向还是实施程度等都存在巨大差异，导致了两国货币价格的博弈，引起了汇率的波动。这更加说明，制定一个全球统一严苛的标准规则是不可能的，或者不可避免地对国外的溢出和国外对自己回溢之后的产出缺口或通胀缺口。因此，汇率波动对国际业务的冲击是在所难免的，不管选择主动引导汇率波动，还是选择被动适应汇率波动，开展国际业务的企业都不得不做好汇率的风险管理。

思维模型：

汇率是一种价格 P 的比值，该比值拆开来看，分为三大类因素，如下式：

$$E = p/P_f = (M/M_f) \times (k_f / k) \times (Y_f/Y)$$

其中，E 为汇率，p 为本国货币价格，P_f为外国货币价格，M 为本国货币供应，M_f为外国货币供应，Y 为本国产出，Y_f为外国产出，k 为本国货币弹性，k_f为外国货币弹性。

显然，影响汇率的变化主要有三大因素：一是货币供给 M，不管是政府强制调节还是市场引发的货币增发都会影响货币供应量；二是产出需求 Y，因为产出代表了货币需求；三是市场的弹性 k，例如心理因素或货币的敏感度等。因此有：

当外国的货币供给放缓，即 M/M_f 比值增加；外国产出增加较快，即 Y_f/Y 比值增加；外国货币弹性增加，即 k_f/k 较大，则外国货币将升值。反之，当外国货币供应激增但产出停滞时，则外国货币将贬值。

如果以黄金来考查，可以发现，黄金供给 M 不受货币机构的控制，全球总产量较为固定，且开采量增速较为稳健，弹性 k 在不同国家也不同，不同产出水平的 Y 更会影响黄金的需求。因此，各个货币即使以黄金为锚，依然解决不了供给、产出、弹性之间的波动情况。

128. 为什么企业家在国际业务中需要关注美元指数的走势？

现代全球金融体系源于布雷顿森林体系倒塌之后的牙买加体系，即美元与黄金于 1976 年脱钩后逐渐建立起来的国际货币体系。

美元指数 USDX 是通过计算美元对一篮子货币的变化率，用来综合反映美元汇率的指标。最初由纽约棉花交易所发布，现由美国洲际交易所发布。

美元指数的货币对，有欧元、日元、英镑、加拿大元、瑞典克朗和瑞士法郎 6 个，其中权重最大的是欧元，占据一半以上。与 6 个货币种类相似的是，如果将全球 26 个主要货币纳入，则被称为广义美元指数。广义美元指数更能反映发展中国家及世界的货币对美元的汇率变化，但狭义的美元指数作为主要的被交易品种，受到更广泛的认可。

由美元指数的构成可知，英镑、加拿大元等货币的权重较小，美元指数的升值，主要是对权重较大的欧元、日元升值。

美元指数反映美元价格，美元在国际货币体系中占有重要地位，成为国际业务中的通货，企业家关注美元指数走势相当于关注汇率，也是在防范企业的汇率风险。

思维模型：

美元指数依据全球贸易量加权方式计算，并以 100 点为强弱分界线，目前主要的货币对手为 6 个，币别指数的权重如图 5 – 13 所示。

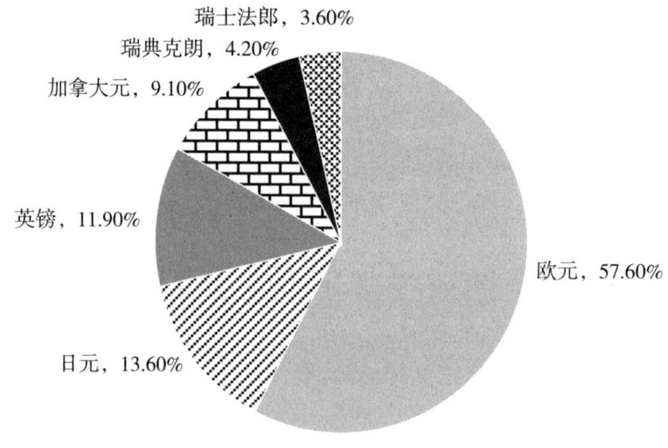

图 5 – 13　美元指数权重构成

由图 5 – 13 可见，欧元占美元指数的权重约为 58%。欧洲经济是否变强是欧元变强的依据，欧洲经济依赖欧洲僵化的劳动制度、低效的官僚体系、高福利失业机制、财政政策与货币政策的割裂、地缘政治以及被称为“养老人、养懒人、养贵人”难以改革的民粹弊病。

日元占美元指数的权重约为 14%。日本曾有的 QQE 量化及质化宽松，以及人工贬值，拉升通胀抬高名义收入、调整“人口老龄化、产业空心化、债务高筑化”、避险货币属性等，是日元坚挺的基础。除此之外，篮子里其他 4 个国家的货币也受本国经济强弱、资源价格等方面的影响。

因此，整体可以看出，美元指数不是一个简单的指数，而是全球整体汇率的一个缩影，汇率对应着一国经济强弱、政治政策等。企业家参与估计国际业务时，关注美元指数这个较好的可观察指标，可以评估汇率风险、交易风险、经济风险等。

129. 美元指数的变化一般会引起企业的什么变化？

美元升值曾导致著名的拉美危机和东亚金融风暴。尤其是新兴市场的国家外债主要以美元为主的企业，货币错配促使美元升值从而恶化借债企业的资产负债表，使之出现财务困难。例如 1982 年，美元升值导致发展中国家的国际债务危机爆发，近 40 个国家要求债务重组。

通常，美元指数作为货币价格的反映，货币价格依赖利率的变化，债券价格反映了一国利率的变化，因此美元指数与债券利率紧密相连。对于美国自身的债券，其收益率依赖其国内基本面的变化，也依赖全球的避险因素。作为新兴经济体，虽然我国债券在国内也是避险资产，但在全球二元结构下，美债的避险属性将对我国债券产生一定程度的替代效应，比如我国 10 年期的国债利率与美国债券利率的相关度为负数，与美元指数的相关度为 -0.5，企业发行的信用债也是如此。分析其中的原因，主要有：一是美元升值导致资金流出，流动性收紧，债券收益率上升；二是美元升值时，在我国汇率弹性较小的情形下，导致我国出口等 GDP 基本面变差，收益率下降；三是美元升值会导致商品价格下跌，所以传导至 CPI 后，导致债券收益率下降。可见，正向因素与负向因素二者在强弱抵消后，与债券收益率保持负向关系，即美元升值，债券价值上升。

对于企业股票，作为风险资产，深受市场情绪的影响。尽管美元指数与美国 GDP 增速的相关度较大，但从美元和道琼斯股票指数来看，美元指数和美国股票的正相关程度远远小于美元指数和 GDP 的相关度，甚至部分时间段为负数。全球股票与美股在长周期上，基本保持同步涨跌趋势，这主要是受经济全球化的影响，一荣俱荣、一损俱损。在短周期内看，各国股票既受所在国经济基本面的影响，也受全球避险情绪的影响，与避险资产存在跷跷板的避险关系。从结构上看，全球在二元模式下，一般美元处于升值期间时，发达市场股票处于牛市，新兴经济体的股票震荡加剧。由于新兴市场的脆弱性较高，新兴市场经济体的风险更易横向感染，使得美元升值总会带来直接或间接的影响。我国的企业股票与美元指数保持了一定的负相关，显示了我国作为新兴市场的一员和美元指数之间典型的“大二元”关系。同时，若以流动的跨境资金作为代表变量，定义热钱的构成，即热钱 = 金融机构外汇占款余额 - 贸易差额 - FDI 的差额变化，可以发现，美元指数走势与跨境热钱流动紧密相关。美元指数上涨时，热钱流出加剧，股票市场的波动性将显著增加。

同时，物价方面，在全球经济中，绝大部分商品由美元定价，因此，美元指数上涨时，商品价格下跌，商品价格与美元指数保持了天然的“价格效应”。当然，商品价格是实体经济的“及时”晴雨表，除了受美元标价影响以外，也受全球经济表现的影响。在全球经济上扬时，即使美元指数上涨，商品价格也不一定下跌。

从历史上看，美元升值，全球经济增速下降，则大宗商品下跌，但美元升值的同时若全球经济和美国经济增速上升，大宗商品则不易受美元升值的影响，大宗商品跟随全球经济上涨。同时，美元贬值时，若全球经济增速下滑，大宗商品并未上涨，也呈现下跌。因此，美元因素是大宗商品定价的非长期决定因素，只是在全球经济增速变化较小时，美元指数的变动加剧影响大宗商品价格的边际变化。

黄金作为较为特殊的商品，大部分时间与美元指数成负向关系，但相比其他商品，具有更加不确定的特征。美元与 CBR 指数的负向关系比黄金更明显，主要是黄金除了具有大宗商品属性之外，还具有避险属性、抗通胀属性和货币属性。美元在牙买加体系之后，不再以对黄金的购买力作为自身价格的比较基准，而是与其他主要国家货币直接相对比价。但在“金银天然不是货币、货币天然是金银”的逻辑下，黄金的货币公信力依然在特定环境下会凸显出来，黄金作为特殊商品，与美元指数存在较强的替代关系。

综合来看，美元指数与我国企业的资产在长期上分别表现为：美元指数上涨，企业已发行的债券资产变贵，企业的股票波动加大，上下游的商品资产叠加，汇率容易贬值。

美元指数与四大类资产的变化如图 5－14 所示。

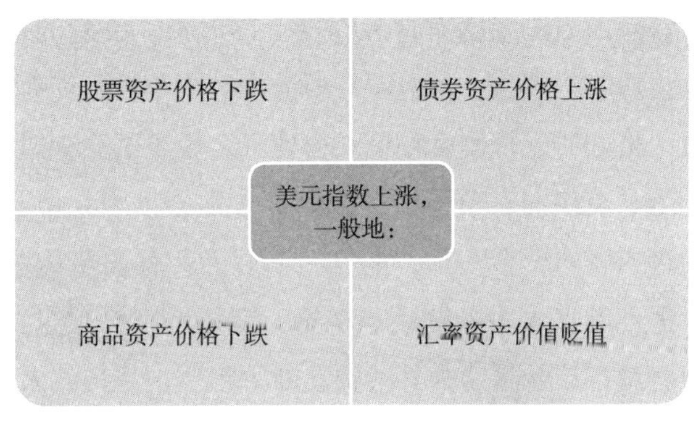

图 5－14　美元指数变化对企业的影响

可以发现，如果美元按指数上涨，一般会对我国资产价格产生明显的影响，一是债券资产下跌，企业已发的债变得更值钱；二是企业的股票价格波动将变大，且容易下跌；三是人民币汇率将会贬值。此外，全球的商品价格不仅因为以美元计价表现出下跌，也因为经济的下行会带来商品的走弱。

130. 为什么一个国家的产权制度会影响金融家对企业的融资？

一般地，企业与企业之间，以及企业家与金融家之间，总是用合同来约束双方以实现合作。合同所处的制度，称为法律制度。法律制度可以细分为合约制度与产权制度，合约制度一般是指企业、金融机构、其他利益相关者，如雇员在签订合约时的政策环境、行为法规、可保证收入、税收、劳动法及宏观政策等。而产权制度是持久性的合约制度，即产权制度 = 合约制度 + 长期性。如果政府有合约有承诺，但是这种合约和承诺可变的概率较大，过一段时间后，要么政府没有激励或成本去遵守承诺，要么政府自身因为利益集团的力量强弱或政治联盟组织发生改变，则说明在这种环境下，是不存在产权制度的。

随着法律的严苛，弱势的企业也更容易获得融资，这时资金雄厚的企业相对于弱势企业的优势反而不再明显。因为法律的严苛，相当于给金融家提供了一份保险，当金融家有保险在身上的时候，冒险的程度会比没有保险的时候大。这时的冒险，对应着对弱势中小企业的融资提供。

与此同时，更好的产权制度环境，会使资金较少的企业进入新的市场，给在位的企业带来更多的竞争压力。因此，常常会出现在位者反对产权制度的改善。新进入者的资金一般没有在位者多，因而融资需求较高，总是要提供更多可保证的收入才能够顺利融资，在位者则会阻止新进入者，阻止的方式之一就是不让金融家为其融资，断了粮草，兵马就无法行动。

思维模型：

一个国家产权法律的完善将约束企业家顾及金融家的利益，从而有利于企业家找金融家进行融资。如果企业家和金融家来分企业投资后的蛋糕，金融家分到的蛋糕 $Y_2 = Y - Y_1$ ，企业家可能将收益中的一部分自己转走但不会受到任何法律处罚，给企业家提供了创造私利 N 的更多机会，甚至让好的企业家变成差的企业家，那么金融家的利益将不能得到保证。

如果金融家分到蛋糕，确保被实施的概率为 e，则 e 说明的是实施力的强弱。

可以发现，e 受到法律制度、市场透明度、小股东保护、法庭效力、办案速度等的影响。企业家不担责甚至犯罪的概率为 $1-e$。

因此，要想使金融家敢于跟企业家合作的前提是：$YP_s \times e - Y_1 P_s \times e \geqslant I - A$ 。也就是说，企业家努力的情况下，法律保护下的总好处，扣除企业家的合法利益后，剩余的部分要大于所需要的融资额。

如果保护力度很强，即 $e=1$，则就是正常情况下的金融家融资条件；如果法律的保护力很差，即 e 接近 0，企业家犯罪的概率接近 100%，则这时金融家是不会提供融资的。

131. 企业的资产和负债在国家的整体资产负债表中处于什么位置？

一个企业具有资产和负债，一个国家和一个企业一样。剖析全球的国家资产负债表，可以发现，国家资产负债表一般先将资产分为金融资产和非金融资产两个部分，将负债分为短期和长期两个部分；其次再按照部门类别分为居民、企业部门。企业部门不同于非金融部门，企业部门是国家资产负债表中五个部门的一个子部门，而非金融部门则包含金融部门之外的居民、政府、国外及企业四个部门。

在"资产—负债—部门"三个维度下，发现国家资产负债表有如下特征：

（1）在国家资产负债表中，将金融部门负债和非金融部门负债相加，反映国家总量债务。尽管非金融部门和金融部门债权债务存在一定的抵消关系，但整体相加后，可以反映全社会各部门的债务交织关系。

（2）金融部门的资产负债一般与居民部门和企业部门存在"硬币两面"的关系，金融部门除了具备与企业同样类型的资产以外，还包括黄金、债券等。不同的是，金融机构的负债大部分是非金融部门的资产，金融机构的资产大部分是非金融部门的负债。

（3）居民的负债主要是消费贷款和按揭贷款，资产主要是房产、股票、基金、保险；企业的负债主要是应付款项和长期借款等，资产主要是房产、设备、金融资产。

（4）政府部门的负债主要是债券、贷款，资产主要是建筑物、黄金等。特别值得关注的是，政府潜在的实际资产可能非常巨大，例如在我国，土地、国有企业股权等都是中央政府或者地方政府的资产项。

（5）在全球化背景下，国外机构也成为一国资产的需求者和供给者，国外机构向国内投放贷款或购买国内债券，形成国家资产负债表中国外部门的负债，通过向他国借出 SDR、贷款等形成该国国外部门的资产。

因此，比较企业界整体的负债和资产时，可以从国家整体来进行横向比较，以确定企业在国家整体资产负债中的占比。

思维模型：

按照美日德等国家资产负债表的分类法，一级分类包括居民部门、企业部门、金融部门、政府部门和国外部门五个部门，与资产负债的二级分类形成了 5 ×4 =20 多个具体明细资产负债项。国家资产负债表具体要素如表 5 –3 所示。

表 5 –3　　西方国家资产负债表构成内容

<table>
<tr><th></th><th></th><th>居民部门</th><th>企业部门</th><th>金融部门</th><th>政府部门</th><th>国外部门</th></tr>
<tr><td rowspan="5">资产</td><td rowspan="2">非金融资产</td><td>房产</td><td>房产</td><td>办公建筑物</td><td>建筑物</td><td>—</td></tr>
<tr><td>其他耐用品</td><td>设备及存货</td><td>设备及产权</td><td>设备及产权</td><td>—</td></tr>
<tr><td rowspan="3">金融资产</td><td>存款及债券</td><td>存款及债券</td><td>贷款、黄金、存款及债券</td><td>黄金、SDR、存款、债券及贷款</td><td>SDR、存款、债券及贷款</td></tr>
<tr><td>股票及基金</td><td>股票及基金</td><td>股票及基金</td><td>股票及基金</td><td>股票及基金</td></tr>
<tr><td>保险及养老金</td><td>保险及其他</td><td>保险及其他</td><td>其他应收</td><td>其他应收</td></tr>
<tr><td rowspan="2">负债</td><td>短期</td><td>短期消费贷款</td><td>短期应付贷款</td><td>存款、债券及贷款</td><td>债券及贷款</td><td>债券、SDR 及贷款</td></tr>
<tr><td>长期</td><td>长期（按揭）贷款</td><td>长期（按揭）贷款</td><td>股票基金份额（融券）</td><td>保险及应付</td><td>票据及其他</td></tr>
</table>

企业在国家资产负债表中，仅仅是五个部门中的一个，企业的资产和负债科目，与居民部门和政府部门类似，但金融部门和国外部门的差异较大。

参考文献

［1］蔡庆丰，杨侃．是谁在“捕风捉影”：机构投资者 VS 证券分析师——基于 A 股信息交易者信息偏好的实证研究［J］．金融研究，2013（6）：193－206.

［2］陈国进，张贻军，刘淳．机构投资者是股市暴涨暴跌的助推器吗？——来自上海 A 股市场的经验证据［J］．金融研究，2010（11）：45－59.

［3］胡熠，顾明．巴菲特的阿尔法：来自中国股票市场的实证研究［J］．管理世界，2018（8）：41－54.

［4］李科，徐龙炳，朱伟骅．卖空限制与股票错误定价——融资融券制度的证据［J］．经济研究，2014（10）：165－178．

［5］李志生，陈晨，林秉旋．卖空机制提高了中国股票市场的定价效率吗？——基于自然实验的证据［J］．经济研究，2015（4）：165－177.

［6］孟庆斌，侯德帅，汪叔夜．融券卖空与股价崩盘风险——基于中国股票市场的经验证据［J］．管理世界，2018（4）：40－54．

［7］史永东，王谨乐．中国机构投资者真的稳定市场了吗？［J］．经济研究，2014（12）：100－112.

［8］王咏梅，王亚平．机构投资者如何影响市场的信息效率——来自中国的经验证据［J］．金融研究，2011（10）：112－126.

［9］肖浩，孔爱国．融资融券对股价特质性波动的影响机理研究：基于双重差分模型的检验［J］．管理世界，2014（8）：30－43.

［10］许红伟，陈欣．我国推出融资融券交易促进了标的股票的定价效

率吗？——基于双重差分模型的实证研究［J］．管理世界，2012（5）：52－61．

［11］许年行，于上尧，伊志宏．机构投资者羊群行为与股价崩盘风险［J］．管理世界，2013（7）：31－43.

［12］严佳佳，郭玮，黄文彬．“沪港通”公告效应比较研究［J］．经济学动态，2015（12）：69－77.

［13］叶康涛，刘芳，李帆．股指成分股调整与股价崩盘风险：基于一项准自然实验的证据［J］．金融研究，2018（3）：172－189.

［14］郑振龙，孙清泉．彩票类股票交易行为分析：来自中国A股市场的证据［J］．经济研究，2013（5）：128－140.

［15］钟覃琳，陆正飞．资本市场开放能提高股价信息含量吗？——基于“沪港通”效应的实证检验［J］．管理世界，2018（1）：169－179.

［16］Amihud Y. Illiquidity and Stock Returns：Cross－section and Time－series Effects［J］. Journal of Financial Markets，2002，5（1）：31－56.

［17］Bae K H，Chan K，and Ng A. Investibility and Return Volatility［J］. Journal of Financial Economics，2004，71（2）：239－263.

［18］Bekaert G，and Harvey C R. Foreign Speculators and Emerging Equity Markets［J］. Journal of Finance，2000，55（2）：565－613.

［19］Cai J. What's in the News? Information Content of S&P 500 Additions［J］. Financial Management，2007，36（3）：113－124.

［20］Chakrabarti R，Huang W，and Jayaraman N，et al. Price and Volume Effects of Changes in MSCI Indices－Nature and Causes［J］. Journal of Banking & Finance，2005，29（5）：1237－1264.

［21］Chan K，Kot H W，and Tang G Y N. A Comprehensive Long－term Analysis of S&P 500 Index Additions and Deletions［J］. Journal of Banking & Finance，2013，37（12）：4920－4930.

［22］Chang Y C，Hong H，and Liskovich I. Regression Discontinuity and the Price Effects of Stock Market Indexing［J］. Review of Financial Studies，

2015, 28 (1): 212 -246.

[23] Chen H, Noronha G, and Singal V. The Price Response to S&P 500 Index Additions and Deletions: Evidence of Asymmetry and a New Explanation [J] . Journal of Finance, 2004, 59 (4): 1901 - 1930.

[24] Chen H L, Shiu C Y, and Wei H S. Price Effect and Investor Awareness: Evidence from MSCI Standard Index Reconstitutions [J] . Journal of Empirical Finance, 2019, 50 (C): 93 - 112.

[25] Denis D K, McConnell J J, and Ovtchinnikov A V, et al. S&P 500 Index Additions and Earnings Expectations [J] . Journal of Finance, 2003, 58 (5): 1821 - 1840.

[26] Dhillon U, and Johnson H. Changes in the Standard and Poor's 500 List [J] . Journal of Business, 1991: 75 -85.

[27] Ferreira M A, and Matos P. The Colors of Investors' Money: The Role of Institutional Investors Around the World [J] . Journal of Financial Economics, 2008, 88 (3): 499 -533.

[28] Harris L, and Gurel E. Price and Volume Effects Associated with Changes in the S&P 500 List: New Evidence for the Existence of Price Pressures [J] . Journal of Finance, 1986, 41 (4): 815 -829.

[29] Hegde S P, and McDermott J B. The Liquidity Effects of Revisions to the S&P 500 Index: An Empirical Analysis [J] . Journal of Financial Markets, 2003, 6 (3): 413 -459.

[30] Jain P C. The Effect on Stock Price of Inclusion in or Exclusion from the S&P 500 [J] . Financial Analysts Journal, 1987, 43 (1): 58 -65.

[31] Meng Q, Li Y, and Jiang X, et al. Informed or Speculative Trading? Evidence from Short Selling Before Star and Non - star Analysts' Downgrade Announcements in an Emerging Market [J] . Journal of Empirical Finance, 2017 (42): 240 -255.

[32] Peng L, and Xiong W. Investor Attention, Overconfidence and Cate-

gory Learning [J]. Journal of Financial Economics, 2006, 80 (3): 563-602.

[33] Pruitt S W, and Wei K C J. Institutional Ownership and Changes in the S&P 500 [J]. Journal of Finance, 1989, 44 (2): 509-514.

[34] Sias R W. Volatility and the Institutional Investor [J]. Financial Analysts Journal, 1996, 52 (2): 13-20.

[35] Scholes M S. The Market for Securities: Substitution versus Price Pressure and the Effects of Information on Share Prices [J]. Journal of Business, 1972, 45 (2): 179-211.

[36] Shleifer A. Do Demand Curves for Stocks Slope Down? [J]. Journal of Finance, 1986, 41 (3): 579-590.

[37] Stiglitz J E. Reforming the Global Economic Architecture: Lessons from Recent Crises [J]. Journal of Finance, 1999, 54 (4): 1508-1521.

后　记

现实是一张复杂联结的网络。企业金融的理论知识就像点点繁星，若隐若现，现实将这些稀疏的星星串联，形成色彩斑斓的网状结构图，不是简单的线性变化，而是有很多非线性、非单项、非点对点的关联。

对企业金融的解释不只是一个理由或角度，比如对股票和债券不能只从流动性来思考。更专业，体现在能够从更高的维度、更多的角度来思考问题。为了分析得尽可能深刻，使读者在逻辑层面留下印象，答案并不是一两个现象的总结，其中涵盖了推理或框架思考。

本书基于问题导向，主要是吸收金融经济学家以及部分诺贝尔奖获得者的思想精华和我在工作学习中的沉淀。之所以用图形和数学表达式的形式，是为了尽力避免现象的罗列，不枯燥乏味，也避免模型的复杂。当然，写作时又担心失去专业性和严谨细致度。与市场的其他书籍相比，部分学术书籍有更复杂的模型，部分实践类书籍又过于注重从现象出发，不触达理论根基点，难以过瘾，需要读者根据自身需要进行挑选。

由于全书的提问有限，没有完备地刻画复杂的金融场景。不期待企业家将本书作为工具书，将书中的观点拿来即用，也不期待金融家以此作为实际金融操作的依据。

期待的是，读者把金融知识点作为解决问题的思维工具，构建自身的金融思维体系，用思维体系结合具体条件和场景，去解决实际中的问题，是本书的写作初心。

希望您阅读时，去粗取精、去伪存真。可以首先默认书中这些答案存在问题，但当您经过质疑之后，还能继续持有这些观点，继而吸收转变为您自己的思想，再去运用它，那么或许将有一种思维知识点落地生根、开花结果之美。

本书的出版，要感谢中国人民银行、中国工商银行、中国建设银行有关领导和朋友的分享，感谢中国人民大学、对外经济贸易大学、北京体育大学学者老师给予的启发，也要感谢长江商学院、混沌学园、得到高研院等机构同仁给予的鼓励，还要感谢熊黎、卢旭蕊、张婉婷的帮助，感谢我的家人和孩子的包容与付出。

最后，感谢读者的阅读，希望本书给您带来思考，为您个人、企业、家庭、工作的财富之路提供有益的帮助。

以此自勉！

马天平
2021 年春